元十行本爾雅注疏

第一册

晉 郭璞注 宋 邢昺疏

元刻本

山東人民

圖書在版編目（CIP）數據

元十行本爾雅注疏 /（晋）郭璞注 ;（宋）邢昺疏 .— 濟南 : 山東人民出版社 , 2024.3
（儒典）
ISBN 978-7-209-14326-4

Ⅰ. ①元… Ⅱ. ①郭… ②邢… Ⅲ. ①《爾雅》- 注釋 Ⅳ. ① H131.2

中國國家版本館 CIP 數據核字（2024）第 037128 號

項目統籌：胡長青
責任編輯：呂士遠
裝幀設計：武　斌
項目完成：文化藝術編輯室

元十行本爾雅注疏
〔晋〕郭璞注　〔宋〕邢昺疏

主管單位　山東出版傳媒股份有限公司
出版發行　山東人民出版社
出 版 人　胡長青
社　　址　濟南市市中區舜耕路517號
郵　　編　250003
電　　話　總編室（0531）82098914
　　　　　市場部（0531）82098027
網　　址　http://www.sd-book.com.cn
印　　裝　山東華立印務有限公司
經　　銷　新華書店

規　　格　16開（160mm×240mm）
印　　張　35.25
字　　數　282千字
版　　次　2024年3月第1版
印　　次　2024年3月第1次
ISBN　978-7-209-14326-4
定　　價　84.00圓（全二册）

《儒典》選刊工作團隊

學術顧問　杜澤遜　李振聚　徐　泳

項目統籌　胡長青

責任編輯　劉　晨　劉嬌嬌　張艷艷
呂士遠　趙　菲　劉一星

前言

中國是一個文明古國、文化大國，中華文化源遠流長，博大精深。在中國歷史上影響較大的是孔子創立的儒家思想，因此整理儒家經典、注解儒家經典，爲儒家經典的現代化闡釋提供权威、典范、精粹的典籍文本，是推進中華優秀傳統文化創造性轉化、創新性發展的奠基性工作和重要任務。

中國經學史是中國學術史的核心，歷史上創造的文本方面和經解方面的輝煌成果，大量失傳了。西漢是經學的第一個興盛期，除了當時非主流的《詩經》毛傳以外，其他經師的注釋後來全部失傳了。東漢的經解衹有鄭玄、何休等少數人的著作留存下來，其餘也大都失傳了。南北朝至隋朝興盛的義疏之學，其成果僅有皇侃《論語疏》幸存於日本。五代時期精心校刻的《九經》、北宋時期國子監重刻的《九經》以及校刻的單疏本，也全部失傳。南宋國子監刻的單疏本，我國僅存《周易正義》、《爾雅疏》、《春秋公羊疏》（三十卷殘存七卷）、《春秋穀梁疏》（十二卷殘存七卷），日本保存了《尚書正義》、《毛詩正義》、《禮記正義》（七十卷殘存八卷）、《周禮疏》（日本傳抄本）、《春秋公羊疏》（日本傳抄本）、《春秋正義》（日本傳抄本）。南宋兩浙東路茶鹽司刻八行本，我國保存下來的有《周禮疏》、《禮記正義》、《春秋左傳正義》（紹興府刻）、《論語注疏解經》（二十卷殘存十卷）、《孟子注疏解經》（存臺北『故宫』），日本保存有《周易注疏》《尚書正義》（凡兩部，其中一部被清楊守敬購歸）。南宋福建刻十行本，我國僅存《春秋穀梁注疏》、《春秋左傳注疏》（六十卷，一半在大陸，一半在臺灣），日本保存有《毛詩注疏》《春秋左傳注疏》。從這些情況可以看出，經書代表性的早期注釋和早期版本國内失傳嚴重，有的僅保存在東鄰日本。

鑒於這樣的現實，一百多年來我國學術界、出版界努力搜集影印了多種珍貴版本，但是在系統性、全面性和準確性方面都還存在一定的差距。例如唐代開成石經共十二部經典，石碑在明代嘉靖年間地震中受到損害，明代萬曆初年西安府學等學校師生曾把損失的文字補刻在另外的小石上，立於唐碑之旁。近年影印出版唐石經拓本多次，都是以唐代石刻與明代補刻割裂配補的裱本爲底本。由於明代補刻采用的是唐碑的字形，這種配補本難以區分唐刻與明代補刻，不便使用，亟需單獨影印唐碑拓本。

爲把幸存於世的、具有代表性的早期經解成果以及早期經典文本收集起來，系統地影印出版，我們規劃了《儒典》編纂出版項目。

《儒典》出版後受到文化學術界廣泛關注和好評，爲了滿足廣大讀者的需求，現陸續出版平裝單行本。共收録一百十一種元典，共計三百九十七册，收録底本大體可分爲八個系列：經注本（以開成石經、宋刊本爲主。開成石經僅有經文，無注，但它是用經注本删去注文形成的）、經注附釋文本、纂圖互注本、單疏本、八行本、十行本、宋元人經注系列、明清人經注系列。

《儒典》是王志民、杜澤遜先生主編的。本次出版單行本，特請杜澤遜、李振聚、徐泳先生幫助酌定選目。

特此説明。

二〇二四年二月二十八日

目録

爾雅注疏序

翰林侍講學士朝請大夫守國子祭酒上柱國賜紫金魚袋臣邢昺等奉

勑校定

夫爾雅者先儒授教之術後進索隱之方誠傳注之濫觴為經籍之樞要者也夫混元闢而三才肇位聖人作而六藝斯興本乎發德於衷將以納民於善洎夫醇醨既異步驟不同一物多名繫方俗之語片言殊訓滯今古之情將使後生若為鑽仰繇是聖賢間出詁

訓遞陳周公倡之於前子夏和之於後蟲魚
草木爰自爾以昭彰禮樂詩書盡由斯而紛
郁然又時經戰國運歷挾書傳授之徒寖微
發揮之道斯寡諸篇所釋世罕得聞惟漢終
軍獨深其道豹鼠既辨斯文遂隆其後相傳
乃可詳悉其爲注者則有犍爲文學劉歆樊
光李巡孫炎雖各名家猶未詳備惟東晋郭
景純用心幾二十年注解方畢甚得六經之
旨頗詳百物之形學者祖焉最爲稱首其爲

義疏者則俗間有孫炎高璉皆淺近俗儒不
經師匠今既奉
勑校定考案其事必以經籍爲宗理義所詮
則以景純爲主雖復研精覃思尚慮學淺意
疏謹與尚書駕部員外郎直秘閣臣杜鎬尚
書都官員外郎秘閣校理臣舒雅太常博士
直集賢院臣李維諸王府侍講太常博士兼
國子監直講臣孫奭殿中丞臣李慕清大理
寺丞國子監直講臣王煥大理評事國子監

直講臣翟悝佺前知洺州永年縣事臣劉士
玄等共相討論爲之疏釋雖上遵
睿旨共竭於顓蒙而下示將來尚慙於疏略
謹序

爾雅注疏卷第一

爾雅序　郭璞序　邢昺疏

（疏）爾雅者、釋文云、所以訓釋五經、辨章同異、實九經之通路、百氏之指南、多識鳥獸草木之名、博覽而不惑者也、爾近也、雅正也、言可近而取正也、釋詁一篇、蓋周公所作、釋言以下、或言仲尼所增、子夏所足、叔孫通所益、梁文所補、張揖云、昔在周公、纘述唐虞、宗翼文武、克定四海、勤相成王、踐阼理政、日昃不食、坐而待旦、德化宣流、越裳來貢、嘉禾貫桑、六年制禮、以導天下、著爾雅一篇、以釋其義、傳于後嗣、歷載五百、墳典散落、唯爾雅常存、禮三朝記、哀公曰、寡人欲學小辨、以觀於政、其可乎、孔子曰、爾雅以觀於古、足以辨言矣、春秋元命包言、子夏問夫子作春秋、不以初哉首基為始、何是以知周公所造也、率斯以降、超絶六國、越踰秦楚、爰暨帝劉、魯人叔孫通撰置禮記、文不違古、今俗所傳三篇爾雅、或言仲尼所增、或言子夏所益、或言叔通所補、或言沛郡梁文考皆解家所說、先師口傳、既無正驗、聖人所言、是故疑不能明也。夫爾雅爲書也、文約而義固、其陳道也、精研而無誤、真七經之檢度、學問之階路、儒林之楷素也。序與緒音義同、釋詁云、叙、緒也、言已注述之由、叙陳此經之旨、若繭之抽緒耳。孔子作書序、子夏作詩序、故郭氏亦謂之序。序之大指凡有五焉、初自夫爾雅者至辨同實而殊號者也、明此書之用也。二自誠九流之津涉至搶翰者之華苑也、言爲羣經之樞要也。三自若乃至莫近於爾雅、言其博物他書不之過也。四自爾雅者至其業亦顯、明其興隆之時也。五自英儒贍聞之士序未摠序已所以作注之意也。今各依文解之。

夫爾雅者、所以通詁訓之指歸、叙詩人之興詠、摠絕代之離詞、辯同實而殊號者也。

疏 此明其用也。夫者、發語辭、亦指示語、指此爾雅者所以通詁訓之指歸也。詁、古也、通古今之言、使人知

也訓道也道物之貌以告人也指歸謂指意歸鄉也
言此書所以通暢古今之言訓道百物之貌使人知
其指意歸鄉也若言初哉首基者其指歸在始也若
言嗇嗇蹻蹻者其指歸在勇也略舉一隅他皆放此
云敘詩人之興詠者敘次敘也鄭玄注周禮大司樂
云興者以善物喻善事又注大師云興者見今之美
嫌於媚諛取善事以喻勸之鄭司農云興者託於事
物詞者永言也故舜典云歌永言孔注云謌詠其義
以長其言又詩序云言之不足故嗟嘆之嗟嘆之不
足故永歌之斯皆詩人所為此書能以序之故言敘
詩人之興詠也若言雝雝喈喈以興民協服也其虛
其徐以詠威儀容止也如此之類皆是按爾雅所襍
篇解六經而獨云敘詩人之興詠者以爾雅之作多
為釋詩故毛公傳詩皆據爾雅謂之詁訓蓋亦此意
也云摠絕代之離詞者摠聚也絕代猶遠代也離詞
猶異詞也郭璞序方言云摽六代之絕語類離詞之
指韻亦猶此也以其六代絕遠四方乖越故今古語
異東夏詞殊此書能摠聚而釋之使人知也若其繹

又祭也周曰繹商曰肜夏曰復胙及注引方言之類
是也云辯同實而殊號者也辯謂辯別物雖殊其
號而同一實者此書辯之若繴謂之罿罿罬也罬謂
之罦罦覆車也又釋草云唐蒙女蘿女蘿菟絲注云
別四名如此
之類是也

誠九流之津涉六藝之鈐鍵學覽者之潭奧摛翰者
之華苑也（鍵音件 摛音癡）

（疏）此明真樞要也云誠九流之津涉者誠實也九流
者序六藝為九種言於六經若水之下流也津涉
之廣非津涉無以渡案漢書藝文志云儒家者流五
十三家八百三十五篇蓋出於司徒之官助人君順
陰陽明教化者也游文於六經之中留意於仁義之
際祖述堯舜憲章文武宗師仲尼以重其言於道最
為高孔子曰如有所譽其有所試唐虞之隆殷周之

盛仲尼之業已試之效者也然惑者既失精微而辟
者又隨時抑揚違離道本苟以譁衆取寵後進循之
是以五經乖折儒學寖衰此儒之患也道家者流
三十七家九百九十三篇蓋出於史官歷記成敗存
亡禍福古今之道然後知秉要執本清虛以自守卑
弱以自持此人君南面之術也合於堯舜之克讓易
之嗛嗛一謙而四益此其所長也陰陽家者流二十
一家二百六十九篇蓋出於羲和之官敬順昊天歷
象日月星辰敬授民時此其所長也法家者流十二
家二百一十七篇蓋出於理官信賞必罰以輔禮制
易曰先王以明罰飭法此其所長也名家者流七家
三十六篇蓋出於禮官古者名位不同禮亦異數孔
子曰必也正名乎名不正則言不順言不順則事不
成此其所長也墨家者流六家八十六篇蓋出於清
廟之官茅屋采椽是以貴儉養三老五更是以兼愛
選士大射是以上賢宗祀嚴父是以右鬼順四時而
行是以非命以孝視天下是以上同此其所長也縱
横家者流十二家百七篇蓋出於行人之官孔子曰

誦詩三百使於四方不能專對雖多亦奚以為又曰使乎使乎言其當權事制宜受命而不受辭此其所長也雜家流二千家四百三篇蓋出於議官兼儒墨合名法知國躰之有此見王治之無不貫此其所長也農家者流九家百一十四篇蓋出於農稷之官播百穀勸耕桑以足衣食故八政一曰食二曰貨孔子曰所重民食此其所長也此九流之大旨也云六藝之鈐鍵者案漢書藝文志六藝謂易書詩禮樂春秋六經也凡六藝一百三家三千一百二十三篇說文鈐鏁也方言云户鑰自關之東陳楚之間謂之鍵小爾雅云鍵謂之鑰言此書為六藝之鏁鑰必開通之然後得其微旨也故云六藝之鈐鍵也云學覽者之潭奥者潭淵也室中西南隅謂之奥言隱奥也此書釋二儀之形象載八表之昏荒雖傳學廣覽之士莫能究測深隱奥故云學覽者之潭奥也云擒翰者之華苑也者言此書森羅萬有純粹六經擒文染翰之士凡以掇其英華若園苑然故云華苑也

若乃可以博物不惑多識於鳥獸草木之名者莫近於爾雅

疏 此言其博物也云若乃者因上起下語上既言其功用此復美其博物故云若乃既可以博釋庶物又能多識辨於鳥獸草木之名者莫近於爾雅言爾雅最近之也案公羊傳説春秋功德云撥亂世反諸正莫近諸春秋何休云莫近猶莫過之也然則博物多識他書亦莫過於爾雅也

爾雅者蓋興於中古隆於漢氏豹鼠既辯其業亦顯

疏 此言興隆之時也云蓋興於中云者爾雅之作經傳莫言其人及時世但相傳云周公作之以教成王無正文故云蓋以疑之經典通以伏犧爲上古文王爲中古孔子爲下古周公文王子父統子業周公亦可爲中古故云蓋興於中古云隆於漢氏者以夫子没後書紀散亡戰國陵遲嬴秦燔藏則此書亦從

而隆矣泊乎漢氏御宇旁求典籍除挾書之律開獻書之路此書亦從而隆矣故云隆於漢氏也云豹鼠既辨其業亦顯者謂漢武帝時孝廉郎終軍既辨豹文之鼠人服其博物故爭相傳授爾雅之業於是遂顯言不但興行兼亦廣顯故云亦也

英儒贍聞之士洪筆麗藻之客靡不欽玩耽味為之義訓璞不揆檮昧少而習焉沈研鑽極二九載矣雖註者十餘然猶未詳備並多紛謬有所漏略是以復綴集異聞會稡舊說考方國之語采謠俗之志錯綜樊孫博關群言剟其瑕礫搴其蕭稂事有隱滯援據徵之其所易了闕而不論別為音圖用祛未寤輒複

擁篲清道企竚望塵躅者以將來君子為亦有涉乎此也。○（瞻）時豔切（撲）音朴（檮）音桃（少）詩照切（鍇）于宮切（會）古外切（粹）子外切（劉）音綴（礫）音力塞音偲（根）音郎（易）以豉切了音療（藝）以稅切（企）丘豉切（躅）音逐

（疏）此言已所以作注之意也。云英儒贍聞之士者，案礼辭名記德過千人曰英，儒者柔也，能以德柔服人也。贍，多也。士者，有德之稱。言英俊通儒多聞之士也。云洪筆麗藻之客者，洪，大也。麗，美也。藻，水藻也。有文以喻人之文章。言大有詞筆美於文章之客也。云靡不欽玩耽味為之義訓者，靡，無也。欽玩猶敬愛也。耽味猶樂嗜也。言英儒等無不敬愛此書，如耽翫樂嗜嘉肴然，故曰耽味，而為之義理訓解，謂作注也。云璞不揆檮昧少而習焉者，此自謙也。揆，度也。檮謂抗無知之貌。昧，闇也。郭氏言已不度其無知闇昧，自少小而習此書焉。云沈研鑽極二九載矣者，此言用力深不敢苟為注解也。謂深沈研覈鑽求窮極凡十八載

故云二九載矣云雖注者十餘然猶未詳備者言作
注者雖十有餘家猶尚未能精詳具備十餘家者陸
德明致錄捷爲文學注二卷劉歆注三卷樊光注六
卷李巡注三卷孫炎注三卷惟此五家而已又五經
正義援引有某氏謝氏顧氏今郭氏言十餘皆典籍
散亡未知誰氏或云沈旋施乾謝嶠顧野王者非也
此四家存郭氏之後故知非也云並多紛紀有所漏
略者言十家所注並多紛紜錯繆若孫叔然闚髣髴
離字別爲義是紛繆也其所難解則全不入根節是
漏略也云是以復綴集異聞會粹舊說者是以者因
前起後語因前十家所注紛謬漏略起已作注之意
故言是以對前已有注故云復綴集謂綴聚集異
聞者注所引六經子史之類是也會粹者廣雅會謂
也粹聚也舊說謂十家所說也雖不能盡善亦時有
可觀其所善者則收聚用之也云考方國之語者考
成也四方之國言語不同有可通釋者則援引考成
之注引方言是也云采謠俗之志者采取也徒歌謂
之謠案漢書地理志云好惡取舍動靜亡常隨君上

之情欲故謂之俗但童謡嬉戲之言及俗閭有所䙝
志可以通此書者亦采用之若撲樝注引齊人諺曰
上山斫檀撲樝先殫螬蛸注云俗爲喜子之類是也
云錯綜樊孫者謂交錯綜聚樊光孫炎二家之注取
其理長者用之云傳闢𨽻言者闢通也羣言謂子史
及小説也言非但援引六經亦傳通此子史等以爲
注説也云剟其瑕礫搴其蕭稂者此喻已作注去惡
取善也剟其瑕礫以玉石喻也剟削去其疵瑕尾礫
以取瑾瑜也搴其蕭稂以禾莠喻也搴拔也蕭蒿也
稂童梁莠類也拔去其蕭蒿稂莠以存其嘉禾也云
事有隱滯援據徵之者援引也徵成也若事有隱奥
滯泥者則援引經據以證成之也云其所易了闕而
不論者謂通見詩書不難曉了者則不須援引故闕
而不論也云别爲音圖用祛未寤者謂注解之外别
爲音一卷圖贊二卷字形難識者則審音以知之物
狀難辨者則披圖以别之用此音圖以祛除未曉寤
者故云用祛未寤也云輒復擁篲清道企望塵躅者
此郭氏自問也擁手持也篲帚也清道謂清絜道塗

也企望者企踵而瞻望也趣躅者塵路躅跡也言已注此書若人持帚以清道企踵而望其芳塵美跡所以然者何謂是自問也云以將來君子為亦有涉乎此也者此亦答也言已注此書非他以為將來有德君子之為必欲研覈百氏探討九流爾雅不可不涉歷此余若其注釋未備則恐迷誤後人作注之由良為此也

爾雅兼義卷上　郭璞注

（疏）上者對中下之名直以簡編重多分為上中下三卷無義例也郭璞字景純河東人東晉弘農太守著作郎注者著也解釋經指使義理著明也亦言已注意以釋此書也詩書謂之傳者傳傳也博識經意傳示後人也此皆其人自題故或言傳或言注無義例也

釋詁第一

（疏）釋解也詁古也古今異言解之使人知也釋言則釋詁之別故爾雅序篇云釋詁釋言通古今之字古

與今異言也第次也一數之始也以其作最在先故爲第一此篇相承以爲周公作但其文有周公後事故先儒共疑焉或曰仲尼子夏所增足也或曰當周公時有之今無者或在散亡之中然則詩書所有非周公所釋乃後人依放故言雅記而爲之文故與之同郭氏因即援據以成其義若言胡不承權輿及緇衣之蓆兮此秦康鄭武之時在周公之後明矣其義猶今爲文採摭故事以爲辭耳則此篇所載悉周公時所有何足怪也其諸篇所次舊無明解或以爲有親必須宮室宮室既備事資器用今謂不然何則造物之始莫先兩儀而樂器居天地之先豈天地乃樂器所資乎蓋以先作者居前增益者處後作非一時故題次無定例也其篇之名義逐篇具釋此不繁言此書之作以釋六經之言而字別爲義無復章句今而作疏亦不分科段所解經文若其易了及郭氏未詳者則闕而不論其稍難解則援引經據及諸家之說以證之郭氏之注多采經記若其通見可曉者則但指篇目而已其或書名僻異義旨隱奧者則具載

彼文以袪
未寤者耳

初哉首基肇祖元胎俶落權輿始也　尚書曰三月哉生魄詩曰令終有俶又曰俶載南畝又曰訪予落止又曰胡不承權輿胚胎未成亦物之始也其餘皆義之常行者耳此所以釋古今之異言通方俗之殊語○（肇）音兆（俶）昌叔切

【疏】皆初始之異名也初者說文云從衣從刀裁衣之始也哉者古文作才說文云才草木之初也以聲近借爲哉始之哉首者頭也身之始也基者說文云牆始築也肇者說文作肈始開也祖者宗廟之始也元者善之長也長即始義胎者人成形之始也俶者動作之始也落者木葉隕墜之始也權輿者天地之始也天圓而地方因名云此皆造字之本意也及乎詩書雅記所載之言則不必盡取理但事之初始俱得言焉他皆倣此○云尚書曰三月哉生魄者康誥文云詩曰令終有俶者大雅既醉文又曰俶載南畝

者周頌載芟文又曰訪予落止者周頌訪落文又曰胡不承權輿者秦風權輿文云肧胎未成亦物之始也者說文云肧婦孕一月也胎婦孕三月也然則尚未成形而爲形之始故曰肧胎未成亦物之始物則形也云貞餘皆義之常行者目者謂初首基肇祖元也通見詩書故曰義之常行云此所以釋古今之異言通方俗之殊語者楊雄說方言云皆古今語也初別國不相往來之言也今或同而舊書雅記故俗語不失其方而後人不知故爲之作釋也郭彼注云謂作釋詁釋言是也

林烝天帝皇王后辟公侯君也 詩曰有壬有林又曰文王烝哉其餘義皆通見詩書

〔辟并亦反〕

【疏】皆天子諸侯南面之君異稱也白虎通云君羣也羣下之所歸心也林者說文云平地有叢木曰林烝者左傳云天生烝民樹之以君而司牧之然則人物之衆必立君長以司牧之故以林烝爲君也天者

說卦云乾為天為君以其俱尊極故也大雅皆謂君為天是也帝者白虎通云德合天地者稱帝者諦也象可承也皇美也大也天之揔美大稱也時質故揔稱之號之為皇煌煌人莫違也王者往也天下所歸往說文云后者繼體君也象人之形施令以告四方故后之從一口發號者君后也辟者法也為下所法則也公者通也公正無私之意也侯者候也候逆順也天帝皇王惟謂天子公侯惟謂諸侯餘皆通稱　云詩曰有壬有林者小雅賓之初筵文又曰文王烝哉者大雅文王有聲文云其餘書傳通見之書者謂天帝皇王后辟公侯皆義之常行故不備引

弘廓宏溥介純夏幠厖墳嘏丕弈洪誕戎駿假京碩濯訏宇穹壬路淫甫景廢壯冢簡箌昄晊將業席大也詩曰我受命溥將又曰亂如此幠爲下國駿厖湯孫奏假王公伊濯訏謨定命有壬有林厥聲載路既有

淫威廢爲殘賊尒土宇昄章緇衣之蓆兮鄭洛宇宙
穹隆至極亦爲大也劉義未聞尸子曰此皆大有十
餘名而同一實○(憮)音呼(厖)亡江切(㠜)音
但(訏)音吁(蓟)音邑(昄)蒲板切(晊)之日切(誕)音

(疏)此皆廣大之異言也弘者含容之大也周書洛誥
云武王弘朕恭鄭者方言云張小使大謂之鄭宏
者書曰若保宏父介者方言云東齊海岱之間謂之
介純者魯頌閟宮云天錫公純嘏夏者方言云自關
而西秦晉之間凡物之壯大而愛偉之謂之夏厖者
深之大也墳嘏者方言云墳地大也青幽之間凡土
而高且大者謂之墳秦晉之間凡物壯大謂之嘏丕
者書云嘉乃丕績弈者詩大雅韓弈云弈弈梁山洪
者書大誥云延洪惟我幼沖人誕者大雅生民云誕
彌厥月戎者方言云宋魯陳衛之間謂之嘏或曰戎
京碩濯訏者秦晉之間凡人大謂之奘或謂之壯燕齊
楚之郊或曰京齊宋之間曰碩荆吳揚甌之郊曰濯
中齊西楚之間曰訏此皆謂大方俗之殊語也甫者
詩齊風云無田甫田景者周頌潛篇云以介景福壯

者秦晉之間凡人大謂之奘或謂之壯冡者冡人曰
冡封之大也大雅緜篇〻云乃立冡土簡者周頌執競
〻云降福簡簡劉者鄭〻云義未聞[redacted]氏〻云都魚切說文
〻云草大也韓詩〻云劉彼甫田將者周頌〻云日就月將
業者版之大也大雅靈臺〻云虡業維樅餘皆見注詩
〻云我受命溥將者商頌烈祖文又曰亂如此憮者小
雅巧言詩〻云下国駿厖者商頌長發文〻云湯孫奏假
者商頌那篇文〻云王公伊濯者大雅文王有聲文〻云
許謨定命者大雅抑篇文〻云有壬有林將者小雅賓之
初筵文〻云厥聲載路者大雅生民文〻云既有淫威者周
頌有客文〻云廢為殘賊者小雅四月文〻云尔土宇昄
章者大雅卷阿文〻云緇衣之蓆兮者鄭風緇衣文〻云
鄭落字宙穹隆至極亦為大也者郭落大貌四方上
下曰宇說文〻云宙舟輿所極也穹隆天之形也郭氏
續晊為室故〻云至極是鄭字穹晊亦為大也〻云尸子
曰此皆大有十餘名而同一實者漢書藝文志〻云尸
子二十篇注曰名佼魯人秦相商君師之鞅死佼逃
入蜀案尸子廣澤篇〻云墨子貴兼孔子貴公皇子貴

哀田子貴均列子貴虛料子貴別囿其學之相非也數世矣而已皆弇於私也天帝后皇辟公弘廓閎溥介純夏憮冢晊昄皆大也十有餘名而實一也若使兼公虛均衰平易別囿一實也則無相非也以其數字皆訓為大故引之也周公作詁必以始也君也大也居先者始者無先之稱君者至尊之號大則無所不包故先言之一曰此三者天也人也地也易乾卦云萬物資始坤卦云直方大老子云域中有四大王居其一焉故以此三者為先乾坤相對之物而以地任人後者以人居天地之中且尊尚人君故進之自此而下隨便即言無義例也

幠厖有也 二者又為有也詩曰遂幠大東

（疏）二者又為有言大有也成十六年左傳云民生敦厖言人生聚豐厚大有也魯頌閟宮文也案今詩本作遂荒此言遂幠者所見本異也或當在齊魯韓詩

迄臻極到赴來弔艐格戾懷摧詹至也齊楚之會郊曰懷宋曰屆

詩曰先祖于摧又曰六日不詹詹摧皆楚語方言云○極紀力切弔音的艐音宗摧昨雷切

疏迄者自古至今也大雅生民云以迄于今臻者詩邶風泉水云遄臻于衛言疾至於衛也極者窮盡之至也樂記云及夫禮樂之極乎天而蟠乎地言禮樂之道上至於天下委於地也到者自遠而至也大雅韓弈云靡國不到赴者趨而至也雜記云凡赴於君來者自彼至我也春秋經曰祭伯來言至魯也弔者小雅天保云神之弔矣艐讀為屆屆格戾懷摧詹皆方俗語　云齊楚之會郊曰懷宋曰屆者方言文云詩曰先祖于摧者大雅雲漢文又曰六日不詹者小雅采綠文云詹摧皆楚語方言云者案方言云艐音駕格古格字懷摧詹戾艐古屆字至也邠唐冀兖之間曰假或曰格齊楚之會郊或曰懷摧詹戾楚語也艐宋語也皆古雅之別語也今則或同是也

如適之嫁徂逝往也　方言云自家而出謂之嫁猶女出為嫁

疏皆謂造於彼也如者自我而往也春秋公及大夫朝聘皆曰如之者論語云之一邦言又往一國也適嫁徂逝皆方俗語案方言云嫁逝徂適往也自家而出謂之嫁猶女而出為嫁也斯秦晉語也徂齊語也適宋魯語也往凡語也

賚貢錫畀予貺賜也　皆賜與也○畀必寐切予羊汝切

疏皆謂賜與也賚者賜有功善人也書湯誓曰予其大賚汝貢者下與上也左傳齊桓責楚云爾貢包茅不入賜者嘉賜也禹貢云禹錫玄圭畀者付與也詩鄘風干旄云何以畀之予者授與也小雅采菽云天子所予貺者惠賜也小雅彤弓云中心貺之

儀若祥淑鮮省臧嘉令類綝彀攻穀介徽善也　詩曰儀刑

文王左傳曰禁禦不若詩曰永錫尔類我車既攻介
人維藩大叙嗣徽音省縣轂未詳其義餘皆常語
○(鮮)息淺切(㑹)先郢切(令)力
政切(縣)勑金切(轂)古豆切
(疏)皆謂美善也儀者形象之善也若者惠順之善也
祥者李巡曰福之善也書泰誓云襲于休祥徵者
有德之善也詩曹風鳲鳩云淑人君子鮮者清絜之
善御風新臺云籧篨不鮮省縣轂郭氏未詳臧者功
能之善也詩齊風云射則臧兮嘉者美之善也詩大
雅抑篇云無不柔嘉令者大雅卷阿云令聞令望類
者昭二十八年左傳云勤施無私曰類攻者堅緻之
善轂者養生之善詩小雅小明云式穀以女介者大
善也徽者美善也　云詩曰儀刑文王者大雅文王
篇文云左傳曰禁禦不若者左傳無全文案文十八
年說四凶云投諸四裔以禦魑魅宣三年傳言鑄鼎
象物故民入山林不逢不若蓋採合傳之故云禁禦
不若也云詩曰永錫尔類者大雅既醉文云我車既
攻者小雅車攻文云介人維藩者大雅板篇文云天

妣嗣徽音者思齊文云餘皆常語著謂祥
淑鮮臧嘉令穀書傳多有之故云皆常語

舒業順叙也 皆謂次序 **舒業順叙緒也** 四者又為端緒

疏 叙謂次叙舒者展舒絲縷有次也業者事有次叙
也順者不逆有叙也舒業順叙四者又為端緒互
相訓也

怡懌悅欣衎喜愉豫愷康妉般樂也 皆見詩○妉丁含切 般盤 樂洛

疏 皆謂喜樂怡者和樂也小雅節南山云既夷既懌
怡夷音義同懌者悅樂也商頌那篇云亦不夷懌
悅者心樂也小雅都人士云我心不悅說音義同欣
者笑喜之樂也大雅鳧鷖云旨酒欣欣毛傳云欣欣
然樂也衎者飲食之樂也小雅南有嘉魚云嘉賓式
燕以衎喜者說文云不言而悅也小雅彤弓云中心
喜之愉者安閒之樂也唐風山有樞云他人是愉毛
傳云愉樂也豫者逸樂也小雅白駒云逸豫無期愷

者康樂也小雅魚藻云豈樂飲酒康者安樂也唐風蟋蟀云無以太康娛者樂之久也小雅鹿鳴云和樂且湛又衛風淇奧篇云無與士耽鄭箋云耽非禮之樂般者遊樂也周頌般篇名也鄭箋云般樂也郭以爾雅之作多為釋詩且詩中備有此文故云皆見詩其實六經之中所訓亦爾但以詩書之作非一人故有音義雖同而字形蹐駁者詩文作湛耽而此作妉詩文作夷說豈弁樂而此作怡悅愷般之類直以異人之作故不同爾無義例也他皆放此

悅懌愉釋賓協服也皆謂喜而服從疏皆謂喜而服從也悅懌愉者皆喜樂而服也釋皆釋去恨怨而服之也賓者懷德而服也孫炎云四夷咸賓協者和合而服也左傳曰謀其不協

遹遵率循由從自也自猶從也遹遵率循也二者又為循行○遹音聿

疏自亦從也轉互相訓也遹者大雅緜篇云聿來胥宇遹聿音義同遵者周南汝墳云遵彼汝墳率者

大雅緜篇云率西水滸循者顧命云率循大卞由者
曲禮大夫士出入君門由闑右從者小雅何人斯云
伊誰云從適遵率
三者又為循行

靖惟漠圖詢度咨諏究如慮謨猷肈基訪謀也國語曰詢
于八虞咨于二虢度于閎夭謀于南宮諏于蔡原訪
于辛尹通謂謀議耳如[illegible]所未詳並見詩度釋諏子須

疏皆謂謀議也靖者安謀也小雅小旻云靖共尒位
惟者思謀也漠者舍人曰心之謀也小雅小弁云
聖人莫之漠莫音義同圖者大雅崧高云我圖爾居
詢度咨諏者小雅皇皇者華傳云訪問於善為咨
事為諏咨事之難易為謀咨禮之所宜為度親戚之
謀為詢究者小雅小弁云不舒究之慮者計謀也謨
者大謀也大雅云訏謨定命猷者以道而謀也大雅
文王云厥猶翼翼猷猶音義同肈者大雅江漢云肈
敏戎公基者君子作事謀始也訪者謀政事也云
國語曰詢於八虞咨于二虢度于閎夭謀于南宮諏

于蔡原訪于辛尹者是晉語胥臣對文公辭說文王之即位也常氏解云八虞周八士皆在虞官二虢文王弟虢仲虢叔南宮南宮括也蔡蔡公原原公辛辛甲尹尹逸皆周大史

典彝法則刑範矩庸恒律戞職秩常也庸戞職秩義見詩書餘皆謂常法耳

○彝音夷

疏皆謂常禮法也典刑者詩大雅蕩篇云尚有典刑彝者洪範云彝倫攸叙法則者天官冢宰以八法治官府以八則治都鄙鄭注云邦國官府謂之禮法常所守以為法式也則亦法也典法則所用異異其名也範者模法之常也矩者度方有常也庸者書皐陶謨云自我五禮有庸哉但久之常也湯誥云君有恒性㦸者常法也戞者康誥云不率大戞職者主之常也秩者商頌烈祖云有秩斯祜

柯憲刑範辟律矩則法也詩曰伐柯伐柯其則不遠論語曰不踰矩

疏此亦謂常法轉互相訓柯者執以取法也憲者大雅桑柔篇云百辟為憲辟罪法也刑範律矩則皆謂常法也一云詩曰伐柯伐柯其則不遠者豳風伐柯文云論語曰不踰矩者為政文

辜辟戾辠也皆刑罪○辟婢亦切辜音孤辠音罪疏皆謂刑罪也辜者書仲虺之誥云周

不懼于非辜辟者呂刑云墨辟疑赦戾者大雅抑篇云亦維斯戾辠罪古今字也訓文云辠犯法也從辛從自言罪人拘蹙自卑苦辛之憂秦以辠似皇改為罪取非人報於四裔古文自為辠

黃髮齯齒鮐背耇老壽也黃髮髮落更生黃者齯齒齒墮更生細者鮐背背皮如鮐魚耇猶耆也皆壽考之通稱○齯音倪鮐音台耇音狗疏皆壽考之通稱也黃髮者舍人曰黃髮老人髮白復黃也郭云黃髮髮落更生黃者齯齒者說文云齯老人兒齒也郭云齒墮更生細者魯頌閟宮云既多受祉黃髮兒齒鄭箋云兒齒亦壽徵鮐背者舍人

曰老人氣衰皮膚消瘠背若鮐魚郭云鮐背背皮如
鮐魚劉熙釋名云九十曰鮐背背有鮐文大雅行葦
云黃耇鮐背毛傳云鮐背大老也鄭箋云台之言鮐
也大老則背有鮐文方言云秦晉之郊陳兗之會謂
老曰耇鮐耇者郭云耆也方言云燕代北鄙謂耇為
梨郭彼注云梨面色似凍梨也舍人曰耇觀也血氣
精華觀竭言色赤黑如狗矣孫炎曰耇面如凍梨色
如浮垢老人壽徵也老者說文云七十曰老從人毛
七言須髮
變白也

允孚亶展諶誠亮詢信也 方言曰荆吴淮汭之間曰展燕岱東齊曰諶宋衛曰詢亦皆見詩○亶丁簡切諶市林切

疏 皆謂誠實不欺也案方言云
允訧恂展諒穆信也齊魯之間
曰允燕代東齊曰訧宋衛汝潁之間曰恂荆吴淮汭
之間曰展西甌毒黃石野之間曰穆衆信曰諒周
南召南衛之語也云亦皆見詩若鄘風定之方中云
終然允臧大雅文王云萬邦作孚小雅祈父云亶不

總鄘風君子偕老云展如之人兮大雅蕩篇云其命匪諶諶者復言之信也鄘柏舟云不諒人只鄭風溱洧云洵訏且樂說諶亮諒詢洵音義同

展諶允慎亶誠也轉相訓也詩曰慎爾優游

疏皆謂至誠轉相訓也詩曰小雅白駒文

謔浪笑敖戲謔也謂調戲也見詩

疏詩曰謔浪笑敖者不敬之戲謔也今人曰謔戲謔也浪意朗也笑心樂也敖意舒也戲笑邪戲謔笑之貌郭云謂調戲也見詩者出邶風終風云

粵于爰曰也書曰土爰稼穡詩曰粵越在天王于出征**爰粵于也**轉相訓粵音曰 이

疏皆謂語辭發端轉互相訓也說文云曰從開口象氣出於口也云書曰土爰稼穡者周書洪範文云詩曰對越在天者周頌清廟文云王于出征者小雅采芑文

爰粵于那都繇於也 左傳曰棄甲則那那猶今人云那也書曰皐陶曰都繇辭於乎皆語之韻絶○

【釋】繇音由 於音烏

【疏】皆語之韻絶歎辭也爰粵于三者又爲於乎一云左傳曰棄甲則那者宣二年華元答謳者辭也云書曰皐陶曰都者虞書皐陶謨文也云繇辭者繇兆之辭也云於乎者周頌維天之命云於乎不顯是也

妗郃盍翕仇偶妃匹會合也 皆謂對合也○【釋】郃音閤 盍胡臘切 妃音配

【疏】皆謂對合也妗者說文云合會也郃者和合也盍者衆合也易豫卦九四云勿疑朋盍簪翕者數合也書皐陶謨云翕受敷施仇者左傳曰怨耦曰仇偶者相對合也左傳曰大都耦國妃若嘉耦曰妃四者配合也大雅文王有聲云作豐伊匹會者集合也周禮曰時見曰會

仇讎敵妃知儀匹也詩云君子好仇樂子之無知實維我儀國語亦云丹朱憑身以儀之讎猶儔也廣雅云讎輩也

疏皆謂匹合也仇者孫炎云相求之匹讎者儔侶輩類之匹也敵者相當之匹也妃合耦之匹也一云詩云君子好仇者周南關雎文也云樂子之無知者檜風隰有萇楚文也云實維我儀者鄘柏舟文也云國語亦云丹朱憑身儀之者案周語惠王十五年有神降於莘王問於內史過曰今是何神也對曰昔昭王娶於房曰房后實有爽德協于丹朱丹朱憑身以儀之生穆王焉實臨照周之子孫而禍福之夫神一不遠徙遷若由是觀之其丹朱乎韋氏解云憑依也儀匹也言房后之行有丹朱丹朱憑依其身而匹偶之生穆王焉

妃合會對也皆相當對妃媲也相偶媲也。媲音普計切

疏此三者又為當對妃又為媲謂相偶媲也

紹胤嗣續纂緌績武係繼也詩曰下武維周緌見釋水餘皆常語纂子管切

疏 皆謂繼不絕也紹者大雅抑篇云弗念厥紹胤者大雅既醉云永錫祚胤嗣者周頌酌篇云載用有嗣續者小雅斯干云似續妣祖纂者魯頌閟宮云纘禹之緒緌武見注績者陳東門之枌云不績其麻係者繫屬之繼易曰係小子失丈夫一云詩曰下武維周者大雅下武文云緌見釋水者彼云汎汎楊舟紼縭維之紼繂也繂縭也是矣

忥謐溢蟄慎貉謐顗頠密寧靜也忥顗頠未聞其義餘皆見詩○忥音戲溢音付貉音陌謐音密顗音擬頠魚毀切

疏 皆安靜也謐者人死將葬誄列其行而作之也溢者盈溢言宜靜周頌維天之命云假以溢我蟄者蟄伏靜處也易曰龍蛇之蟄慎者謹靜也大雅云誠貉爾止貊者靜定也大雅皇矣云貊其德音鄭箋云

總政應和曰貊謚者說文云靜語也密者周頌昊天有成命云夙夜基命宥密寧者周頌良耜云婦子寧止

隕磒湮下降墜摽蘦落也 磒猶隕也方俗語有輕重耳湮沉落也摽蘦見詩○〔隕〕于閔切〔磒〕于敏切〔摽〕婢耿切〔蘦〕音零

〔疏〕皆謂墮落也隕者說文云從高墜也易曰有隕自天磒者石落[redacted]猶隕也方俗語有輕重耳湮沉落也下者[redacted]落也降即下也曲禮謂羽鳥死曰降墜者說文曰從高隕也左傳曰弗敢失墜摽者召南云摽有梅蘦者說文云草曰蘦木曰落此對文亦散而言之他物之落亦言蘦鄘風定之方中云靈雨既零蘦零音義同

命令禧畛祈請謁訊誥告也 禧未聞禮記曰畛於鬼神○〔令〕力政切〔畛〕之忍切谷

〔疏〕皆謂告諭也命者以使告也詩唐風揚之水云我聞有命令者發號以告也論語云其身正不令而行

昭者致告也祈者求告也書召誥云祈天永命請者言告也婚禮五曰請期謁者告白也月令曰謁於天子訊者告問也詩云歌以訊之誥者布告也書大誥洛誥之類是也昭於鬼神下曲禮文

永悠迥違遐逷闊遠也 書曰逷矣西土之人○迥戶頂切逷音惕

永悠迥遠遐也 遠遐也轉相訓

疏 皆謂遼遠也永者長遠也周南漢廣云江之永矣悠者小雅漸漸之石云山川悠遠迥者大雅云泂酌彼行潦泂音義同違者離遠也召南殷其雷云何斯違斯遐者大雅旱麓云遐不作人逷者古文逖也闊者也邶風擊鼓云于嗟闊兮永悠迥遠四者又爲遐也遐亦遠也轉相訓尔逷矣西土之人周書牧誓文也

虧壞圮垝毀也 書曰方命圮族詩曰乘彼垝垣虧通語耳○壞音怪圮房美切垝音鬼

疏 皆謂毀敗也虧者損毀祭義云不虧其身壞者人毀也音怪二云自毀也乎怪切圮者岸毀也書序

曰祖乙圮于耿圮是毀壞也　一云書曰方命圮族者
堯典文孔安國云圮毀族類也言鯀性很戾好比方
名命而行事輒毀敗善類　一云詩
曰乘彼垝垣者衛風氓篇文也

矢雉引延順薦劉繹尸旅陳也　禮記曰尸陳也　雉順劉皆未詳

疏　注皆謂敷陳也矢者書序云皋陶矢厥謨引者伸陳
云延鋪陳也薦者進陳也繹者復陳也周頌賚篇
云時周之命於繹思尸者主陳也旅者謂布陳也
大雅賓之初筵云殽核維旅注禮記曰郊特牲文

尸職主也　左傳曰殺老牛莫之敢尸詩曰誰其尸之又曰職為亂階

疏　注皆謂為之主宰也　一云左傳曰殺老牛莫之敢尸
者成十七年傳云晉欒書中行偃遂執公焉召韓
厥韓厥辭曰昔吾畜於趙氏孟姬之讒吾能違兵古
人有言曰殺老牛莫之敢尸而況君乎二三子不
能事君焉用厥也是其事　一云詩曰誰其尸之者
召南采蘋文又曰職為亂階者小雅巧言文

尸寀也謂寀地 寀寮官也官地爲寀同官爲寮○寀七代

疏 寀謂寀地上事者必有寀地寀采也采取賦稅以供已有寀地及言同寮者皆謂其官者也 云官地爲寀者禮運云大夫有采以處其子孫是也云同官爲寮者左傳文七年荀林父告先蔑之辭也

績緒采業服宜貫公事也論語曰仍舊貫餘皆見詩書

疏 皆爲事也績者功事也商頌云設都于禹之績緒者事業也魯頌閟宮云纘大王之緒采者皐陶謨云亮采有邦業者事人所有事書周官云業廣惟勤服者周南關雎云寤寐思服宜者宜其事也大雅鳧鷖篇云公尸來燕來宜貫者魏風碩鼠云三歲貫女公者周頌酌篇云實維爾公允師 云論語者先進仍舊貫如之何何必改作是也

永羕引延融駿長也宋衛荊吳之間曰融羕所未詳○羕音樣

疏 說文云長久遠也方言云施於衆長謂之永引著
漢書律曆志云十丈爲引引者信也顏師古曰信
讀曰伸言其長延者方言云延年長也凡施於年
者謂之延又曰宋衛荆吳之間曰融融者長大也

喬嵩崇高也 皆高大貌左傳曰師叔楚之崇也 崇充也 亦爲充盛

疏 皆高大貌喬周頌般篇云嶞山喬嶽釋山云山大而高崧崧嵩音義同崇者尊貴也亦爲充盛樂記云復綴以崇云崇充也者宣十二年傳文杜注云師叔潘尫爲楚人所崇貴

犯奢果毅剋捷功肩堪勝也 陵犯誇奢果毅皆得勝也左傳曰殺敵爲果肩即剋也書曰西伯堪黎○(戡)音義

疏 皆謂得勝也舍人曰肩強之勝也孫炎曰戡勝之勝也陵犯誇奢者殺敵爲果致果爲毅剋殺提獲有功肩剋堪任是皆得勝也 云左傳曰殺敵爲果者宣二年君子語也云書曰西伯堪黎者商書篇名也

勝肩戡劉殺克也 轉相訓耳公羊傳曰克之者何殺之也○(戡)音堪

【疏】克亦勝也詩周頌敬之云佛時仔肩毛傳云仔肩克也又爲殺也皆謂得勝而殺之轉互相訓云公羊者元年經曰夏五月鄭伯克段于鄢傳曰克之者何殺之也

劉獮斬刺殺也 書曰咸劉厥敵秋獵曰獮應殺氣也公羊傳曰刺之者何殺之也○(獮)斯(刺)次

【疏】說文云殺戮也斬者文二年左傳曰狼瞫取戈以斬囚餘皆具注 云書曰咸劉厥敵者周書君奭文云秋獵爲獮釋天文云應殺氣也者言秋氣肅殺故名秋獵爲獮大司馬云中秋教治兵遂以獮田是也云公羊傳曰刺之者何殺之也者僖二十八年傳文也經云公子買戍衛不卒戍刺之故傳云此也

亹亹蠠没孟敦勗釗茂劭勔勉也 詩曰亹亹文王蠠没猶黽勉書曰茂哉茂哉方言云周鄭之間相勸勉爲勔釗孟未聞(亹)音尾(蠠)音密(釗)音昭(劭)音邵(勔)音沔

[illegible]謂勸勉也敦者厚相勉也勖[illegible]邶風燕燕云以勖寡人劭者勉力也餘皆見注　云詩曰亹亹文王者大雅文王文也言勉勉乎不已文王之勤用明德也云蠠沒猶黽勉者以其聲相近方俗語有輕重耳邶風谷風云黽勉同心云書曰茂哉茂哉者皐陶謨文也書作懋茂懋古今字也云方言云以下者案彼云釗薄勉也秦晉曰釗或曰薄故其鄙語曰薄努錯勉努也南楚之外曰薄努自關而東周鄭之間曰勔釗齊魯曰勖茲是也

騖務昏暋強也　馳騖事務皆自勉強書曰不昏作勞暋不畏死

（疏）皆謂自勉強也騖騖謂馳騖務謂事務二者皆以力勉強孫炎曰昏夙夜之勉也　云書曰不昏作勞者盤庚文云暋不畏死者康誥文○騖音務暋音閔強其丈切

卬吾台予朕身甫余言我也　卬猶姎也語之轉耳書曰非台小子古者貴賤

皆自稱朕禮記曰授政任功曰予一人畛於鬼神曰有某甫反台詩○卬五剛反音怡下同

疏我者施身自謂也此皆我之也卬者郭云卬猶妶也語之轉耳說文云我曰妶由其語轉故曰卬邶風匏有苦葉云人涉卬否吾者孔子曰五吾自偏反魯身者我之躬也余者邶谷風云伊余來塈餘皆見注云書曰非台小子者湯誓文云古者貴賤皆自稱朕者太禹謨云帝曰朕宅帝位禹曰朕德罔克屈原亦云朕皇考曰伯庸是貴賤皆自稱朕史秦始皇二十六年定爲至尊之稱漢因不改以迄於今文禮記云授政任功曰予一人畛於鬼神曰有某甫者皆下曲禮文云言見詩者周南葛覃云言告師氏言告言歸是也

朕余躬身也今人亦自呼爲身

疏身即我也郭云今人亦自呼爲身舍人曰余謙卑之身也孫炎曰余舒遲之身也僖九年左傳云齊

侯曰小白余杜注云小白齊侯名余身也邶谷風云我躬不閱

台朕賚畀卜陽予也賚卜畀皆賜與也與猶予也因通其名耳魯詩云陽如之何今巴濮之人自呼阿陽。〔昱〕以二切〔陽〕音賜〔予〕音與

〔疏〕予即與也皆謂賜與台者遺與也讀與貽同朕者我與之也賚畀卜皆賜與也說命云夢帝賚以良弼鄘風干旄云何以畀之小雅天保云君曰卜爾萬壽無疆一云與猶予也因通其名者耳說文云與黨與也予推予前人也象兩手相與之形今經典多以與爲推予故云因通其名耳云魯詩云陽如之何者漢書藝文志云魯申公爲詩訓故是爲魯詩其經云陽如之何申公以陽爲予故引之云今巴濮之人自呼阿陽者以時驗而言也

肅延誘薦餤晉寔蓋進也礼記曰主人肅客詩曰亂是用餤王之藎臣揚曰晉

進也寅宋詳○〔餞〕音淺〔羞〕音饈

〔疏〕皆謂進道延者引而進之射義云子路出延射諸者道而進之也召南野有死麕云吉士誘之薦者進獻也月令云先薦寢廟餘皆見注一云禮記曰主人肅客者上曲禮文也鄭注云進客謂道之云詩曰亂是用餤者小雅巧言文云王之藎臣者大雅文王文云易曰晉進也者晉卦彖辭也

羞餞迪烝進也皆見詩禮〔疏〕謂進與也羞者曲禮云聞子有客使某羞餞者進飲食之名也迪者以道而進也烝者周頌豐年云烝畀祖妣

詔亮左右相導也皆謂教導之詔相導左右助勴也勴謂贊勉

亮介尚右也紹介勸尚皆相佑助左右亮也互覆相訓以盡其義○〔相〕息亮切〔勴〕音慮

〔疏〕詔者大宗伯云詔相王之大禮亮者大雅大明云涼彼武王左右者周南關雎云左右流之相者鄉

飲酒云相者一人此皆謂教道之也教道即賛勉也
故又爲勴說文云勴助也不以力助以心助也郭云
紹介勸尚皆相佑助孫炎曰介者相助之義如人之
左右手故以介爲左右也大雅生民云攸介攸止故
轉爲右左右即亮也亦皆謂佐助
反覆相訓以盡其義丑九源音義同

緝熙烈顯昭皓頲光也 詩曰於緝熙于光明又
曰休有烈光○頲古迥切
疏 顯者光明也大雅假樂云顯顯令德說文云昭日
明也大雅雲漢云昭回于天皓者亦日光也頲者火
光也小雅無將大車云不出于熲
于光明者周頌敬之文云休有烈光周頌載見文

劼鞏堅篤掔虔𦡀固也 劼虔皆見詩書易曰鞏用黃
牛之革固志也掔然亦牢固
之意○劼苦點切掔音牽 疏 皆牢固也劼者確固也鞏者說文云
以革有所束也堅者剛強之固也論
語曰不曰堅乎磨而不磷篤者厚也物厚者牢固掔
者掔亦牢固之意虔者恭之固𦡀者所以固物小雅

臣桑云德音孔膠　云劭虔皆見詩書者酒誥云劭毖殷獻臣大雅韓奕云虔共爾位易曰鞏用黃牛之革固志也者案革卦云初九鞏用黃牛之革遯卦六二象曰執用黃牛固志也文與此異然則郭云固志者所以釋革卦之鞏非謂遯之固志

疇孰誰也。易曰疇離祉（疇）直留切（疏）皆謂語辭不爲義也又猶言誰入也論語云君孰與不足陳風墓門云誰昔然矣疇離祉易否卦九四爻辭也

暀暀皇皇藐藐穆穆休嘉珍褘懿鑠美也穆穆已上皆美盛之貌其餘常語。（暀）音往（藐）音邈（褘）音衣（疏）皆謂美盛也少儀云祭祀之美齊齊皇皇鄭云皇皇讀如歸往之往彼言皇皇則此暀暀也少儀又云言語之美穆穆皇皇曲禮云天子穆穆諸侯皇皇鄭注皆云行容止之貌然則皇皇穆穆者皆言語容止之美盛也大雅烝民云既成藐藐毛傳云藐藐美貌者

大尚謨公戒之用休又曰嘉乃丕績儒行文席上之珍以待聘禕者歎美也懿者周頌時邁云我求懿德鑠者周頌酌篇於鑠王師是皆謂美之常語爾

諧輯協和也書曰八音克諧左傳曰百姓輯睦**關關噰噰音聲和也**皆為嗚相和**勰燮和也**書曰燮友柔克○輯業雍於恭反勰音協

疏皆謂和同協者說文云衆之同和也關關噰噰者音聲相和也周南關雎云關關雎鳩在河風猶有苦業云噰噰鳴鴈勰即古文協字[redacted]云書曰八音克諧虞書舜典文云左傳曰百姓輯睦者案僖十五年及成十六年皆云羣臣輯睦其是乎云書曰燮友柔克者周書洪範文

從申神加弼崇重也隨從弼輔增崇皆所以為重疊神所未詳○重直龍切

疏隨從申重加弼弼輔崇充皆所以為重疊也大雅鳧鷖云福祿來崇

𣪊悉卒泯忽滅罄空畢罊殲拔殄盡也𣪊今直語耳忽然盡貌今
江東呼厭極爲罄餘皆見詩
○𣪊音學罊苦詩切殲音尖

疏此皆謂終盡𣪊今直語耳忽然盡貌左傳曰皋陶庭堅不祀忽諸云今江東呼厭極爲罄者以時驗而言也說文云器中盡也云餘皆見詩○悉者說文云詳盡也卒者終盡也衛風日月云畜我不卒泯者滅盡也大雅桑柔云靡國不泯滅絕盡也小雅正月云寧或滅之罄者說文云器中空也小雅蓼莪云缾之罄矣空者小雅大東云杼柚其空畢者小雅無羊云畢來既升殲者舍人曰衆之盡也秦風黃鳥云殲我良人拔者攈除使盡也殄者詩云邦國殄瘁

苞蕪茂豐也苞叢緐蕪皆豐盛

疏皆豐盛也苞者草木叢生也禹貢云草木漸包蕪者緐蕪也洪範云庶草蕃廡廡蕪音義同茂者茂

茂也小雅天保云如松柏之茂

揫斂屈收戢蒐裒鳩樓聚也禮記秋之言揫揫斂也春獮為蒐蒐者以其聚人衆也詩曰屈此羣醜原隰裒矣左傳曰以鳩其民樓猶今言拘樓聚也。〔揫〕子由切〔蒐〕音搜

〔疏〕皆會聚也斂者率聚也禮記大學曰百乘之家不畜聚斂之臣收者周頌維天之命云我其收之戢者戢聚也周頌時邁云載戢干戈餘皆見注[redacted]云禮記曰秋之言揫揫斂也者鄉飲酒義文云春獮為蒐蒐者以其聚人衆也者春獮為蒐釋天文也云詩曰屈此羣醜魯頌泮水文云原隰裒矣者小雅常棣文云左傳曰以鳩其民者隱八年文云樓猶今言拘樓聚也以時驗而言也

肅齊遄速亟屢數迅疾也詩曰仲山甫徂齊。〔遄〕音船〔亟〕欺冀切〔數〕音朔

〔疏〕皆謂急疾也肅者召南小星云肅肅宵征毛傳云肅肅疾貌齊者壯疾也遄者邶風泉水云遄臻于

衛速者論語云無欲速亟者欺異切論語曰好從事而亟失時一云亟居力切大雅靈臺云匪亟其欲屢者小雅巧言云君子屢盟數者祭義云祭不欲數迅者疾也論語云迅雷風烈必變 仲山甫徂齊大雅烝民文

疐駿肅亟遄速也 詩曰不疐故也駿猶迅速亦疾○疐音致亟居力切

疏 速亦疾也肅亟遄轉相訓耳駿者猶迅也禮記大傳云疐奔走駿逡音義同鄭注云疾奔走言勸事也 不疐故也鄭風遵大路文

壑阬阬滕徵隍漮虛也 壑谿壑也阬阬謂阬壍也隍城池無水者方言云漮之言空也皆謂空虛也滕徵未詳○阬音坑漮音康

疏 皆謂空虛也壑者谿壑也大雅韓奕云實墉實壑阬阬者坎陷之虛也但言耳隍者城池無水者

易曰城復于隍漮者注引方言云康之言空也彼注
云漮㝩空貌亦立塭之空無小雅賔之初筵云酌彼
康爵鄭箋云康
虛也漮音義同

黎庶烝多醜師旅衆也 皆見詩

〔疏〕皆謂衆夥也注云皆見詩者大雅雲漢云周餘黎
民靈臺云庶民子來烝民云天生烝民周頌載見
云思皇多祜大雅緜篇云戎醜攸行棫樸云
六師及之小雅采芑云振旅闐闐之類是也

洋觀裒衆那多也 詩曰薄言觀者又曰受福不那洋溢亦多貌

〔疏〕皆謂重多也洋者洋溢亦多貌魯頌閟宮云萬舞
洋洋裒者聚之多也易曰君子以裒多益寡衆者
周頌臣工云命我衆人 云詩曰薄言觀
者小雅采綠文又曰受福不那者桑扈文

流差柬擇也 皆選擇見詩。差音叉（柬）音簡

疏皆選擇也周南關雎云左右流之小雅吉日云旣差我馬邶風云簡兮簡兮皆是也簡柬音義同

戰慄震驚戁竦恐慴懼也詩曰不戁不竦慴即懾也○慄音栗戁女夜切恐丘勇切慴之涉切

疏皆惶怖也論語曰使民戰慄詩秦風黃鳥云惴惴其慄易曰震驚虩虩又曰驚遠而懼迩也詩云不戁不竦月令曰國時有恐樂記曰柔氣不懾是皆懼也慴即攝也　云不戁不竦商頌長發文也

痡瘏虺頽玄黃劬勞咎顇瘽瘉鰥戮癙癵痒疷疵閔逐疚痗瘥痱癉瘵瘼癠病也虺頽玄黃皆人病之通名而說便謂之馬病失其義也詩曰生我劬勞書曰智藏瘝在相戮尋亦可取病也今江東呼病曰瘵東齊曰瘼禮記曰親癠色容不盛戮逐未詳餘皆見詩○痡普胡切瘏音徒虺音灰頽音隤瘽音勤瘉音愈癙鼠癵力專反痒

音昱(痒)音羊(疷)音祗(痗)音妹(瘥)祖何切(痱)音肥(癉)音亶(瘵)音債(癠)祖細切

(疏)疾甚曰病此皆病之通名耳孫炎曰痛人疲不能行之病瘏馬疲不能進之病虺隤馬罷不能升高之病玄黃馬更黃色之病然則虺隤者病之狀玄黃者病之變色郭云皆人病之通名而說者便為之馬病失其義也蓋指孫炎不能弘通故云失其義也瘁者罪病也顇者小雅雨無正云維躬是瘁顇瘁音義同癉者勞苦之病也瘉者小雅角弓云交相為瘉戮者相戮辱亦可取病也癙及痒者小雅正月云癙憂以痒舍人云癙癢痒皆心憂憊之病也孫炎云癙者畏之病也瘇者小雅正月云悠悠我里瘇里音義同疷者孫炎云滯之病也小雅白華云俾我疷兮疷者瘕蠱小病也閔者幽風鴟鴞云鬻子之閔斯逐者衛風考槃云碩人之軸鄭箋云軸病也軸與逐蓋今古字郭氏未詳疚者小雅采薇云憂心孔疚痗者小雅十月云亦孔之痗瘥者節南山云天方薦瘥痱者四月云百卉具腓痱腓音義同癉者大雅板篇云下

民卒癯瘵者大雅瞻仰云士民其瘵瘵者大雅桑柔
云瘼此下民餘皆見注一云生我劬勞者小雅蓼莪
文云書曰智藏瘝在者周書召誥文云今江東呼病
曰瘵者以時驗而言云東齊曰瘼者方言文云禮記
曰親瘠色容不
盛者玉藻文

悫寫悝盱繇慘恤罹憂也今人云無悫謂無憂也爲
有憂者思散寫也詩曰悠
悠我悝云何盱矣繇役以爲憂
愁○悝音里 盱音吁 繇音遥

疏皆謂憂愁也悫者聘禮云公問君賔鄭
注云拜其無悫鄭云今人云無悫謂無憂也寫者
有憂者思散寫也小雅車舝云我心寫兮繇者繇役
亦爲憂愁慘者心憂憂也恤者小雅祈父云胡轉予于
恤罹者王風兔爰云逢此百罹一云詩曰悠悠我悝
者小雅十月文云何盱矣者卷耳及都人士文也

倫勩邛敕勤愉庸癉勞也詩曰莫知我勩維王之邛
哀我癉人國語曰無功庸

者倫理事務以相約敕亦為勞勞苦者多惰偷今字或作窳同○勩與世切癉丁賀切勞力報切

疏 皆謂勞苦也倫者理也理治事務者必勞勩者廣雅云苦也孫炎曰習事之勞也敕者相約敕也亦為勞苦勤者勞力也梓材云旣勤垣墉偷者懶也郭云勞苦者多惰偷今字或作窳同庸者民功曰庸癉者說文云勞病也 云詩曰莫知我勩者小雅雨無正文云維王之卬者巧言文云哀我癉人者大東文云國語曰無功庸者案晉語韓獻子老使公族穆子受事於朝辭曰厲公之亂無忌備公族不能死臣聞之曰無功庸者不敢居高位今無忌智不能匡君使至於難仁不能救勇不能死敢辱君朝以忝韓宗請退也固辭不立悼公聞之曰難雖不能死君而能讓不可不賞使掌公族大夫是其事也

勞來強事謂翦篲勤也 詩曰職勞不來自勉強者亦勤力者由事事故為勤也詩曰迨其謂之翦篲未詳○來音賚強其丈切

疏 皆謂勤勞也勞來者以其有勤勞也自勉強者亦為

勤由能事事有功者亦為勤　云職勞不來者小雅
大東文人以不被勞來者爲不見勤故序曰杕
杜以勤之即是勞來也　云迨
其謂之者召南摽有梅文也
悠傷憂思也　皆感思也。思司嗣切
疏　皆感思也悠者秦風渭陽云悠悠我思傷
者周南卷耳云維以不永傷憂者愁思也
懷惟慮願念惄思也　詩曰惄如輖飢。惄音溺
疏　皆思念也　方言云鬱悠懷惄惟慮願念靖慎思也
晉宋衛魯之間謂之鬱悠惟凡思也慮謀思也願
欲思也念常思也東齊海岱之間曰靖秦晉或曰慎
凡思之貌亦曰慎或曰惄舍人曰惄志而不得之思
也　云惄如調
飢周南汝墳文
祿祉履戩祓禧褫祜福也　詩曰福履綏之俾爾戩穀祓祿康矣褫禧書傳小見

其義未詳○[戩]子淺[疏]皆福祐也福祿對文則小異
切[褫]音㢘[虒]音斯　散則祿亦福也商頌玄鳥云
百祿是何鄭箋謂當擔負天之多福祉者繁多之福
也周頌烈文云錫茲祉福祐者小雅信南山云受天
之祜　云詩曰福履綏之者周南樛木云俾我戩
穀者小雅天保文云被祿康矣者大雅卷阿文云

禋祀祠烝嘗禴祭也書曰禋于六宗餘者皆以爲四時祭名也○[禴]音藥

[疏]皆祭之別名祭際也人神交際說文云祭从示从又
从肉又手也以手持肉示神所以祭也禋者說文
云絜祀也祀者說文云祭無已也餘者四時祭名疏
具解　云禋于六宗者虞書注精意以享謂之禋
宗尊也所尊祭者其祀有六謂四時
也寒暑也日也月也星也水旱也

儼恪祗翼諲恭欽寅熯敬也儼然敬貌書曰夙夜惟寅詩曰我孔熯矣禋未詳○[恪]苦各切[諲]音因[熯]而善切

疏皆謂謹敬也儼者郭云儼然敬貌論語云儼然人望而畏之恪者心敬也周書微子之命云恪慎克孝祗者虞書大禹謨云祗承于帝虁者小心之敬也云恭者敬貌也大雅桑柔云温温恭人欽者堯典云欽若昊天二云書曰夙夜惟寅者虞書舜典文云詩曰我孔熯矣者小雅楚茨文

朝旦夙晨晙早也○晙亦明也　晙音晙

疏早者説文云晨也从日在甲上　上古文甲字　今郎以不晚爲早朝者鄘風蝃蝀云崇朝其雨毛傳云崇終也從旦至食時爲終朝旦者説文云明也从日在一上一地也陳風東門之枌云穀旦于差夙者亦夙東方未明云不夙則莫晨者説文云晨昧爽也東方未明云不能晨夜晙亦明之早也

須竢替戾底止徯待也　書曰徯我后今河北人語亦然替戾底者皆止也止亦相待

○須音須竢音士底音止徯胡礼切

疏釋曰皆相待也須者邶風匏有苦葉云卬須我友竢者
齊風著篇云俟我于著乎而顉竢俟音義同替矣
底者有鄭注云止曰止也止亦相
待一徯我后商書太甲文

幾居衣反殆大亥反 幾烖殆危也 幾猶殆也烖未詳 ○烖音宰烖音哉 疏釋曰皆危險也說文云危在高
而懼幾者自幾猶殆也周書顧命云無以釗冒
貢于非幾殆者小雅節南山云無小人殆

饑汔也 謂相摩近 ○饑音祁汔五音乞 疏說文云汔摩也郭讀饑為覬覬云謂相摩近孫炎
云汔近也大雅民勞云汔可小康鄭箋云汔幾也互
覆相訓故汔得為幾也昭[redacted]十年左傳亦引此詩杜
預云汔期也然則期字雖別皆是近義言其近當如
此史記稱漢高祖欲廢太子周昌曰臣口不能言然
臣期知其不可陛下雖欲廢太子臣
期不奉詔言期者隱亦與此同也

治肆古故也 治未詳肆古見詩書

疏 肆之爲故語更端辭也商書湯誥曰肆台小子
古之爲故謂舊故也周頌良耜云續古之人

肆故今也 肆既爲故又爲今今亦爲故故亦爲今此義相反而兼通者事例在下而皆見詩

疏 詩大雅緜篇云肆不殄厥愠毛傳云肆故今也郭
以肆之一字爲故今因上起下之語郭氏字別爲
義云肆既爲故又爲今今亦爲故故亦爲今此義相
反而兼通者事例在下在下者謂在下文徂在存也注

惇亶祜篤掔仍肶埤竺腹厚也 顯仍埤益肶輔皆重厚掔然厚貌餘皆見詩書

○肶音毗埤音裨竺音篤

疏 皆重厚也釋曰周書武成云惇信明義亶者誠之
厚也大雅桑柔云逢天僤怒小雅天保云俾爾單
厚周頌昊天有成命云單厥心皆訓厚也亶僤單音
義同祜者福厚也篤者周頌維天之命云曾孫篤之
掔然厚貌顯仍埤益肶輔皆重厚釋天云仍[redacted]爲孫
邶風北門云政事一埤益我小雅節南山云天子是

肶又采菽云福祿膍之肶毗膍音義同竺與篤同
腹者小雅蓼莪云出入腹我月令云水澤腹堅

載謨食詐僞也 載者言而不信謨者謀而不忠書曰朕不食言

疏○曰皆為僞也郭云載者言而不信謨者謀而不忠者以載訓為言謨為謀今又為僞故以為言而不信謀而不忠不信不忠則是僞也食者孫炎曰食言之僞也哀二十五年左傳云孟武伯惡郭重曰何肥也公曰是食言多矣能无肥乎然則言而不行如食之消盡後終不行前言為僞故通謂僞言為食言故此訓食為僞也詐者方言云膠譎詐也凉州西南之間曰膠自關而東西或曰膠詐謂通語也一朕不食言商書湯誥文

話猷載行訛言也 詩曰慎爾出話猷者道道亦言也周禮曰作盟詛之載今江東通謂語為行世以妖言為訛

疏○曰皆謂言辭也話者孫炎曰善人之言也猷者道也道亦言也載者載於簡策之也郭云今江東

通謂善言爲行也以妖言爲訛一云詩曰愼爾出話者大雅抑篇文云周禮曰作盟詛之載者春官詛祝職文也

遘逢遇也謂相遘遇遘逢遇遻見也轉復爲相遘遻行而相値即是見○遘音構遻音啎

疏曰皆謂相遭遇遘遻而相見也召南草蟲云亦既遘止周書洪範云子孫其逢吉鄭風野有蔓草云邂逅相遇轉復相訓二者又爲相遘遻遘逢遇遻四者皆行而相値之名行而相値即見故又爲見

顯昭覿釗觀見也顯昭明見也逸書曰釗我周王○釗之遥切

疏顯昭皆明見也周頌敬之云天維顯思又時邁云明昭有周覿釗觀者皆下見上也曲礼云天子當依而立諸侯北面而見天子曰覲郊特牲云不敢私覿一逸書不在今尚書之內故曰逸

監瞻臨涖頫相視也皆謂察視也○監音鑒涖音利頫音眺

疏 者謂察視也小雅節南山云何用不監又曰民具
爾瞻大雅大明云上帝臨女文王世子云成王幼
不能莅阼頫者考工記云瑑圭璋八寸璧琮八寸以
頫聘鄭注云頫視也聘問曰衆來曰頫特來曰聘相
者小雅小弁
云相彼投兔

鞫訩溢盈也 詩曰降此鞫訩

疏 皆謂盈多訩訟盈溢皆盈多也降此鞫訩小雅節
南山文毛傳云鞫盈訩訟也鄭箋云盈猶多也以
盈者必多故鄭
轉云盈猶多也

孔魄哉延虛無之言閒也 孔穴延魄虛無皆有閒隙餘未詳

疏 閒謂閒隙也孔者孔穴小雅角弓云如酌孔取魄
者形也謂月之无光之處名魄也康誥云惟三月
哉生魄延者今墓道也虛无者
空无所有也是皆有閒隙也

瘞幽隱匿蔽竄微也微謂逃藏也左傳曰其徒微之是也○瘞於計切匿女力切

疏 微謂逃藏也瘞者埋藏之微也幽者深微也隱者潛隱而微也匿者含人曰藏之微也蔽者覆障使微也竄者行之微也是皆微昧不顯揚也 案昭十七年傳云楚白公月作亂殺子西子期葉公子高逆遇箴尹固帥其屬將與白公子高曰微二子者楚不國矣棄德從賊其可保乎乃從葉公使與國人以攻白公白公奔山而縊其徒微之是也

卷下

訖徽妥懷安按替戾底廢尼定曷遏止也妥者坐也懷者至也按抑按也替廢皆止住也戾底義見詩傳國語曰戾久將底孟子曰行或尼之今以遏損止爲遏遏微未詳○妥他果切遏烏葛切

疏皆謂止住也詁者終止也妥者坐止也懷至止也安休止也抑按替廢皆止住也大雅云以按徂旅小雅云勿替引之定者靜止也吕者俗以抑止爲曷今以遏相止爲遏餘皆見注一云戾底義見者小雅采菽云亦是戾矣底者在物之下是亦止也凡注言見詩今毛詩無者蓋在齊魯韓詩也云國語曰戾久將底者案晉語云文公在翟十二年狐偃曰日吾來此也非以翟爲榮可以成事也吾曰奔而易達困而有資休以擇利可以戾也今戾久矣戾久將底底著滯淫誰能興之盍速行乎是其事也云孟子曰行或尼之者案孟子魯平公將見孟子嬖人臧倉止之樂正子見孟子曰克告於君君爲來見也嬖人有臧倉者沮君君是以不來也曰行或使之止或尼之行止非人所能也吾之不遇魯侯天也臧氏之子焉能使予不遇哉是其事也此云行或尼之者所見本異或傳寫誤

豫射厭也詩曰服之無斁豫未詳○射音亦

疏謂厭倦也云詩曰者周南葛覃文也

列、績，業也。謂功業也。【疏】謂功業也。烈者，周頌執競云「無競維烈」。績者，大雅文王有聲云「維禹之績」。

績、勳，功也。謂功勞也。【疏】謂功勞也。績者，虞書大禹謨云「嘉乃丕績」。勳者，案周禮勳職云「王功曰勳」，鄭注云「輔成王業，若周公」。

功、績、質、登、平、明、考、就，成也。功績皆有成。詩曰：「質爾民人。」禮記曰：「年穀不登。」穀梁傳曰：「平者，成也。」事有分明亦成濟也。【疏】皆謂成濟也。勳、功、績、業皆有成也。事有分明亦成濟也。舜典云「三載考績」，周頌敬之云「日就月將」，皆言成功也。■云「詩曰質爾民人」者，大雅抑篇文。云「禮記曰年穀不登」者，下曲禮文。云「穀梁傳曰平者成也」者，宣十五年文也。

梏、梗、較、頲、庭、道，直也。梏、梗、較、頲皆正直也。詩曰：「既庭且碩。」頲、道無所屈。○梏音谷。【較】音角。頲，他頂切。【疏】梏、梗、較、頲皆正直也。庭者，條直也。道者，無道無所屈。■云「既庭且碩」，小雅大田文。

密康靜也 皆安靜也【疏】皆安靜也周頌昊天有成命夙夜基命宥密大雅生民云不康禋祀

豫寧綏康柔安也 皆見詩書【疏】皆安樂也大雅板篇云不敢戲豫虞書大禹謨云萬邦咸寧尚書太甲云撫綏萬方大雅民勞云汔可小康虞書舜典云柔遠能邇

平均夷弟易也 皆謂易直【疏】易者不難也和平均一皆易直也周頌天作云岐有夷之行大雅泂酌云豈弟君子

矢弛也 弛放 弛易也 相延易○矢弛並音尸紙切

【疏】郭云矢弛也以弓釋弦曰弛故云弛放禮記雜記云一張一弛弛又爲易謂相延易也

希寡鮮罕也 罕亦希也 鮮寡也 謂少○鮮息淺切

【疏】皆謂闕少之稱也論語云希不失矣易說卦云巽爲寡髮大雅抑篇云鮮不爲則郭云罕亦希也鄭風

大叔于田云叔善射忌又良御忌

爲寡婦轉互相訓皆謂希少爾

酬酢侑報也 此通謂相報答不主于飲酒。○酬音州

【疏】酬酢侑報也。郭云此通謂相報答不主于飲酒者以飲酒之禮主人酌酒於賓曰獻賓既卒爵洗而酌主人曰酢主人既卒酢爵又酌自飲卒爵復酌以進賓曰酬故說者以酬酢主謂飲酒相報答郭以易條辭云可與酬酢謂應對萬物也小雅楚茨云萬壽攸酢是神報主人也故云不主于飲酒侑者案公食大夫禮賓三飯之後云公受宰夫束帛以侑注云束帛十端帛也侑猶勸也主國君以爲食賓殷勤之意未至復發幣以勸之欲其深安賓也是侑者主人所以報賓也

毗劉暴樂也 謂樹木葉缺落蔭疏暴樂見詩。○暴音剝樂音洛

【疏】毗劉暴樂也。毗劉暴樂之意也木枝葉稀疏不均爲暴樂郭云謂樹木葉缺落蔭疏暴樂見詩者大雅桑柔

云[illegible]其劉毛傳云[illegible]而希也是矣

覭髳茀離也 謂草木之叢茸翳薈也茀離即弥離弥離猶蒙蘢耳孫叔然字別為義失矣 ○覭音陌 髳音蒙 疏 郭云謂草木之叢茸翳薈也茀離即弥離弥離猶蒙蘢耳孫叔然字別為義失矣郭以特驗而為此解孫氏每字各別為義故云失矣

蠱謟貳疑也 蠱或有貳心者皆疑也左傳曰天命不謟 ○謟音縚 疏 皆謂疑惑也郭云蠱或有貳心者皆疑也者案昭元年左傳晉趙孟問於醫和曰何謂蠱對曰淫溺惑亂之所生也於文皿蟲為蠱穀之飛亦為蠱在周易女惑男風落山謂之蠱是蠱惑也貳者心疑不一也大雅大明云無貳尒心毛傳云無敢懷貳心也云左傳曰天命不謟者哀十七年葉公子高辝也

楨翰儀榦也 詩曰維周之翰 儀表亦體榦 疏 舍人曰楨正也築築牆所立木也所以

當牆兩邊障土者也大雅生民云維周之楨又崧高云維周之翰儀表亦幹蔽也

弼棐輔比俌也 書曰天威棐忱易曰比輔也俌猶輔也○棐音匪比毗志切俌音甫

疏俌猶輔也弼者商書說命云夢帝賚予良弼棐者周書康誥云天威棐忱輔者商書湯誓云尔尚輔予一人比者易比卦彖云比輔也

疆界邊衛圉垂也 疆埸竟界邊旁營衛守圉皆在外垂也左傳曰聊以固吾圉也○圉音語

疏謂四垂也郭云疆埸竟界邊旁營衛守圉皆在外垂也舍人曰圉拒邊垂也孫炎曰圉國之四垂也云聊以固吾圉也者隱十一年鄭伯辭也

昌敵彊應丁當也 書曰禹拜昌言彊者好與物相當值

疏昌相當也昌者言當也敵者仇四相當也文六年左傳曰敵惠敵怨彊者好與物相當值應者對當

也大雅下武云應侯順德丁者雲漢云寧
丁我躬[redacted]云禹拜昌言虞書大禹謨文

淳肩搖動蠢迪俶厲作也淳然興作貌蠢動作公羊傳曰俶甚也穀梁傳曰始厲樂矣肩則書傳未詳

疏 皆興作也淳然興作貌莊公十一年左傳云禹湯罪己其興也淳焉肩者勝任之作也搖者考工記矢人云夾而搖之以視其豐殺之節也動者商書咸有一德云德惟一動罔不吉蠢者鄉飲酒義云春之為言蠢也俶者始作也厲者方言云厲卬為也甌越曰卬吳曰厲為亦作也云公羊傳曰俶甚也者隱九年云三月庚辰大雨何以書記異也何異爾俶甚也云穀梁傳曰始厲樂矣者隱五年云九月考仲子之宮初獻六羽始僭樂矣尸子曰舞夏自天子至諸侯皆用八佾初獻六羽始厲樂矣

茲斯咨呰已此也呰已皆方俗異語○呰音紫

【疏】此者，對彼之稱，言近在是也。茲者，虞書大禹謨云：「念茲在茲。」斯者，召南殷其靁云：「何斯違斯。」咨與茲同，皆己與此皆音相近，故得爲此也。郭云「皆方俗異語」。

嗟咨𧮂也。今河北人云𧮂嘆。音兔罝之罝。○𧮂音嗟。

【疏】皆歎也。周南卷耳云：「嗟我懷人。」堯典云：「疇咨若時登庸。」郭云「今河北人云𧮂歎」。

閑狎串貫習也。串厭串貫伏此今俗語皆然。○串五患切，貫音慣。

【疏】皆便習也。莊二十二年左傳曰：「敖其不閑於教訓。」曲禮曰：「賢者狎而敬之。」大雅皇矣云：「串夷載路。」鄭箋風猗嗟云：「射則貫兮。」皆是習也。郭云「串厭串貫伏此今俗語皆然」者，當東晉時有此厭串貫伏之語，故以爲證也。

曩塵佇淹留久也。塵垢佇企淹滯皆稽久也。

〔音〕[illegible]羲鄉壓坼竹企淹滯的

止皆謂久也通見詩書

逮及暨與也 公羊傳曰會及暨皆與也逮亦及也

〔疏〕皆相親與也○郭云公羊傳曰會及暨皆與也者隱元年文也云逮亦及也者方言文

騭假格陟躋登陞也 方言曰魯衛之間騭梁益曰格禮記曰天王登遐公羊傳曰躋者何陞也○騭音質〔假〕音遐

〔疏〕皆謂陞上陟者周南卷耳云陟彼高岡餘見注云方言曰者案彼云躡郅跂格躋踚登也郅音質跂音企踚音[illegible]自關而西秦晉之間曰躡東齊海岱之間謂之躋魯衛曰郅梁益之間曰格或曰跂騭郅格音義同○云禮記曰天王登遐者下曲禮文云公羊傳曰躋者何陞也者文公二年文也

揮盝歇涸竭也 月令曰無漉陂池國語曰[illegible]涸[illegible]梁揮振去水以爲竭通語〔涸〕音[illegible]

疏告謂竭盡也揮者郭云揮振去水亦爲竭曲禮曰執玉器者弗揮揮是也盡即竭也郭云歇通語謂歇即竭之通語也涸水竭也[redacted]云月令云無漉陂池者按月令仲春之月是月也無竭川澤無漉陂池無焚山林鄭注云順陽養物也畜水曰陂穿地通水曰池云國語曰水涸而成梁者案周語定王使單襄公聘於宋遂假道於陳以聘楚單子歸告王曰陳侯[redacted]有大咎國必亡王曰何故對曰夫辰角見而雨畢天根見而水涸本見而草木節解駟見而隕霜火見而清風戒寒故先王之教曰雨畢而除道水涸而成梁草木節解而備藏隕霜而冬裘具清風至而脩城郭宮室今陳國火朝覿矣而道路若塞野場若棄澤不陂障川無舟梁是廢先王之教也引之者證涸爲水竭

挋拭刷清也振訊拭拭掃刷皆所以爲絜清○挋音振刷所劣切

疏郭云振訊拭拭掃刷皆所以爲絜清禮記喪大記云挋用巾哀十四年公羊傳云反袂拭面周禮凌

人職云夏頒冰掌事秋刷後鄭云秋凉水不用可以清絜其室

鴻昬於顯間代也 鴻鴈知運代昬主代明明亦代昬顯即明也間錯亦相代於義未詳○於音烏閒音澗

疏 皆謂更代也云鴻鴈知運代者鴻鴈之屬九月而南正月而北是知其時運而更代南北也云昬主代明者釋經昬字也日入後二刻半為昬昬來則明往故云昬主代明云明亦代昬者釋經顯也顯即明也云間錯亦相代者謂間則交錯亦相更代也儀礼鄉飲酒云乃間歌魚麗鄭注云間代也謂一歌則一吹六是也又周頌桓篇云皇以間之

饁饟饋也 國語曰其妻饁之○饁音叶饟音餉饋音匱

疏 饋者以食遺與也野饋曰饁食人曰饟自家之野也一曰其妻饁之晉語云臼季使過冀冀缺耨其

妻鹽之敬相待如賓從而問之冀芮之子與之歸既復命而進之曰臣得賢人敢以告是也

遷運徙也 今江東通言遷徙

疏 皆謂移徙也大雅皇矣云帝遷明德易曰日月運行郭云今江東通言遷徙者時驗而言也

秉拱執也 兩手持為拱

疏 皆謂持執也周書金縢云植璧秉珪郭云兩手持為拱老子云雖有拱璧

廞熙興也 書曰庶績咸熙 周官○廞許金切

疏 皆謂興作郭云書曰庶績咸熙者虞書舜典文云廞見周官者即周禮也笙師職云大喪廞其樂器鄭注廞興也興謂作之

衛蹶假加也 詩序曰假樂加成王也餘未詳○蹶居衛切假音暇

疏 謂加美也郭云詩序曰假樂加成王也者大雅假樂篇序也

廢稅赦舍也 詩曰召伯所稅舍放置○舍音捨

疏 舍置也廢者宣八年公羊傳云廢其無聲者赦者放置也虞書舜典云眚災肆赦郭云詩曰召伯所稅者召南甘棠文也

棲遲憩休苦㰹齂呬息也 棲遲遊息也苦勞者宜止息憩見詩㰹齂呬皆氣息貌今東齊呼息爲呬也○憩去例切㰹苦怪切齂許戒切呬許四切

疏 皆止息也舍人曰棲遲行步之息郭云棲遲遊息也陳風衡門云衡門之下可以棲遲憩者召南甘棠云召伯所憩休者止而息也周南漢廣云不可休息苦者郭云苦勞者宜止息㰹齂呬者郭云皆氣息貌案方言云餯消息豕呬息也周鄭宋沛之間曰餯自關而西秦晉之間或曰豕或曰餯東齊曰呬故郭云今東齊呼息爲呬也

供峙共具也皆謂備具。〔峙〕直紀切〔閣〕供際

〔疏〕皆謂備具也。供者，論語云「子路共之」，供、共音義同。峙者，周書費誓云「峙乃糗糧」，周頌臣工云「庤乃錢鎛」，峙、庤音義同。共者，小雅小旻云「靜共爾位」。

憮憐惠愛也憮，韓鄭語。今江東通呼為憮憐。○〔音〕憮音某

〔疏〕憮謂寵惜也。方言云：「憮、㤿、憐、牟，愛也。」憮，仁輔切。㤿，音掩。韓鄭曰憮，晉衛曰㤿，汝潁之間曰憐，宋魯之間曰牟，秦或曰憐。憐，通語也。故郭云「憮，韓鄭語。今江東呼為憐」。憐無義。同惠者，仁愛也。邶北風云「惠而好我」。

娠蠢震戁妯騷感訛蹶動也娠猶震也。詩曰「憂心且妯」「無感我帨兮」「或寢或訛」。蠢、戁、騷、蹶，皆搖動貌。○〔音〕娠音振　妯音抽

〔疏〕皆謂動作。娠者，說文云「妊娠，動也」。郭云「娠猶震也」者，以大雅生民云「載震載夙」。昭元年左傳曰「邑姜

方震大叔京元年左傳曰后緡方震皆謂有身爲震
故云娠猶震也蠢蠢者郭云蠢蠢動貌騷騷皆搖動貌小雅
采芑云蠢爾蠻荊震者大雅常武云震驚徐方戁者
恐動也商頌長發云不戁不竦騷者大雅常武云徐
方繹騷蹶者大雅緜篇云文王蹶厥生[redacted]云詩曰憂
心且妯者小雅鼓鍾文云無感我帨兮者召南野有
死麕文云或寢或訛
者小雅無羊文云

覆察副審也 覆校察視副長皆所爲審諦

疏 郭云覆校察視副長皆所爲審諦覆者月令季春
云命舟牧覆舟五反察者周書呂刑云惟察惟法
副者今長之稱

契滅殄絕也 今江東呼刻斷物爲契斷 ○ 契苦結切

疏 皆謂斷絕契者郭云今江東呼刻斷爲契斷定九
年左傳曰盡借邑人之車契其軸注杜預云契刻也

滅者小雅正月云寧或滅之殄者大雅桑柔云不殄心憂

郡臻仍迺侯乃也 迺即乃餘未詳

疏 乃語辭也迺乃音義同大雅緜篇云迺慰迺止是也

迪繇訓道也 虞書大禹謨云惠迪吉小雅巧言云秩秩大猷猷繇音義同又周書顧命云命汝嗣訓○

音 繇音由

僉咸胥皆也 東齊曰胥見方言○僉七廉切

疏 謂衆皆也舜典云僉曰伯禹作司空商書云咸有一德郭云東齊曰胥見方言者案方言云僉胥皆也自山而東五國之郊曰僉東齊曰胥是也

育孟耆艾正伯長也 育養亦爲長正伯皆官長○長丁丈切

疏皆謂長也郭云育養亦爲長邶谷風云既生既育鄭箋云育謂長老也孟迺長也又周書康誥云王若曰孟侯孔安國云孟長也五侯之長者艾皆老長也曲礼曰五十曰艾服官政六十曰耆指使正伯皆官長大雅雲漢云以戾庶正盤庚云邦伯師長

艾歷也長者多更歷 疏 艾又爲歷郭云長者多更歷

歷秭算數也歷歷數也今以十億爲秭論語云何足算也○秭音姊算音筭

疏 皆算數也郭云歷歷數也推律所生之數虞書大禹謨云天之歷數在汝躬秭者周頌豐年云萬億及秭毛傳云數萬至萬曰億數億至億曰秭郭云今以十億爲秭者以時驗而言也 案論語子貢問曰今之從政者何如子曰噫斗筲之人何足算也鄭曰算數也

歷傳也傳近○歷音曆 疏 謂傳近也隱十一年左傳云夷辰傳傳於許

艾歷覛胥相也覛謂相視也公羊傳曰胥盟者何相盟也艾歷未詳覛音脉

［疏］皆謂相視也覛者郭云覛謂相視也說文云覛邪視也云公羊傳曰胥盟者何相盟也者桓三年文

乂亂靖神弗淈治也論語曰予有亂臣十人淈書序作汩音同耳神未詳餘見詩書淈骨

［疏］皆治理也舍人曰亂義之治也孫炎曰亂治之理也云論語曰予有亂臣十人者泰伯篇文也淈書序作汩音同耳者虞書序云帝釐下土方設居方別生分類作汩作汩作孔傳云汩治作興也言其治民之功興故為汩作之篇亡云餘見詩書者舜典云有能俾乂小雅菀柳云俾予靖之大雅生民云茀厥豐草茀弗音義同

頫艾育養也汝潁梁宋之間曰艾方言云

［疏］頫者易曰頫貞吉育者易无妄象曰先王以茂對時育萬物郭云汝潁梁宋之間曰艾方言云者案

方言云台胎陶鞠養也晉衛燕趙曰台音頤陳楚韓鄭之間曰鞠秦或曰陶汝潁梁宋之間曰胎或曰艾也

汏渾隕墜也 古大切渾胡本切汏渾皆水落貌○大

疏 皆墜落也郭云汏渾皆水落貌春秋僖公十六年經云星隕如雨

際接翜捷也 捷謂相接續也○翜所甲切

疏 郭云捷謂相接續也際者相會之捷也左傳曰爾未際也小雅菀柳云無自瘵焉鄭箋云瘵接也接者曾子問云接祭而已謂捷速而祭也翜者未詳

毖神溢慎也 神未詳餘見詩書○毖音祕

疏 謂謹慎也毖毖者周書洛誥云夙夜毖祀溢者舍人曰溢行之慎周頌維天之命云假以溢我故注云見詩

書

鬱陶繇喜也孟子曰鬱陶思君禮記曰人喜則斯陶陶斯詠詠斯猶猶即繇古今字耳繇由

疏皆謂歡悅鬱陶者心初悅而未暢之意也云孟子曰鬱陶思君者案孟子象往入舜宮舜在牀琴象曰鬱陶思君爾忸怩趙氏注云象見舜王在牀鼓琴愕然反辭曰我鬱陶思君故來亦辭也忸怩而慙是其情也云禮記曰人喜則斯陶陶斯詠咏斯猶猶者下檀弓文鄭注云陶鬱陶也咏謳也猶當為搖聲之誤也搖謂身動搖也秦人猶搖聲相近云猶即繇也古今字耳者言禮記猶即此經繇也古今字異耳

馘穧獲也今以獲賊耳為馘獲禾為穧並見詩○馘古獲切穧才細切

疏皆謂虎獲也郭云今以獲賊耳為馘者大雅皇矣云攸馘安安毛傳云不服者殺而獻其左耳曰馘魯頌泮水云在泮獻馘鄭箋云馘所格者之左耳皆謂臨陳格殺之而取其耳也云獲禾為穧者小雅大田云此有不歛穧毛云禾之鋪而未束者故云獲禾為穧是並見詩

阻艱難也 皆險難。○艱乃旦反

疏 皆險難也。秦風蒹葭云道阻且長。商書說命云非知之艱

剡挈利也 詩曰以我剡耜。○剡羊冉切，挈音略

疏 皆耜之利也。小雅大田云以我覃耜，剡覃音義同。周頌載芟云有略其耜，挈略音義同

允任壬佞也 書曰而難任人。允信者佞人似信，壬猶任也。○任，壬林切

疏 皆謂諂佞也。允，信也。佞人似信甘者，孫炎云似可任之佞也。虞書舜典云而難任人。壬猶任也。皐陶謨云何畏乎巧言令色孔壬

俾拼抨使也 皆謂使令。見詩

俾拼抨使從也 四者又爲隨從。拼北萌切，抨烹

疏 皆謂使令隨從也。鄭注云見詩者，魯頌閟宮云俾爾熾而昌，大雅桑柔云荓云不逮，拼荓音義同，拼義

亦同此皆爲使令也伻
拼抨使四者又爲隨從

儴仍因也 皆謂因緣○儴音穰

疏 皆因緣也費誓曰無敢寇攘鄭注云因其亡失曰攘儴攘音義同施傳士讀曰襄周書君奭云襄我二人鄭無明說義得兩通論語云仍舊貫

董督正也 皆謂御正

疏 皆謂御正也虞書大禹謨云董之用威春秋僖公十二年左傳云謂督不忘

享孝也 享祀孝道

疏 享祀孝道也小雅信南山云享于祖考

珍享獻也 珍物宜獻穀梁傳曰諸侯不享覲

疏 致物於尊者曰獻珍者珍物宜獻也享者周禮大行人云廟中將幣三享鄭司農云三享三獻也鄭

云穀梁傳曰諸侯不
傳觀者隱五年文也

縱縮亂也 縱放也縮皆亂法也

疏 縱放掣縮皆亂法也大雅民勞云無縱詭隨

探篡俘取也 書曰俘厥寶玉篡者奪取也探者摸取也○探音貪篡初患切俘音孚

疏 郭云探者摸取也篡者奪取也李巡曰因敵曰俘伐執之曰取注云書曰俘厥寶玉者商書序云夏師敗績湯遂從之遂伐三朡俘厥寶玉孔氏云俘取也

徂在存也 以徂爲存猶以亂爲治以曩爲曏以故爲今此皆詁訓義有反覆旁通美惡不嫌同名

疏 鄭風出其東門云匪我思且鄭箋云非我思存也徂且音義同在訓存者常語也上云徂往也往則非存故郭氏引類以曉人也云美惡不嫌同名者案隱七年公羊傳云貴賤不嫌同號美惡不嫌同辭何

休云君弑歸君亦稱即位繼弑君亦稱即位皆可起
文美惡不嫌同辭是也若此篇徂也逝也亦稱徂是
美也各有其義故
云美惡不嫌同名

在存省士察也 書曰在璿璣玉衡士師官亦主聽察存即在

疏 謂審察也虞書舜典云在璿璣玉衡以齊七政存即在也省謂視察吾日三省吾身士者理獄之官亦主聽察虞書舜典舜命皋陶云汝作士

烈枿餘也 晉衛之間曰櫱陳鄭之間曰烈 枿五割切

疏 謂遺餘也詩大雅雲漢序云宣王承厲王之烈季巡曰枿槁木之餘也商書盤庚云若顛木之有由櫱枿櫱音義同郭云晉衛之間曰櫱陳鄭之間曰烈者方言文云

迓迎也 公羊傳曰跛者迓跛者

疏 謂相逢迎也郭云公羊傳曰踦者迓踦者此成二年傳文案彼云晉郤克與臧孫許同時而聘于齊蕭同叔子者齊君之母也踊于[redacted]窺客則客或跛或眇於是使跛者迓跛者眇者迓眇者是也引之以證訝為迎也宣三年左傳曰任役輅鄭人杜注云輅迎也周禮秋官有訝士及聘禮云厥明訝賓于館鄭注皆云訝迎也召南鵲巢云百兩御之鄭注云御迎也字形雖別音義實同蓋以作非一人到茲異也當以迓為正字餘皆假借

元良首也 左傳曰狄人歸先軫之元良未聞

疏 謂頭首也郭云左傳曰狄人歸先軫之元者僖三十三年狄伐晉及箕八月戊午晉侯敗狄于箕郤缺獲白狄子先軫曰匹夫逞志於君而无討敢不自討乎免冑入狄師死焉狄人歸其元面如生是也引證元為首良未詳

薦摯臻也　薦進也摯至也故皆爲臻臻﹅至也○薦[illegible]切

【疏】臻至也薦進執摯皆所以表至也

賡揚續也　書曰乃賡載歌揚未詳○賡古孟切

【疏】謂相繼續也郭云書曰乃賡載歌者虞書益稷文

祔祪祖也　祔付也付新死者祖廟祪毀廟主○祪音鬼

【疏】謂先祖也說文云祔後死者合食於先祖也郭云祔付也付新死者於祖廟士虞記云明日以其班

之十
祪

即尼也　即猶今也尼者近也尸子曰悅尼而來遠○尼女乙切

【疏】尼近也即今相近也

尼定也　尼者止也止亦定

【疏】尼訓爲止止即定舍人曰尼者私之定也

邇幾暱近也 暱親近也○幾音機暱女乙切

疏 皆謂相近也迩者鄭風東門之墠云其室則迩幾者聘義曰日幾中而后禮成暱者郭云親近也小雅菀柳云無自暱焉

妥安坐也 礼記曰妥而后傳命○妥他可切

疏 妥定之坐也郭云礼記曰妥而后傳命者案士相見礼云凡言非對也妥而後傳言鄭注云凡言謂已為君言事也妥安坐也傳言猶出言也此言礼記曰妥而后傳命者傳寫誤也或所見本異

貉縮綸也 綸者繩也謂牽縛縮貉之今俗語亦然○貉音陌

疏 郭云綸者繩也謂牽縛縮貉之今俗語亦然者據時驗而言也大雅緜篇云其繩則直縮版以載

貉嗼安定也 皆靜定見詩○嗼音莫

疏 皆靜定也大雅皇矣云貊其德音毛傳云貊靜也鄭箋云德正應和曰貊莫者皇矣文云求民之莫鄭箋云求民之定謂所歸就也貊貃莫嗼莫音義同安者小雅斯干云乃安斯寢

伊維也發語辭 伊維侯也詩曰侯誰在矣互相訓

疏 皆發語辭轉互相訓邶谷風云伊余來墍大雅大明云維此文王小雅六月云侯誰在矣

時是也公羊傳曰寔來者何是來也○寔是音石

疏 是此也秦風駟驖云奉時辰牡鄭云公羊傳曰寔來者何是來也者案春秋桓五年冬州公如曹六年春正月寔來公羊傳曰寔來者何猶曰是人來也引之證寔是為是也

卒猷假輟已也猷假未詳○卒子卹切輟[redacted]劣切

疏 皆謂終已也卒者終盡之已也輟止已也論語云耰而不輟

求酋在卒就終也詩曰嗣先公爾酋矣成就亦終也其餘未詳[redacted]酋在由切

疏皆謂終盡也求者大雅下武云世德作求鄭箋云詩曰嗣先公爾酋矣者大雅卷阿文卒者邶風日月云畜我不卒就者成事物成就亦終也

崩薨無祿卒徂落殪死也古者死亡尊卑同稱耳故尚書堯曰殂落舜曰陟方乃死者薨呼弘切殪於計切

疏此皆死之別稱也曲禮云天子死曰崩諸侯曰薨大夫曰卒士曰不祿庶人曰死鄭注云異死名者為人褻其無知若猶不同然也自上顛壞曰崩薨顛壞之聲卒終也不祿不終其祿死之言澌也精神澌盡也又曰壽考曰卒短折曰不祿鄭注云祿謂德行任為大夫士而不為者老而死從大夫之稱少而死從士之稱此云無祿者即彼之不祿也徂落者孟子述曰徂落堯死之稱鄭注云古者死亡尊卑同稱耳故尚

書堯曰殂落舜曰陟方乃死皆是虞書舜典文也謂之殂落者盡殂為往也言人命盡而往落者若草木葉落也殪者案隱九年左傳云衷戎師前後擊之盡殪杜注云殪死也

爾雅注疏卷之一

爾雅注疏卷第二

釋言第二

【疏】說文曰直言曰言仲尼曰言以足志介之推曰言身之文也然則言者發於志而形於聲所以文章於身者也論語曰詩三百一言以蔽之曰思無邪左傳趙簡子稱子大叔遺我以九言皆以一句爲一言也漢書東方朔云十六學詩書誦二十二萬言則以一字爲一言也雖一句一字有異要以今古方國殊別語者莫能通是以分爲言云皆古今語也初別國不相往來之言今或同而舊書雅記故俗語不失其方而後人不知故爲作釋也是曰釋言

殷齊中也書曰以殷仲春釋地曰岠齊州以南

【疏】殷齊皆謂正中也　書曰以殷仲春者堯典文也彼云日中星鳥以殷仲春孔安國以殷爲正中正

義同故也云岠齊州以南者彼注云岠去也齊中也謂中州為齊州州是齊得為中也

斯誃離也齊陳曰斯○誃音侈

〔疏〕斯析誃張皆分離也孫炎曰斯析之離郭云齊陳曰斯者方言文陳風墓門云斧以斯之是也云誃見詩者小雅巷伯云哆兮侈兮成是南箕鄭箋云因箕星之哆而又侈大之是也誃侈音義同

謖興起也礼記曰尸謖○謖所六切

〔疏〕謖興皆作起也礼記曰尸謖者祭統文也

還復返也〔還〕音旋

〔疏〕皆迴返也春秋書師還又曰至河乃復之類是也

宣徇徧也皆周徧也○〔徇〕辭峻切

〔疏〕皆周徧也大雅江漢云來旬來宣毛傳云旬徧鄭箋云宣徧是皆為周徧也徇旬音義同

馹遽傳也皆傳車驛馬之名○〔馹〕音日傳張戀切

疏 皆傳車驛馬之名。文十六年左傳曰：楚子乘馹會
師于臨品。又僖三十三年左傳：使遽告於鄭。又成五
年曰：晉侯以傳召伯
宗。是皆謂今驛也。

蒙、荒，奄也。奄奄覆也。皆見詩。

疏 皆謂奄覆也。唐風云：葛生蒙楚。孫炎曰：荒，大
之奄。周南云：葛藟荒之。故郭云皆見詩。

告、謁，請也。皆求請也。○告音谷。

疏 皆謂求請也。成二年左傳
曰：郤克對齊侯曰：晉與魯
衛兄弟也，來告曰：大國朝夕釋憾於
敝邑之地。詩序云：无險詖私謁之心。

肅、雝，聲也。詩曰：肅肅
雝雝和鳴。

疏 詩曰：肅雝和鳴者，
周頌有瞽文也。

格、懷，來也。書曰：格爾衆
庶。懷見詩。

疏 謂招來也。書曰：格爾衆庶者，湯誓文
也。云懷見詩者，周頌時邁云：懷柔百神。

昣底致也皆見詩傳【疏】曲禮曰昣於鬼神昭元年左傳曰叔向曰底祿以德周頌下武篇云耆
定爾功毛傳曰耆致也王肅云致定其大功謂
誅紂定天下是毛讀耆為致故注云見詩傳
怙恃也今江東呼母為修○修音是
【疏】皆依恃也郭云今江東呼母為修
小雅蓼莪云无父何怙无母何恃
律遹述也皆敘述也方俗語耳
【疏】皆敘述也方俗語異耳律管所以述氣遹音述
有之也大雅文王有聲云遹駿有聲之類是也
俞畣然也礼記曰男唯女俞畣者應也亦為然○畣音是合
【疏】皆然應也禮記曰男唯女俞者
內則文也畣古答字故為應也
豫臚敘也皆陳敘也
【疏】皆陳敘也事豫備者亦有敘也
漢書云典客秦官太初元年更

臚帝昭曰鴻大也臚陳敘也以禮
賓客也又莊子云大儒臚傳是也

幾尚也 詩曰不尚息焉者 [疏] 尚謂心所希望也詩曰不尚息
尚庶幾也以心所念尚即 焉者小雅菀柳篇文也鄭箋云
是庶幾義相反覆故引之

觀指示也 國語曰且觀之兵焉 [疏] 示謂呈見於人也國語曰且
觀之兵者案周語穆王將征
犬戎祭公謀父諫曰不可先王耀德不觀兵犬戎氏
以其職來王天子曰予必以不享征之且觀之兵无
乃廢先王之訓而王幾頓乎是也
論語曰指其掌謂舉掌以示人也

若惠順也 詩曰惠然肯來
[疏] 順不逆也書曰若稽古謂順考古道也詩邶風
終風云惠然肯來言有順心然後可來是也

敖憮傲也 ○[敖]五報切[憮]好吾切 禮記曰無憮無傲傲慢也

疏皆謂傲慢周頌絲衣云不吳不敖禮記曰無憮無傲者投壺文也案彼云魯令弟子辭曰毋憮毋敖毋偝立毋踰言偝立踰言有常爵是也

幼鞠稚也 書曰不念鞠子哀

疏方言云稚年小也曲禮曰幼子常視無誑書曰兄亦不念鞠子哀是皆謂年少也書曰者周書康誥文也

逸諐過也 書曰汝則有逸罰○諐音愆

疏皆謂咎過也書曰汝則有逸罰者案商書盤庚云惟予一人有佚罰費誓云汝則有常刑無云汝則有逸罰者師讀不同故也或者其在今文乎諐者左傳曰禮義不諐之類是也

疑休戾也 戾止也疑者亦止

疏戾止也書曰疑謀勿成月令云百工休是疑休皆爲止也

疾齊壯也 壯壯事謂速也齊亦疾

疏急速齊整皆於事敏速彊壯也

悈褊急也　皆急狹○(悈)紀力切　褊必淺切

[疏]悈與亟同大雅靈臺云經始勿亟文王有聲云匪棘其欲禮記引此詩作匪革其猶革亦急也悈棘亟字雖異音義同魏風葛屨云維是褊心又廣雅云褊謹也褊狹陋也是皆急狹也

賈市也　詩曰危亦市買○賈音古

[疏]謂市買賣物也詩曰抱布貿絲者衛風氓篇文也大雅瞻卬云如賈三倍也

厞陋隱也　礼記曰厞用席書曰揚側陋○厞符沸切

[疏]皆幽隱也礼記云厞用席者案有司徹云有司官徹饋饌于室中西北隅南面如饋之設右几厞用席是也云礼記者誤也云書曰揚側陋堯典文也

遏遾逮也　東齊曰遏北燕曰遾皆相及逮○遾音逝

疏 逮謂相及也郭云東齊曰遏北燕曰遾音方言文也

征邁行也詩曰王于出征邁亦行

疏 皆謂行詩曰王于出征者小雅六月文也云邁亦行者詩云周王于邁是也

圮敗覆也謂毀覆○圮皮美反

疏 圮毀敗覆皆傾覆也書曰祖乙圮于耿

荐原再也易曰水荐至今呼重蠶為原蠶○荐音賤

疏 皆重再也孫炎云荐草生之再也郭云易曰水荐至者周易坎卦象辭也云今呼重蠶為原蠶者周禮夏官馬質云禁原蠶者是也

憮敉撫也憮愛撫也敉撫見書○憮音武

疏 皆愛撫也方言云東齊邠陶之間謂愛曰憮敵也云憮愛撫也云敉撫見書者大誥云予翼以于敉寧武圖功之類是也

臞脙瘠也齊人謂瘠瘦為脙○臞音衢脙音求

【疏】皆瘦瘠也鄭玄周礼注云瘠瘦臞臞肉敗鄭云齊人謂瘠瘦爲䐟

桄熲充也皆充盛也○熲俱永切【疏】孫叔然本亦作光光北曰光被四表說文云熲火光也是皆充盛也

屢暱亟也親暱者亦數亟亦數○亟去記切

【疏】亟屢數也詩頌曰屢豐年左傳曰諸夏親暱暱親暱者恩信必數故注云親暱者亦數

靡罔無也【疏】无不有也詩云本靡弗仰不率土日罔有憾故皆無

爽差也爽忒也皆謂用心差錯不專一○差初加切【疏】爽異言也爽謂差錯又爲忒忒變

孫炎曰忒變雜不一鄭云爽貳謂用心差錯不專一詩衛風云女也不爽大雅書伯云匈人忮忒

佴貳也○佴而志切【疏】佴次也副貳之

劑翦齊也南方人呼翦刀爲劑刀○劑子隨切

[疏]皆爲齊截也郭云南方人呼翦刀爲劑刀釋名云金族翦刀謂之族

饙餾稔也今呼餐飯爲饙饙熟爲餾○饙甫分切餾力又切

[疏]稔熟也孫炎曰蒸之曰饙均之曰餾郭云今呼餐飯爲饙饙熟爲餾說文云饙一蒸米也餾飯氣流也然則蒸米謂之饙饙必餾而熟之故言饙餾稔也大雅泂酌云可以饙饎饙音奔音義同

媵將送也左傳以媵秦穆姬詩曰遠于將之○媵以正切

[疏]皆謂送行也孫炎曰將行之送也注云左傳曰以媵秦穆姬者案僖五年晉執以媵秦穆姬注云秦穆姬晉獻公女送女曰媵以[illegible]辱之云詩曰遠于將之者邶風燕燕衛莊姜送歸妾之詩也

作造爲也

[疏]謂營爲也注見鄭風緇衣篇

餥餱食也方言云陳楚之間相呼食爲餥○餥音非

疏 皆飯食也方言云陳楚之間指呼食爲餥者案彼云餥飵食也陳楚之內相謁而食麥饘謂之餥楚曰飵凡陳楚之郊南楚之外相謁而飧或曰飵或曰飵秦晉之際河陰之間曰𩜦𩝐根切皆上五恨切此眞秦語也大雅公劉云乃裹餱糧

鞫究窮也皆窮盡也見詩

疏 皆窮盡也大雅雲漢云鞫哉庶正小雅節南山云以究王訩

滷矜鹹苦也滷苦地也可矜憐者亦辛苦苦即大咸

疏 郭云滷苦地也者謂斥滷可煮鹽者左傳曰表淳滷云可矜憐者亦辛苦者小雅鴻鴈云爰及矜人鄭箋云可憐之人謂貧窮者是其苦之人也云苦即大咸者[illegible]之咸也咸味極於苦故以咸爲苦也

干流求也詩曰左右流之

疏 皆求取也語云子張學干祿詩曰左右流之周南關雎文也

流，覃也。覃，延也。皆謂蔓延相被及

疏 轉相解也。皆謂蔓延相被及。水之流必相延及。詩周南云：葛之覃兮。

佻，偷也。謂苟且。佻音挑。○疏 小雅鹿鳴云：視民不恌。是也。李巡曰：佻，偷薄之偷也。郭云：謂苟且。左傳趙孟曰：吾儕偷食，朝不謀夕，何其長也。杜預云：言欲苟免目前，不能念長久。是之謂偷為苟且也。

潛，深也。潛、深，測也。測亦水深之別名

疏 轉相訓解也。詩曰：潛雖伏矣。是深為潛。深及為測，郭云：測亦水深之別名。

穀、鞠，生也。詩曰：穀則異室

疏 皆生活也。詩曰穀則異室者，王風大車篇文也。小雅蓼莪云：母兮鞠我。

啜，茹也。啜者拾食。○茹如庶切

疏 說文云：啜，嘗也。郭云：啜者拾食。禮記檀弓云：啜菽飲水。大

雅烝民云柔則茹之方言云茹食也吳越凡貪飲食者謂之茹

茹虞度也皆側度也詩曰不可以茹虞音鐸【疏】皆謂側度也詩曰不可以茹者柏舟文也左傳曰備豫不虞

試式用也見詩書【疏】皆任用也皆見詩書者小雅大東云百僚是試雨無正云庶曰式臧商書盤庚云今予將試以汝遷又云式敷民德之類是也

誥誓謹也皆所以約勤謹戒眾【疏】皆謹勑也以大義諭眾謂之誥集將士而戒之曰誓尚書誥誓之類是也故郭云皆所以約勤謹戒眾也

競逐彊也皆自勉彊彊巨丈切【疏】皆自勉強也大雅抑篇云無競維人馳逐者亦強梁也

禦圉禁也禁制【疏】皆謂禁制小雅常棣云外禦其務毛馬曰圉亦所以禁制故皆為禁也

窒𡫸，塞也。謂塞孔穴。窒，豬乙切。

疏 皆謂窒塞孔穴。豳七月云穹窒熏鼠，大宗伯云以貍沈祭山林川澤，是類也。

黼黻，彰也。黼文如斧，黻文如兩已相背。○黼音甫，黻音弗。疏 彰明也，言文采著明也。[redacted]注黼文如斧，黻文如兩已相背者，考工記云白與黑謂之黼，黑與青謂之黻。釋器云斧謂之黼，蓋半白半黑，似斧刃白而身黑。黻謂以青黑線刺繡為兩已字相背。黼取能斷，黻取善惡相背。

膺、身，親也。謂躬親。疏 服膺、身先，皆謂躬親也。

愷悌，發也。發，發行也。詩曰：齊子愷悌。

疏 謂發明而行也。詩曰齊子愷悌者，齊風載驅篇文也。毛傳云言文姜於是樂易然。鄭箋云此豈弟猶言發夕也，豈讀當為[redacted]弟，古文尚書以弟為圛，圛，明也。然則鄭於此云發，發行也，且此用鄭箋為說。

髦士官也 取俊士令居官

【疏】下云髦俊也士者男子之人大號言取俊士令居官也大雅棫樸云髦士攸宜是也

畯農夫也 今之嗇夫是也○畯音俊

【疏】田畯一曰農夫孫炎曰農夫田官也皆謂主田大夫也小雅甫田云田畯至喜鄭箋云田畯司嗇今之嗇夫也此注云今之嗇夫是也然則田畯田官在田司主稼穡故謂之司嗇漢及東晉亦有此官謂之嗇夫故鄭郭皆云今之嗇夫也

蓋割裂也 蓋未詳

【疏】割謂以刃裂之也

邕支載也 皆方俗語亦未詳

【疏】謝氏云邕字又作擁擁釋云擁者護之載郭注云皆方俗語亦未詳

諈諉累也 以事相屬累爲諈諉○諈竹睡切【諉】女睡切【累】劣偽切

【疏】謂相累及也孫炎云楚人曰誣秦人曰謻郭云以事相屬累爲誣謻

漠察清也皆清明

【疏】樊光云漠然清貌察明也是皆清明也

庇庥廕也今俗語呼樹蔭爲庥

【疏】舍人曰庇蔽也庥依止也郭云今俗語呼樹蔭爲庥又七年左傳云葛藟猶能庇其根本

穀履祿也書曰既富方穀詩曰福履將之

【疏】皆福祿也孝經援神契云祿者錄也取上所以敬錄接下下所以敬錄事上云書曰既富方穀者洪範文云詩曰福履將之者周南樛木文也

履禮也禮可以履行見易

【疏】履又爲禮也禮可以履行見易者序卦云物畜然後有禮故受之以履韓康伯云履者禮也

隱，占也。隱度【疏】占者視兆以知吉凶也，必先隱度，故曰隱占也。

逆，迎也。【疏】謂迎逆。周書顧命云：逆子釗于南門之外。

憯，曾也。發語辭，見詩。憯音慘【疏】憯猶言曾也，曾則也，皆發語辭。郭云見詩者，小雅節南山云：憯莫懲嗟。衛風河廣云：曾不崇朝之類是也。

增，益也。今江東通言增【疏】謂饒益也。郭云今江東通言增。

窶，貧也。謂貧陋。窶，求矩切【疏】窶者無禮也，貧者無財也，由其無財以為禮。郭云謂貧陋。邶風北門云：終窶且貧。

薆，隱也。謂隱蔽。薆音愛【疏】薆，郭即隱蔽也。

僾，唈也。嗚唈，短氣，皆見詩。僾音愛，唈烏合切

疏 孫炎曰心唈也郭云嗚唈短氣皆見詩大雅桑柔云亦孔之僾是也

基經也 基業所以自經營 **基設也** 亦為造設

疏 基牆下土也又詁為始作事謀始必經綸也郭云基業所以自經營又為造設

祺祥也 謂徵祥 **祺吉也** 祥吉之先見

疏 舍人曰祺福之祥謂徵祥也祥即吉之先見者也故又為吉大雅行葦云壽考惟祺

兆域也 謂塋界

疏 謂塋墓界域也孝經曰卜其宅兆廣雅云兆窆地也士喪禮云筮宅家人營之鄭注云宅葬居也然則筮得吉兆經營之以為界域也

肇敏也 書曰肇牽車牛

疏 謂敏疾也書曰肇牽車牛者周書酒誥文也

挾藏也 今江東通言挾○挾音叶

疏 謂隱藏物也郭云今江東通言挾史記秦有挾書之律

浹徹也謂霑徹浹音接（疏）言潤澤浹洽相霑徹也

替廢也替滅也亦為絕滅

（疏）替謂廢已也小雅楚茨篇云子子孫孫勿替引之是也替又為絕滅

速徵也徵召也易曰不速之客（疏）轉相解也皆謂呼召易曰不速客者需卦上六爻辭也

琛寶也詩曰來獻其琛○琛敕金切

（疏）謂珍寶也舍人曰美寶曰琛詩曰來獻其琛者魯頌泮水文也

探試也刺探嘗試（疏）試謂嘗之也論語云見不善如探湯郭云刺探嘗試

髦選也俊士之選髦俊也士中之俊如毛中之髦

（疏）廣異言也毛中之長毫曰髦士之俊選者是也

俾職也使供〔疏〕俾詁為使言任使供職也

紕飾也謂緣飾見詩○紕音備〔疏〕謂緣飾見詩者鄘風干旄云素絲紕之是也

淩慄也淩懼戰慄慄慄淩音淩〔疏〕轉相解也蒼頡云淩慄也郭言淩懼戰慄則淩慄音義同慄又為慼慼郭云戰慄者憂慼慼秦風黃鳥云惴惴其慄

蠲明也蠲清明貌也茅明也左傳曰前茅慮無明朗也

〔疏〕郭云蠲清明貌樊光云蠲除垢穢使令清明茅亦明也舍人曰茅昧之明也左傳云前茅慮無者宣十二年傳文也杜注云慮無如今軍行前有斥候蹹伏皆持以絳及白為幡見騎賊舉絳幡見步賊舉白幡備慮有無也茅明也或曰時楚以茅為旌識明即融明也

猷圖也周官曰以猷鬼神祇謂圖畫猷若也詩曰寔命不猶

【疏】猷謂圖畫，又爲若，若如也。周禮曰以猷鬼神祇者，春官凡以神仕者掌三辰之法，以猶鬼神示之居，辨其名物是也。詩曰寔命不猷者，召南小星文也。

偁，舉也。書曰：偁爾戈。

【疏】謂興舉也。偁爾戈者，周書牧誓文也。

稱，好也。物稱人意，亦爲好。

【疏】謂美好。郭云稱人意亦爲物好。

坎、律，銓也。易坎卦主法，法律皆所以銓量輕重。

【疏】謂銓量也。樊光曰：坎卦水也，水性平，律亦平，銓亦平。郭云易坎卦主法者，說卦云坎爲水，水平，故主法。云法律皆所以銓量輕重者，白虎通云：水之爲言准也。律歷志云：繩直生准，准正則平衡而鈞權矣。又曰：權衡者，衡平也，權重也。衡所以任權而均物，平輕重也。本起於黄鍾之重，一龠容千二百黍，重十二銖，兩之爲兩，兩者兩黄鍾律之重。是法律皆所以銓量輕重也。

矢誓也相約誓〔疏〕相約誓也鄘柏舟云之死矢靡它

舫舟也竝舟〔疏〕謂竝兩船釋水曰大夫方舟

泳游也潛行游水底〔疏〕謂潛行游水底也邶谷風云泳之游之

迨及也東齊曰迨〔疏〕謂相及也注東齊曰迨者方言文也

冥幼也幼稚者冥昧〔疏〕謂幼少也郭云幼稚者冥昧小雅斯干云噦噦其冥

降下也〔疏〕召南草蟲云我心則降

傭均也齊等○傭勑容切〔疏〕謂齊等也小雅節南山云昊天不傭

彊暴也彊梁淩暴〔疏〕彊梁者好淩暴於物詩序云彊暴之男

窕肆也輕窕者好放肆肆力也肆極力

【疏】窕輕也肆故也輕窕者窕放肆肆又爲極力

俅戴也詩曰戴弁俅俅【疏】謂頭戴也注詩曰戴弁俅俅者周頌絲衣文也

瘞幽也幽亦薶也【疏】皆謂薶藏

氂罽也毛氂所以爲罽氂音貍罽音計【疏】毛氂所以爲罽舍人曰氂所謂毛罽也胡人續羊毛而作衣然則罽者織毛爲之若今之毛氍毹以衣馬之帶鞅也

烘燎也燎謂燒燎煁烓也今之三隅竈見詩〔煁〕音諶煁市針切烓頃

【疏】舍人曰烘以火燎也煁烓竈也郭云烘謂燒燎燒竈今之三隅竈也然則煁者無釜之竈其上然火謂之烘本爲此竈上然火照物若今之火爐也注云見詩者小雅白華篇云樵彼桑薪卬烘于煁是也

陪朝也陪位爲朝【疏】正月見君曰朝朝之列位以陪重是陪位爲朝也

康苛也 謂苛刻 苛音何 疏 注謂苛刻案苛者毒草名爲政刻急者亦名爲苛禮記孔子曰苛政猛於虎苛名康者以康安也苛刻者必安之左傳曰州吁阻兵而安忍其類也

樊藩也 謂藩籬 疏 孫炎曰樊圃之藩也郭曰謂藩籬注以御不爲之云齊風東方未明云折柳樊圃小雅青蠅云營營青蠅止于樊毛傳云樊所以爲藩是也

賦量也 賦稅所以評量 疏 謂賦稅也郭云賦稅所以評量方言云評均賦也燕之北鄙東齊北郊凡相賦斂謂之平均是評量也

粻糧也 今江東通言粻 疏 謂粻食也郭云今江東通言粻王制云五十異粻

庶侈也 庶者衆多爲奢侈 庶幸也 庶幾僥倖 疏 富庶者多奢侈郭云庶者衆多爲奢侈書曰一祿不期侈庶又爲幸望郭云庶幾僥倖者皆求見覬覦也幸與倖通用之

筑拾也 謂拾掇 ○ 筑音竹

疏 拾謂拾掇金縢云凡大木所偃盡起而筑之馬融云起其木拾其禾

奘駔也 今江東呼大爲駔駔猶麤也 ○ 奘徂朗切駔[redacted]

疏 皆謂大也秦晉謂人大爲壯奘郭云今江東呼大爲駔駔猶麤也

集會也 疏 說文云集羣鳥在木之上故曰集猶聚也故經典通謂聚會以爲集

舫泭也 水中簰 ○ 泭音孚

疏 孫炎曰舫水爲泭筏也郭云水中簰筏左言云泭謂之簰簰謂之筏筏秦晉之通語也周南漢廣云不可方思論語云乘桴浮于海注云桴編竹木大曰栰小曰桴是也舫方泭桴音義同

洵均也 均 謂調均 洵龕也 均 未詳

疏 李巡曰洵徧之均也郭云謂調均大雅烝

詩云菀彼桑柔其下侯旬毛傳云旬言陰均也然則洵旬音義同洵又爲龕未詳

逮遝也今荆楚人皆云遝○遝音沓　疏亦謂相及方俗語異爾郭云今荆楚人皆云遝

是則也是事可法則　疏是不非則法效也郭云是事可法則言不非之事乃可爲人法則

畫形也畫者爲形像○畫音畫　疏郭云畫者爲形象考工記云畫繢之事天以[redacted]其象方天時變火以圜山以章水以龍鳥獸蛇是畫者爲形象也

賑富也謂隱賑富有○賑之忍切　疏皆豐財也郭云謂隱賑富有

局分也謂分部○分部問切　疏成十六年左傳云離局姦也杜注云遠其部曲爲離局

懠怒也詩曰天之方懠○懠才細切　疏舍人曰懠怒聲也郭云詩曰天之方懠者大雅板之文也

僁聲也謂聲音○僁音屑　疏郭云謂聲音言聲音曰僁僁然也

葵，揆也。詩曰：天子葵之。揆，度也。商度。○度，徒各切。

疏 轉相解也。皆謂商度法。詩曰天子葵之者，小雅采菽云也。鄘風定之方中云揆之以日。

逮，及也。

疏 亦謂相及也。大雅桑柔云并云不逮。

惄，飢也。惄然，飢意。

疏 李巡云：惄，宿不食之飢也。郭云惄然飢意。周南汝墳云惄如調飢，毛傳云惄，飢意也。鄭箋釋云：惄，思也。然則惄之爲訓本爲思耳，但飢之思食意又惄然，故又以爲飢。惄是飢之意，非飢之狀，故郭及毛傳皆言飢意。鄭箋以爲思義相接成也。

聄，重也。謂厚重。見左傳。○聄，之忍切。

疏 謂厚重見左傳者，隱三年衛大夫石碏曰：夫寵而不驕，驕而能降，降而不憾，憾而能聄者鮮矣。杜注云：如此者少也。降其身則必恨，恨則思亂，不能自安自重是也。

獵虐也凌獵暴虐　疏　獵謂侵獵也以暴害於物故云虐郭云凌獵暴虐

土田也別名　疏　別地之二名也白虎通云中央者土土主吐含萬物土之爲言吐也釋名二云土[redacted]耕者曰田田者塡也五稼塡滿其中也

戍遏也戍守所以止寇賊　疏　遏止也孫炎云戍守所以止寇賊春秋公子買戍衛

師人也謂人衆　疏　師衆也周禮大司馬二千五百人爲師故郭云謂人衆

硈鞏也硈然堅固○硈苦角切　疏　謂牢固易文言云確乎其不可拔又革卦初九云鞏用黃牛之革若如此說硈當苦學切當從告說文別有硈苦八切石堅也字雖小異其義則同

蕪忘也心蕪忘　疏　心實忘小雅谷風云棄我如遺

鬩閑也罟然閑很貌○鬩五刀切

謀心也 謀慮以心

○二卷下

獻聖也 謚法曰聰明睿智曰獻 疏 郭云謚法曰聰明睿智曰獻謚法者[redacted]書篇名也

里邑也 謂邑居 疏 謂邑居也論語云里仁為美王制云凡居民量地以制邑

襄除也 詩曰不可襄也 疏 謂除去也注詩曰不可襄者鄘風牆有茨文也

振古也 詩曰振古如茲猶云久若此 疏 言久故也注詩曰振古如茲猶言久若此者案周頌載芟云匪今斯今振古如茲毛傳云振自也鄭箋云振亦古也言脩德行礼莫不獲报乃自古而如此所由来者久非適今時是也

懟怨也 懟音隊 疏 謂怨恨左傳曰以死離懟

縭，介也。縭者繫，介猶閡。○縭音離【疏】郭云縭者繫介猶閡，以釋水云縭緌也，縭繫若則介閡也。

號，謼也。今江東皆言謼。○號音毫，謼火故切【疏】謂叫謼也。小雅賓之初筵云載號載呶，郭云今江東皆言謼。

凶，咎也。【疏】謂咎惡也，通見詩書。

苞，稹也。今人呼物叢緻者為稹。【疏】郭云今人呼物叢緻者為稹，孫炎曰物叢生曰苞，齊人名曰稹。唐風鴇羽云集于苞栩，毛傳云苞稹，鄭箋云稹者根相迫[redacted]栩緻亦謂叢生也。

逜，寤也。相干寤。○逜音悟【疏】逜謂相干也，寐而覓寤之曰寤，郭云相干寤。

顁，題也。題，頟也。詩曰麟之定。○顁丁佞切【疏】皆謂頟也，云詩曰麟之定者，周南麟之趾文也。

猷、肯，可也。詩曰猷來無棄。肯，今通言

【疏】肯肯可也注詩曰獻來瓶棄者魏風陟岵文也肯今通言者川風終風一云惠然肯來是也

務侮也 詩曰外禦其侮 【疏】謂務之侮也詩曰外禦其侮小雅常棣文也

貽遺也 相歸遺。遺■季切 【疏】謂相歸遺詩云貽我握椒

貿買也 廣貢二名 【疏】貿貝市也又為買郭云廣貢二名詩云抱布貿絲

賄財也 【疏】財帛摠名賄周礼冢宰職云商買■通貿賄■注云布帛曰賄

甲狎也 謂習狎 【疏】謂狎習也衛風芄蘭云能不我甲左傳曰水懦民狎而玩之

㷋騅也㷋亂也 詩曰毳衣如㷋㷋音菼草色如騅在青白之間○㷋他敢切■亂五患切 【疏】廣異言也注詩曰毳衣如㷋者王風大車文也毛傳云㷋騅也蘆之初生者也鄭箋云㷋亂也以傳辭㷋名已未辨草名故定之也郭云方草色如雅在青白之間者以釋畜云蒼白雜毛騅故也

粲餐也 今河北人呼食為餐。○粲餐音孫 疏 謂餐食也。郭云今河北人呼食為餐。鄭風緇衣云還予授子之粲兮，鄭箋云自館還在采地之都，我則設餐以授之，愛之欲飲食之。

渝變也 謂變易 疏 謂變易也。詩曰舍命不渝。

宜肴也 詩曰與子宜之 疏 謂肴饌也。李巡曰飲酒之肴也。注詩曰與子宜之者，鄭風女曰雞鳴文也。

夷悅也 詩曰我心則夷 疏 謂喜悅也。注詩曰我心則夷者，召南草蟲文。

顛頂也 頭上 疏 謂頭上也。詩曰有馬白顛。

耋老也 八十為耋。○耋音迭 疏 耋鐵也。孫炎曰老人面如鐵色。郭云八十為耋。詩秦風車鄰云逝者其耋，毛傳云八十曰耋。易離卦

云大耋之嗟鄭注云年踰七十僖九年左傳曰伯舅
耋此及詩傳言八十曰耋者耋有七十八十無正文
也詩以仕者七十致事此言慮已之耋欲得早
致事故以爲八十此用詩傳爲說故與之同

輶，輕也。 詩曰：德輶如毛。○輶酋 [疏] 謂輕微也。注詩曰德輶如毛者，大雅烝民文。

俴，淺也。 詩曰：小戎俴收。○俴音踐 [疏] 謂淺近也。注詩曰小戎俴收者，秦風小戎文也。

綯，絞也。 糾絞繩索。○綯音陶 [疏] 謂糾絞繩索也。李巡曰：綯，繩之絞也。詩七月云：宵爾索綯。

訛，化也。 詩曰：四國是訛。 [疏] 匡正之化也。注詩曰四國是訛者，豳風破斧文。

跋，躐也。 詩曰：狼跋其胡。**疐，跲也。** 詩曰：載疐其尾。○躐音獵，疐音致，跲其業切

[疏] 李巡曰：跋前行曰躐，跲卻頓曰疐。注詩云狼跋其胡，載疐其尾者，豳風狼跋文也。說文云：跋蹎丁千切，跲躓竹二切，躓則疐也。然則跋與疐皆是顚之類。以跋爲躐者，謂跋其胡而倒顚耳。毛傳云：老狼其胡

謂頷下垂胡進則躐其胡謂躐胡而前倒也退則跲其尾謂卻頓而倒於尾上也

烝，塵也。（人衆所以生塵埃）

疏 孫炎曰烝物久之塵小雅南有嘉魚烝然罩罩鄭箋云人衆所以生塵埃

戎，相也。（相佐助）

疏 相如字注同一云相助也息亮切故注云相佐助也

飫，私也。（宴飫之私）

疏 孫炎曰飫非公朝私飲酒也郭云宴飲之私小雅常棣云飲酒之飫毛傳云飫私也不脫屨升堂謂之飫鄭箋云私者圖非常之事若議大疑於堂則有飫禮焉聽朝為公周語曰王公立飫

孺，屬也。（謂親屬）

疏 李巡云孺骨肉相親屬也常棣云和樂且孺○傳云九族會曰和孺屬也鄭箋云屬者昭穆相次序

幕暮也幕然暮夜 疏 幕然暮夜也

熻熾也熾盛也互相訓熻義見詩

疏 轉相解也皆謂熾盛也注熻義見詩者爾雅十月之交云豔妻煽方處

柢本也謂根本。柢音帝

疏 謂[redacted]根本也周礼典瑞云四圭有邸鄭司農云於中[redacted]其四面一上俱成邸引此文云邸本也主本著[redacted]璧故四圭有邸主本四出故也又曰兩手有邸後鄭云餅而同邸皆謂本也柢邸音義同

窕閒也。窈窕閒隙閒音閑 疏 窈窕閒隙也詩周南關雎云窈窕淑女所處之宮形狀窈窕然

淪率也相率使 疏 謂相牽率郭云相率使小雅雨無正云淪胥以鋪

罹毒也憂思慘毒 疏 釋詁云罹憂也郭云憂愁慘毒小雅小弁云我獨于罹

僉同也 模範同等【疏】僉模範也郭云模範同等說文云書署也

郵過也 道路所經過【疏】郵謂郵亭過經過也郭云道路所經過郊特牲云郵表畷

遜遯也 謂逃去【疏】謂逃去也春秋■元年夫人姜氏齊■公羊傳曰孫者何孫猶遜也內諱奔謂之孫穀梁傳曰孫之猶言爲孫諱奔也

斃踣也 前覆 僨僵也 仰偃○斃音弊踣蒲北切僨音奮僵音姜【疏】前卻頓■之各也斃又謂之踣皆前覆也檀弓云郭之斃■云斃仆也然則又爲仆僨謂之僵皆■偃也■傳曰鄭伯之車僨於濟

畛殄也 謂殄絕【疏】謂殄絕也周頌載芟云徂隰徂畛毛傳曰畛埸也地官遂人云十■有溝溝上有畛則畛謂地畔之■路也至此而易之故以畛爲埸埸則地絕故得爲殄

曷盍也盍何不〔疏〕郭云盍何不也論語曰盍各言爾志

虹潰也謂潰敗潰音會○〔疏〕潰敗乱也大雅抑篇云實虹小子召旻云蟊賊内訌

隌闇也隌然冥隌音晻闇音暗〔疏〕謂冥昧也郭云隌然冥貌

䵒膠也膠黏䵒○䵒女乙切〔疏〕膠黏䵒也方言云䵒䵒黏也齊魯青徐自關而東或曰䵒或曰㲉

孔甚也厥其也戛禮也謂常礼〔疏〕孔甚厥其皆見詩書釋詁云戛常也故鄭以謂常礼

闍臺也城門臺○闍音都〔疏〕謂城門臺也鄭風云出其闉闍毛傳云闍曲城也闍城臺也

囚拘也謂拘執〔疏〕謂拘執也月令云挺重囚左傳曰南冠而縶者楚囚也縶則拘執也

攸，所也。展，適也。得自申展，皆適意。【疏】易曰：利有攸往。郭云：得自申展，皆適意。

鬱，氣也。鬱然氣出。【疏】鬱然氣出也，謂鬱蒸之氣也。

宅，居也。【疏】謂居處也。大雅文王有聲云：宅是鎬京。

休，慶也。【疏】謂嘉慶也。商頌曰：何天之休。

祈，明也。祈祭者叫呼而請事。【疏】祈，告也，求也。春官大祝掌六祝之辭，以祈福祥，求貞。郭云：祈祭者叫呼而請事。

濬、幽，深也。濬亦深也。哲，智也。【疏】舍人曰：濬，下之深也。哲，大智也。郭云：濬亦深也。虞書曰：濬哲文明。孔安國云：濬，深；哲，智也。言其智之深，所知不淺近也。

弄，玩也。【疏】謂玩好也。小雅斯干云：載弄之璋。鄭箋云：玩以璋者，欲其比德焉。

尹正也（謂官正也）皇匡正也（詩曰四國是皇）

【疏】正長也郭云謂官正也言為一官之長也周書君陳曰尹茲東郊皇君亦之正匡救諫之正孝經云臣救其惡注詩曰四國是皇者豳風破斧文也

服整也（服御之令齊整）

【疏】謂整治也郭云服御之令齊整周南葛覃云服之無斁

聘問也（見穀梁傳）

【疏】問謂有省之者對而言之則聘問異周禮大行人云時聘以結諸侯之好間問以喻諸侯之志又曰凡諸侯之邦交歲相問也殷相聘也聘禮云小聘曰問是異也散而言之皆謂相好省故此云聘問也注見穀梁傳者按隱九年春天王使南季來聘穀梁傳曰南氏姓也季字也聘問也是其事

愧恥也

【疏】謂慙恥也小爾雅云不直失節謂之慙慙愧愧也面慙曰戁心慙曰恧體慙曰逡方言

云憮㥏憐憊也晉曰宋或曰𢝊秦晉之間凡憮而見
上謂之㦜㦜梁宋曰憮又一云憮應愛也荊揚青徐之間
曰憮若梁益秦晉之間言心內慙矣山之東西自愧
曰應趙魏之間謂之𢣓 ○ 㦜音淮（?）𢣓音憮應支六切
𢣓音容
亦音松

殛，誅也。書曰：鯀則殛死。○殛，紀力切。〔疏〕釋曰：誅，責也。注書曰：鯀則殛死者，周書洪範文。

克，能也。翌，明也。書曰：翌日乃瘳。〔疏〕克，能，通見書傳。注書曰：翌日乃瘳，周書金縢文。

訩，訟也。言訩訩。〔疏〕多爭訟。一云言訩訩爭訟之諍詳。小雅節南山云：降此鞫訩。

晦，冥也。奔，走也。逡，退也。外傳曰：已復於事而逡。○冥，亡定切。〔疏〕冥謂闇冥也。公羊傳：奔，大走也。左傳曰：角（?）卒于奔。逡，卻退也。注外傳曰：已復於事而逡者，齊語管仲對桓公辭也。韋昭曰：已，畢也；逡，伏退也。此國語也，而謂之外傳者，韋昭曰：左丘明采錄前世穆王以來

訖魯悼智伯之誅邦國成敗嘉言善語陰陽律呂天時人事逆順之數以爲國語其文不主於經故號曰外傳

也

僨仆也頓躓倒仆○仆音赴 疏 即前文跲與踣也郭云頓躓倒仆

亞次也諗念也相思念○諗音沈 疏 亞下次也通見書傳諗者相思念也小雅四牡云將母來諗

屆極也有所限極 疏 有所限極也大雅瞻仰云靡有夷屆

弇同也詩曰奄有龜蒙弇蓋也謂覆蓋 疏 廣異言也注詩曰奄有龜蒙者頌閟宮文言弇弇覆同爲已有弇又爲蓋謂覆蓋也易曰惡積而不可掩弇掩音義同

恫痛也詩曰神罔時恫

【疏】謂痛傷注詩曰神罔時恫大雅思齊文王篇云文王之德能上順祖宗安寧百神無失其道無所怨痛

握具也 具謂備 【疏】王持辦具也郭云謂備具李本作偓釋云居位處之具也秦風權輿云夏屋渠渠鄭箋云屋具也義其同乎

振訊也 振者奮訊 【疏】謂振訊去塵也郭云振者奮迅也曲禮曰振書端冊

鬩恨也 相怨恨○鬩呼歷切 【疏】郭云相怨恨孫炎本作很很辭云相很很突小雅常棣云兄弟鬩于牆毛傳云鬩很也很者忿爭之名曲禮曰很毋求勝以字形異濫故釋者致殊於義兩解得之

越揚也 謂發揚 對遂也 詩曰對揚王休 【疏】揚謂稱美郭云謂發揚遂者因事之辭注詩曰對揚王休者大雅江漢文

燬，火也。詩曰：王室如燬。燬，齊人語。燬音毁。

疏 李巡曰：燬一名火。孫炎曰：方言有輕重，故謂火爲燬。郭云燬齊人語，方言云煤，呼隗切，火也，楚轉語也，猶齊言焜，音毁，火也。注詩曰王室如燬者，周南汝墳文。

懈，怠也。謂惰慢也。大雅烝民云：夙夜匪解。

宣，緩也。謂寬緩。遇，偶也。偶爾相值遇。

疏 郭云偶爾相值遇，春秋隱八年春，宋公、衛侯遇于垂。穀梁曰：不期而會曰遇。

曩，曏也。國語曰：曩而言戲也。

疏 在今而道既往，或曰曩，或曰曏。鄉書大傳云：曏之取於囿中，勇力之取也。國語曰曩而言戲也者，案晉語驪姬與優施謀飲里克酒，乃歌曰：暇豫之吾吾，不如鳥鳥。人皆集於苑，己獨集於枯。里克笑曰：何謂苑

何謂枯優施曰其母爲夫人其子爲君可不謂菀乎
其母既死其子又有謗可不謂枯乎枯且有傷優施
出里克辟奠不餐而寢夜半召優施
曰曩而言戲乎抑有所聞之乎是也

偟暇也 詩曰不遑啓處○偟音皇 疏 謂閒暇詩曰不遑啓處者小雅四牡文

宵夜也 疏 舍人曰宵陽氣消也詩云肅肅宵征書曰宵中星虛

懊忨也 謂愛忨 愒貪也 謂貪羨○懊烏報切忨五館切愒苦蓋切

疏 皆謂愛忨貪羨也昭元年左傳云主民翫歲而愒日杜注云翫愒皆貪也

榰柱也 相榰柱○榰音枝柱音注

疏 郭云相榰柱也說文云榰柱砥古用木今以石字書云柱屋之敬

裁節也 並併也 詩曰並坐鼓瑟

〔疏〕易泰卦云后以財成天地之道裁財音義同並

〔疏〕併古今字注詩曰並坐鼓瑟者秦風車鄰篇文

卒既也 既已 〔疏〕皆謂盡已也

慒慮也 慒謂謀慮也 ○慒音囚 〔疏〕郭云謂謀慮也字書作[redacted]

將資也 謂資裝 〔疏〕行所資也郭云謂資裝

黹紩也 今人呼縫紩衣為黹 ○黹致耻切 紩音秩 〔疏〕謂縫刺也郭云今人呼縫紩衣為黹鄭注司服云黹黻絺繡為黹謂刺繡也

遞迭也 更迭 〔疏〕李巡曰遞者更迭間厠相代之義邶柏舟云胡迭而微

矧況也 譬況 〔疏〕說文云矧況辭從矢取辭亦如矢也郭云譬況謝氏云本或作譬況是也

廩廯也 或說云即倉廩所未詳 ○廯郭息淺切 〔疏〕廣雅云廯倉也則廩之與廯皆倉廩之別名孫炎云

鮮藏穀鮮契劵也舍人云廪少糴
也郭云或說云即倉廪所未詳

逭逃也亦見礼記○逭追换

疏 謂逭逃商書太甲云自作孽不可逭注亦見礼記
者案緇衣云子曰小人溺於水君子溺於口大人
溺於民皆在其所褻也下云太甲曰
天作孽可違也自作孽不可以逭

訊言也相問訊 疏 訊問以言也[illegible]

閒俔也左傳謂之諜今之細作
也○閒諫俔胡典切

疏 反間一名俔今之細作也注左傳謂之諜者案桓
十二年云使伯加諜之杜注云諜伺也立書謂之
反間也案說文云諜軍中反間也謂詳爲敵國之人
入其軍中伺候間隙以反報其主人鄭注周礼掌戮
云諜謂蕃
遯反間者

汱，沉也。水流漭沆。○汱，音云。沆，胡黨切。疏說文云汱轉流也一曰沆郭云水流沆漭沆水大皃

干，扞也。相扞衛。疏郭云相扞衛孫炎曰干楯自蔽扞周南兔罝云公侯干城言公侯以武夫自固爲扞蔽如盾爲防守如城然

趾，足也。足脚。䠊，刖也。斷足。○䠊，扶味切。疏易云賁其趾趾則足也此亦謂之脚■名刖斷人刑也呂刑云剕罰五百孔安國云刖足曰剕鄭注司刑云刖斷足也周改臏作刖䠊剕音義同

襄，駕也。書曰懷山襄陵。疏駕謂乘駕也鄭風大叔于田云兩服■上襄注書曰懷山襄陵堯典文

忝，辱也。燠，煖也。○今江東通言燠。○燠，於六切。疏忝謂恥辱也詩曰無忝爾所生燠煖溫也洪範云哲時燠若鄭云今江東通言燠

塊堛也土塊也。外傳曰：枕凷以堛。堛，孚逼切。

【疏】塊者結土也。說文云：塊，俗凷字也。凷一名堛。郭云：土凷也。外傳曰：枕凷以堛。案吳語：吳王夫差既許越成，乃大戒師徒，將以伐齊。申胥進諫曰：昔楚靈王不君，其臣箴諫不入，乃築臺於章華之上，闕為石郭，陂漢以象帝舜，罷弊楚國以間陳蔡。不修方城之內，踰諸夏而圖東國，三歲於沮汾以服吳越。其民不忍飢勞之殃，三軍叛王於乾谿。王親獨行，屏營仿偟於山林之中，三日乃見其涓人疇。王呼之曰：余不食三日矣。疇趨而進，王枕其股以寢於地。王寐，疇枕王以墣而去之。王覺而無見，乃匍匐將入於棘闈，棘闈不納也，乃入芋尹申亥氏焉。是其事也。說文云：墣，匹角切，亦塊也。今注云「撲凷」者，字之誤也。凷當作土，又外傳作墣。郭云以堛者，蓋亦堛同，或所見本異也。

將齊也謂分齊也。詩曰：或肆或將。○齊，才細切。

【疏】郭云：謂分齊也。詩曰：或肆或將者，小雅楚

該文毛傳云肆陳將齊也或陳于牙或齊其肉王肅云分齊其肉所當用也

餬饘也 糜也 疏 郭云糜粢也下云鬻糜郭云淖糜然則餬饘鬻糜相類之物稠者曰糜淖者曰鬻餬饘是其別名昭七年左傳云饘於是鬻於是以餬余口

啓跪也 小跽 疏 謂跪拜也小雅四牡云不遑啓處郭云小跽說文曰跽長跪也莊子云擎跽曲拳人臣之禮也

𥨷窒也 謂閉綴也○𥨷武延切 疏 郭云謂綴窒

開闢也 書曰闢四門 疏 書曰闢四門虞書舜典文

袍襺也 左傳曰重襺衣裘○襺古典切 疏 玉藻云纊為襺縕為袍鄭玄云衣有著之異名也纊謂今之新綿縕謂今之纊及舊絮也然則襺是袍之別名謂新綿著袍者也注左傳曰重襺衣裘者魯襄

八公二十一年傳云楚子使薳子馮為令尹遂以疾辭方暑闕地下冰而牀焉重繭衣裘鮮食而寢是也

障畛也謂壅障障【疏】郭云謂壅障一名畛左傳曰封畛土略

靦姡也面姡然【姡】音滑【疏】郭云面姡然孫炎曰靦人面姡然說文曰靦面見人姡面靦也然則靦與姡皆面見人之貌詩云有靦面目

鬻糜也淖糜○【鬻】之六切

舒緩也謂遲緩【疏】郭云謂遲緩詩云舒而脫脫兮

翿纛也今之羽葆幢

纛翳也舞者所以自蔽翳○翿徒刀切【纛】徒到切

【疏】李巡曰翿舞者所持纛也孫炎曰纛舞者所持羽也郭云今之羽葆幢與司農注鄉師云翿羽葆幢也蔡邕獨斷云以犛牛尾為之大如斗在左騑馬頭上所謂黃屋左纛又謂之翳郭云舞者所以自蔽翳然則翿又名為纛纛所以為翳故王風云左執翿毛傳云翿纛也翳也

隍，壑也。城池空者為壑。

疏 隍城池無水者。郭云：城池空者為壑。是泰卦上六：城復於隍。

芼，搴也。謂拔取菜。

疏 孫炎曰：皆擇菜也。某氏曰：搴猶拔也。郭云：謂拔取菜。以搴是拔之義，《史記》曰：斬將搴旗，謂拔取敵人之旗也。《周南·關雎》云：參差荇菜，左右芼之。故云謂拔取菜。毛傳云：芼，擇也。亦謂拔菜而擇之也。

典，經也。威，則也。威儀可法則。

疏 《周禮·大宰之職》掌建邦之六典。鄭注云：典，常也，經也，法也。王謂之禮經，常所秉以治天下也；邦國官府謂之禮法，常所守以為法式也。常者，其上下通名。郭云：威儀可法則。《詩》曰：敬慎威儀，維民之則。

苛，妎也。煩苛者多嫉妎。○妎，胡計切。

疏 《說文》云：妎，妒也。郭云：煩苛者多嫉妎。言煩苛之人多嫉妎芾小也芾者小貌○(芾)音貝疏芾是木榦及葉之小者也召南云蔽芾甘棠此比於大木為小也我行其野云蔽芾其樗鄭箋云樗之蔽芾始生謂樗葉之始生形亦小也郭云芾者小貌

迷惑也狃復也狃忕復為○狃女九切復扶又切疏小雅節南山云俾民不迷謂不惑也狃復習也郭云狃忕復為孫炎云狃忕前事復為也說文云狃狎也忕習也鄭風云將叔無狃毛傳云狃習也桓十三年左傳云莫敖狃於蒲騷之役杜注云狃忕也然則狃忕皆貫習之義復亦貫習之意也

逼迫也般還也左傳曰般馬之声○(般)音班(還)音旋疏逼相急迫也還反也左傳曰般馬之声考襄十八年晉大夫邢伯告中行伯之辭也

班賦也謂布與疏郭云謂布與桓六年左傳云諸侯之大夫戍齊齊人饋之餼使魯為其班

鴨礼記云朌肉及廋車班朌
音義同左傳曰屬役賦丈

濟渡也濟成也濟益也所以廣異訓各隨事為義

疏 郭云所以廣異訓各隨事為義方言云過渡謂之涉濟彼注云猶今云濟渡左傳曰濟河焚舟濟又為成左傳曰以欲從人則可以人從欲鮮濟濟又為增益左傳曰盍請濟師於王

緍綸也詩曰維絲伊緍緍繩也江東謂之綸○緍音民

疏 孫炎云皆繩名也郭云緍繩也江東謂之綸詩曰維絲伊緍者召南何彼襛矣文

辟歷也未詳漦盝也漉漉出涎沫○辟婢亦切漦仕其切

疏 李巡云吐沫漦也郭云漉漉出涎沫鄭語云訓語有之曰夏之衰也褒人之神化為二龍以同于庭而言曰余褒之二君夏后卜殺之與止之莫吉卜請其漦而藏之吉韋昭云漦龍所吐沫龍之精氣也

寬綽也謂寬裕也 疏 孫炎云性之裕者郭云謂寬裕也皋陶謨云寬而栗

衮黻也衮衣有黻文 疏 郭云衮衣有黻文小雅采菽云玄衮及黻衮必攘有黼黻詩但言及黻嫌衮无黻故此經之毛傳云玄衮卷龍也白與黑謂之黼鄭箋云玄衮玄衣而畫以卷龍也黼黻謂絺衣也謂玄之服自衮冕而下

皇華也釋草曰皇華榮○華胡瓜切 疏 草木之華一名皇樊光引詩云皇皇者華孫炎云皇皇猶煌煌郭云釋草曰皇華榮引之以證皇亦華榮之名

昆後也謂先後方俗語 疏 郭云謂先後方俗語大禹謨云官占惟先蔽志昆命元龜

彌終也終竟也 疏 郭云終竟也大雅生民云誕彌厥月言大姜后稷之聖母終人道十月而生也

爾雅注疏卷第二

爾雅注疏卷第三

釋訓第三

疏 案釋詁云訓道也周禮地官土訓誦訓鄭司農注云謂以遠方土地所生異物以告道王也後鄭云玄謂能訓說土地善惡之勢誦訓能訓說四方所誦習及人所作爲久時事然則此篇以物之事義形貌告道人也故曰釋訓案此所釋多釋詩文故郭氏即以詩義解之

明明斤斤察也 皆聰明鑒察 斤居覲反

疏 舍人曰明明言其明甚孫炎曰明明性理之察也大雅常武云赫赫明明舍人曰斤斤物情詳之察也孫炎曰斤斤重慎之察也周頌執競云斤斤其明聰明鑒察也

條條秩秩智也 皆智思深長 條音由

疏 皆習貌深長也。小雅賓之初筵云：左右秩秩。言其威儀審習不失禮也。

穆穆肅肅，敬也。皆容儀謹敬。

疏 周頌雝篇云：有來雝雝，至止肅肅，相維辟公，天子穆穆。此皆祭祀之時容儀謹敬也。

諸諸便便，辯也。皆言辭辯給。便，婢縣反。

疏 皆辯給也。論語云：便便言。小雅采菽云：平平左右。毛傳云：平平，辯治也。便、平古今字。

肅肅翼翼，恭也。皆恭敬。

疏 皆恭敬也。大雅思齊云：肅肅在廟。大明云：維此文王，小心翼翼。言文王及羣臣恭敬貌也。

廱廱優優，和也。皆和樂。廱，於容反。

疏 大雅思齊云：雝雝在宮。商頌長發云：敷政優優。此皆人君德政和樂也。

兢兢憴憴，戒也。皆戒慎。

【疏】小雅小旻云：「戰戰兢兢。」大雅抑篇云：「子孫繩繩。」此皆小心戒慎也。憴、繩音義同。

戰戰蹌蹌，動也。皆恐動趨步。

【疏】小旻云：「戰戰兢兢。」楚茨云：「濟濟蹌蹌。」此皆恐動趨步威儀謹敬也。

晏晏溫溫，柔也。皆和柔。

【疏】衛風氓篇云：「言笑晏晏。」大雅抑篇云：「溫溫恭人。」此皆寬緩和柔也。

業業翹翹，危也。皆懸危。

【疏】大雅召旻云：「兢兢業業。」豳風鴟鴞云：「予室翹翹。」此皆懸危恐懼也。

惴惴憢憢，懼也。皆危懼。○惴，之端反。憢，許堯反。

疏 秦風黃鳥云惴惴其慄 豳風鴟鴞云予維音嘵嘵 此皆危恐戰懼也

番番蹻蹻勇也 皆壯勇之貌○〔番〕波〔蹻〕居兆反

疏 大雅崧高云申伯番番 魯頌泮水云蹻蹻虎臣 此皆武夫壯勇之貌

桓桓烈烈威也 皆嚴猛之貌

疏 皆威武嚴猛之貌 周頌桓篇云桓桓武王 小雅黍苗云烈烈征師

洸洸赳赳武也 皆果毅之貌

疏 大雅江漢云武夫洸洸 周南兔罝云赳赳武夫 此皆武夫果毅之貌 左傳殺敵爲果 致果爲毅

藹藹濟濟止也 皆賢士盛多之容止○〔藹〕烏害反〔濟〕子禮反

疏 大雅卷阿云藹藹王多吉士 小雅楚茨云濟濟蹌蹌 此皆王朝賢士盛多之容止也

悠悠洋洋思也皆憂思○思賜

疏鄭風子衿云悠悠我思邶風二子乘舟云中心養養此皆想念憂思也洋養音義同又中庸云齊明盛服以承祭祀洋洋乎如在其上如在其左右鄭玄云洋洋人想思其傍僾之貌

蹶蹶踖踖敏也皆便速敏捷也○踖夕

疏唐風蟋蟀云良士蹶蹶小雅楚茨云執爨踖踖此皆便速敏捷於事也

薨薨增增衆也皆衆夥之貌

疏周南螽斯云螽斯羽薨薨兮魯頌閟宮云烝徒增增此皆人物衆夥之貌楚人謂多爲夥

烝烝遂遂作也皆物盛作之貌

疏皆物盛興作之貌也魯頌泮水云烝烝皇皇

委委佗佗美也 皆佳麗美豔之貌○佗佗

疏 李巡曰寬容之美也孫炎曰委委行之美佗佗長之美詩鄘風君子偕老云委委佗佗毛傳云委委者行可委曲從迹也佗佗者德平易也是皆佳麗美豔之貌也

怟怟惕惕愛也 詩云心焉惕惕韓詩以爲悅人故言愛也怟怟未詳○怟徒啓反

疏 李巡曰怟怟和適之愛也注云心焉惕惕者陳風防有鵲巢文云韓詩以爲悅人故言愛也者燕人韓嬰爲詩作傳名曰韓詩以此惕惕爲悅人故言愛也

偁偁格格舉也 皆舉持物

疏 皆謂舉持物也

蓁蓁孽孽戴也 皆頭戴物

疏 周南桃夭云其葉蓁蓁衛風碩人云庶姜孽孽此皆頭戴物婦人盛飾貌

懕懕媞媞安也　皆婦人安詳之容○懕於占反媞題

疏　秦風小戎云厭厭良人毛傳文厭厭安靜也孫炎云媞媞行步之安也魏風葛屨云好人媞媞毛傳云媞媞安諦謂行步安舒而審諦也是皆好人安詳之容也

祁祁遲遲徐也　皆安徐

疏　皆安徐也豳風七月云春日遲遲采蘩祁祁

丕丕簡簡大也　皆多大

疏　書立政云以並受此丕丕基周頌執競云降福簡簡是皆多大之貌

存存萌萌在也　萌萌未見所出

疏　謂存在也易繫辭云成性存存萌萌字書作萠說文作蕄郭云未見所出

懋懋慔慔勉也　皆自勉強○懋茂慔暮

疏　皆勉勉強也書曰懋哉懋哉慔與慕同

庸庸慅慅勞也○皆劬勞也慅騷疏皆劬勞也有功庸者皆勞也小雅巷伯云勞人草草毛傳云草草勞心也又陳風月出云勞心慅兮慅草音義同

赫赫躍躍迅也皆盛疾之貌○赫音釋疏孫炎云赫赫顯著之迅大雅常武云赫赫業業毛傳云赫赫然盛也何人斯云躍躍毚兔是皆顯著疾之貌

綽綽爰爰緩也

疏皆寬緩也小雅角弓云綽綽有裕毛傳云綽綽寬也王風兔爰云有兔爰爰毛傳云爰爰緩意鄭云悠悠偁偁丕丕簡簡存存懋懋庸庸綽綽盡重語者言此數字皆言之其義亦同但古人有重語者故復出之

坎坎墫墫喜也皆鼓舞懽喜○墫七旬反疏皆鼓舞懽喜也小雅伐木云坎坎鼓我蹲蹲舞我鄭箋云爲我擊鼓坎坎然爲我舞蹲蹲然謂以樂樂己也墫蹲音義同

瞿瞿休休儉也　○皆良士節儉　〔瞿〕居具反

〔疏〕李巡曰皆良士顧禮節之儉也唐風蟋蟀云良士瞿瞿毛傳云瞿瞿然顧禮義也又云良士休休毛傳云休休樂道之心皆良士節儉也

旭旭蹻蹻憍也　○皆小人得志憍蹇之貌　〔旭〕巨虐反　〔蹻〕嬌夭反

〔疏〕郭氏讀旭旭為好好小雅巷伯云驕人好好鄭箋云好好者喜讒言之人也大雅板篇云小子蹻蹻毛傳云蹻蹻驕貌是皆小人得志憍蹇之貌也

夢夢訰訰亂也　皆闇亂　○夢亡工反　〔訰〕之閏反

〔疏〕孫炎曰夢夢昏昏之亂也大雅抑篇云視爾夢夢又曰誨爾諄諄皆是闇亂也訰諄音義同

懪懪邈邈悶也　皆煩悶　○懪霍

疏 傈傈煩悶也舍人曰藐藐煩悶也大雅抑篇云聽我藐藐毛傳云藐藐然不入也是皆煩悶之謂也

儚儚洄洄惛也皆迷惛○儚亡崩反 疏 皆迷亂惛惑也郭音義云洄本作潣音常

版版盪盪僻也皆邪僻 疏 皆邪僻也李巡曰版版失道之僻也盪盪者弗思之僻也大雅版篇上帝板板毛傳云板板反也上帝以稱王者也鄭箋云王爲政反先王與天之道又蕩篇云蕩蕩上帝鄭箋云蕩蕩法度廢壞之貌版板盪蕩音義同

爞爞炎炎薰也皆旱熱薰炙人○爞音同 疏 皆旱熱之氣薰炙人也大雅雲漢云蘊隆蟲蟲毛傳云蘊蘊而暑隆隆而雷蟲蟲而熱又云赫赫炎炎毛傳云赫赫氣也炎炎熱氣也爞爞音義同

居居究究惡也皆相憎惡

疏 李巡曰居居不狎習之惡孫炎曰究究窮極人之惡唐風羔裘云羔裘豹袪自我人居居又曰自我

人究究毛傳曰居居懷惡不相親比之貌究究猶居居也是皆相憎惡也

仇仇敖敖傲也 皆傲慢賢者○敖五高反傲五耗反

疏小雅正月云執我仇仇毛傳云仇仇猶謷謷也鄭箋云王既得我執留我其禮待我謷謷然亦不問我在位之功力言其有貪賢之名無用賢之實大雅板篇云我即爾謀聽我囂囂毛傳云猶謷謷也鄭箋云我就女而謀欲忠告以善道女反聽我言謷謷然不肯受是皆敖慢賢者囂囂音義同

佌佌瑣瑣小也 皆才器細陋○佌音此

疏皆才器細陋也小雅正月云佌佌彼有屋毛傳云佌佌小也鄭箋云此言小人富也舍人曰瑣瑣計誅褊淺之貌節南山云瑣瑣姻亞鄭箋云瑣瑣婚姻妻黨之小人

悄悄慘慘慍也 皆賢人愁恨

疏慍恨怒也皆賢人愁恨也邶風柏舟云憂心悄悄慍于群小毛傳云慍怒也悄悄憂貌李巡曰慘慘憂之慍大雅抑篇云我心慘慘毛傳云慘慘憂不樂也

痯痯瘐瘐病也皆賢人失志懷憂病也○痯管瘐羊主反

疏小雅杕杜云四牡痯痯毛傳云痯痯罷貌又大雅板篇云靡聖管管毛傳云管管無所依也小雅正月云憂心愈愈毛傳云愈愈憂懼也此皆賢人失志懷憂病也

殷殷惸惸忉忉慱慱欽欽京京忡忡惙惙怲怲弈弈憂也○瓊團柄

疏小雅正月云憂心慇慇毛傳云慇慇然痛也又云憂心惸惸毛傳云惸惸憂意也檜風羔裘云勞心忉忉鄭箋云三諫不從待放而去思君如是心忉忉然又素冠云勞心慱慱毛傳云慱慱憂勞也秦風云

憂心欽欽毛傳云思望之心中欽欽然小雅正月云
憂心京京毛傳云京京憂不去也召南草蟲云未見
君子憂心忡忡毛傳云忡忡猶衝衝也鄭箋云未見
君子者謂在塗時也在塗時憂憂不當君子無以寧
父母故心衝衝然又曰憂心惙惙毛傳云惙惙憂也
小雅頍弁云憂心怲怲毛傳云怲怲憂盛滿也又云
憂心弈弈毛傳云弈弈然無所薄
也此皆作者歌事以詠心憂也

畇畇田也 言墾辟也○畇音巡

疏謂耕墾開辟上田畇畇然也小雅信南山云畇畇原隰毛傳云墾辟貌

畟畟耜也 言嚴利○畟楚力反

疏舍人曰畟畟耜入地之貌周頌良耜云畟畟良耜俶載南畝毛傳云畟畟猶測測也鄭箋云良善也農人測測以利善之耜熾菑是南畝也是言耜之嚴利也

郝郝，耕也。言土解。○郝，釋。疏 謂耕也。有土解散，郝郝然也。周頌載芟云：「其耕澤澤。」鄭箋云：「氣烝達而和之，則澤澤然解嚴。」郝郝、澤澤並音釋，其義亦同。

繹繹，生也。言種調。疏 舍人云：「繹繹，皆生之貌。」載芟云：「驛驛其達。」也。毛傳云：「達，射也。」鄭箋云：「達，出地也。」是言其種調勻，皆出地而生也。繹與驛音義同。

穟穟，苗也。言茂好也。○穟音遂。疏 大雅生民云：「禾役穟穟。」毛傳云：「役，列也。穟穟，苗好美也。」是言茂好也。

緜緜，穮也。言芸耨精。穮，方遥反。疏 孫炎云：「緜緜，言詳密也。」載芟云：「緜緜其麃。」毛傳云：「麃，耘也。」說文云：「穮，耨鉏田也。」字林云：「穮，耕禾間也。」是言云耨精也。穮、麃、耘、芸音義同。

挃挃，穫也。刈禾聲。○挃，丁秩反。穫，户郭反。栗栗，眾也。積聚緻

疏孫炎云挃挃穫聲也李巡曰栗栗積聚之衆也良
耜云穫之挃挃積之栗栗毛傳挃挃穫聲也栗栗
衆多也小爾雅云截穎謂之挃故
鄭云刈禾聲積聚緻也緻謂緻密也

溞溞淅也洮米聲○溞蘇刀切淅音錫

疏大雅生民云釋之叟叟烝之浮浮毛傳云釋淅米
也叟叟聲也浮浮氣也鄭箋云釋之烝之以為酒
及簠簋之實故郭云洮米聲烰氣也
盛也溞叟音同異義烰浮音義同

俅俅服也謂戴弁服疏周頌絲衣云載弁俅俅毛傳云
俅俅恭順貌鄭箋云載猶戴也
弁爵弁也爵弁而祭於王
士服也故郭云謂戴弁服

峨峨祭也謂執圭璋助祭疏大雅棫樸云奉璋峨峨毛傳云半
圭曰璋峨峨盛壯也鄭箋云璋璋
瓚也祭祀之禮王祼以圭瓚諸臣助之亞祼以
璋瓚奉璋之儀峨峨然故郭云執圭璋助祭也

鍠鍠，樂也。鍠鍠，鐘鼓音。○鍠音黃。

[疏]周頌執競云鐘鼓喤喤是也毛傳云喤喤和也鄭箋云武王既定天下祭祖考之廟奏樂而八音克諧字書云鍠鍠樂之聲也故郭云鐘鼓音喤鍠音義同

穰穰，福也。言饒多。

[疏]執競云降福穰穰穰穰眾也鄭箋云神與之福又眾大謂如穰穰辭也是言得福饒多也

子子孫孫，引無極也。世世昌盛長無窮。

[疏]子子孫孫小雅楚茨文也引無極者作者所以釋之也舍人曰子孫長行美道引無極也郭云世世昌盛長無窮

顒顒卬卬，君之德也。道君人者之德望。

[疏]此道人君之德望也顒顒卬卬大雅卷阿文也君之德也者作者釋之也[redacted]詩云顒顒卬卬如圭如璋令聞令望毛傳云顒顒溫貌卬卬盛貌鄭箋云人之善也王有賢臣與之以禮義相切瑳體貌則顒顒然

敬順志氣則卬卬然高朗如玉之圭璋也人聞
之則有善聲譽人望之則有善威儀德行相副

丁丁嚶嚶相切直也丁丁斫木聲嚶嚶兩鳥鳴以喻朋友切磋相正○丁丁音爭

疏 直猶正也小雅伐木云伐木丁丁鳥鳴嚶嚶鄭箋
云昔日未居位在農之時與友生於山巖伐木爲
勤苦之事猶以道德相切正也故郭云丁丁
伐木聲嚶嚶兩鳥鳴以喻朋友切磋相正

藹藹萋萋臣盡力也梧桐茂賢才衆地極化臣竭忠噰噰喈喈民協
服也鳳皇應德鳴相和百姓懷附興頌歌○藎音燼切喈音皆

疏 大雅卷阿云藹藹王多吉士鄭箋云王之朝多善
士藹藹然又云菶菶萋萋雝雝喈喈毛傳云梧桐
盛也鳳皇鳴也臣竭其力則地極其化天下和洽則
鳳皇樂德鄭箋云菶菶萋萋喻君德盛也雝雝喈喈
喻民臣和協是皆臣下盡力民人協服也故郭云梧
桐茂賢士衆地極化臣竭忠鳳皇應德鳴相和百姓

儀附興頌歌也

佻佻契契愈遐急也 賦役不均小國困竭賢人憂歎[redacted]遠益急切○佻敕料切契苦結切

疏 愈益也遐遠也謂賦役不均小國困竭賢人憂歎遠益急切也小雅大東云糾糾葛屨可以履霜佻佻公子行彼周行毛傳云佻佻獨行貌公子謂公子也鄭箋云葛屨夏屨也周行周之列位也言時財貨盡雖公子衣屨不能順時乃夏之葛屨今以履霜送轉餫因見使行周之列位者而發幣焉言雖困乏猶不得止又云契契寤歎哀我憚人毛傳云契契憂苦也鄭箋云今譚大夫契契憂苦而寤歎哀其民人之勞苦是也

宴宴粲粲尼居息也 盛飾宴安近處優閑○尼女乙反

疏 尼[redacted]也謂宴宴粲粲盛飾近處優閑也小雅北山或燕燕居息毛傳云燕燕安息貌大東云東人之子職

勞不來西人之子粲粲衣服毛傳云東人譚人也不來勤也西人京師人也粲粲鮮盛也鄭箋云職主也粟人勞苦而不見謂勤京師人衣服鮮絜而逸豫言王政偏甚也

哀哀悽悽懷報德也 悲苦征役思所生也

疏 懷思也悲苦征役思報父母之德也小雅蓼莪云哀哀父母生我劬勞鄭箋云哀哀者恨不得終養父母報其生長己之苦郭音曰悽本或作萋音妻云萋萋南仲薄伐西戎春日遲遲卉木萋萋是也言以此征役故思所生也所生謂父母

儵儵嘒嘒罹禍毒也 悼王道穢塞羨蟬鳴自得傷己失所遭讒賊○儵徒的反嘒呼惠反

疏 罹憂也小雅小弁云踧踧周道鞫為茂草毛云踧踧平易也周道周室之通道鞫窮也鄭箋以此喻幽王信褒姒之讒亂其德政使不通於四方又曰菀彼柳斯鳴蜩嘒嘒毛傳云蜩蟬也嘒嘒聲也鄭箋

云柳木茂盛則多蟬　案詩序云小弁刺幽王也太子
之傅作焉毛傳云幽王取申女生太子宜咎又說褒
姒生子伯服立以爲后而放宜咎將殺之故鄭云卑
王道廢塞羡蟬鳴自得傷已失所遭讒賊鳶瞰[redacted]音秋

晏晏旦旦悔㤥忒也 傷見絕棄恨士失也

(疏) 傳 悔恨也㤥大也忒差失也皆婦人恨夫之棄已而行差失
也衛風氓篇云總角之宴言笑晏晏信誓旦旦毛
云總角結髮也晏晏和柔也信誓旦旦然鄭箋云
我爲童女未笄結髮晏然之時女與我言笑晏晏然
而和柔我其以信相誓旦旦耳言其懇惻款誠　案詩
序云恨刺時也宣王之時禮義消亡淫風大行男女
無別遂相奔誘華落色衰復相棄背或乃困而自悔喪
其妃耦故序其事以風焉故郭云傷見絕棄恨士失也

皐皐琄琄刺素食也 誐無功德以寵祿也○琄[redacted]犬反刺七賜反

(疏) 素空也刺無德而空食其祿也舍人曰皐皐不治
之貌大雅召旻云皐皐訿訿曾不知其玷毛傳云

皋皋頑不知其道也鄭箋云玷缺也王政已大壞小人在位曾不知大道之缺某氏云鞙鞙元德而佩小雅大東云鞙鞙佩璲不以其長毛傳云鞙鞙玉貌璲瑞也鄭箋云佩璲者以瑞玉爲佩佩之鞙鞙然居其官職非其才之所長也徒美其佩而無其德刺其素飡是也郭云誠無功德尸寵禄也者案鄭注禮記云尸謂不知人事無辭讓也以其尸皆神象居位不言但受祭享小人在位亦無言而受寵禄有似於尸故云尸寵禄也

瑣鞙音義同

懽懽熎熎憂無告也○賢者憂懼無所訴也〔懽音貫熎音遥〕

【疏】謂賢者憂懼無所告訴也大雅板篇云老夫灌灌毛傳云懽懽猶款款也鄭箋云老夫諫女款款然王風云中心摇摇毛傳云摇摇憂無所愬灌懽摇摇音義同

憲憲洩洩制法則也佐興虐政設教令也

疏 李巡曰皆惡黨爲制法則也孫炎曰厲王方上諸臣並爲制作法令大雅板篇云天之方難無然憲憲天之方蹶無然泄泄毛傳云憲憲猶欣欣也蹶動也泄泄猶沓沓也鄭箋云天斥王也王方欲艱難天下之民又方變更先王之道用乎女无憲憲然无沓沓然爲之制法度達其意以成其惡皆是佐興虐政設教令也

謔謔謞謞崇讒慝也 樂禍助虐增譖惡也○謞虛各切 疏 崇增也讒也慝惡也舍人曰謔謔謞謞皆盛烈貌孫炎曰厲王暴虐大臣謔謔然謞謞然盛以興讒惡也大雅板篇云天之方虐無然謔謔毛傳云謔謔然喜樂鄭箋云王方爲酷虐之政女無謔謔然以讒慝助之又曰多將熇熇不可救藥毛傳云熇熇然熾盛也鄭箋云多行熇熇慘毒之惡誰能止其禍是也謞熇音義同

翕翕訿訿莫供職也 賢者陵替姦黨熾背公恤私曠職事○訿子氏切

言賢者陵替姦黨熾盛背公血私曠其職事無肯

【疏】供職也小雅小旻云潝潝訿訿亦孔之哀毛傳云潝潝然患其上訿訿然思不稱乎上鄭箋云臣不事君亂之階也甚可哀也又大雅召旻云皋皋訿訿毛傳云訿訿窳不共事也故鄭箋云賢者陵替姦黨熾盛背公血私曠職事說文云窳嬾也草木皆自竪立唯瓜瓠之屬出而不起似若嬾人常卧室故字從宀音眠

速速蹙蹙惟逑鞫也 陋人專祿國侵削賢士永哀念窮迫

【疏】惟念也速急迫也鞫窮也言鄙陋小人專家祿國土侵削致賢士求哀念其窮迫也小雅正月云蔌蔌方有穀毛傳云蔌蔌陋也鄭箋云蔌蔌窶陋者也此言小人富而窶陋將貴也又節南山云蹙蹙靡所騁毛傳云騁極也鄭箋云蹙蹙縮小之貌我視四方土地日見侵削於夷狄蹙蹙然雖欲馳騁無所之也速速當作蔌蔌

抑抑密也 威儀審諦 秩秩清也 德音清泠

言威儀審諦德音清泠也舍人曰威儀謐靜也大
【疏】雅假樂二云威儀抑抑德音秩秩鄭箋云成王立朝
之威儀抑抑無所失教令
又清明天下皆樂仰之
甹夆掣曳也謂牽拕○甹普經切夆芳逢切掣充世切【疏】孫炎曰甹相掣曳入於惡也甹
一云請牽拕周頌小毖篇王求助也二云莫予荓蜂毛傳
二云荓蜂掣曳也鄭箋二云羣臣小人無敢我掣曳謂為
譎詐欺不可信也然則掣曳者從旁牽挽之言
是挽離正道使就邪僻荓甹夆蜂掣曳音義同
朔北方也謂幽朔【疏】舍人曰朔盡也北方萬物盡故言朔也李巡曰万物盡於北方小雅
出車二云城彼朔方毛傳云朔方北方也但以方
大名皆言朔方堯典二云宅朔方郭二云謂幽朔
不俟不來也不可待是不復來【疏】俟待也郭二云不待是不來也郭二云不可待是不復來
不遹不蹟也言不循軌跡也○遹音聿【疏】遹循也蹟迹也謂不循道者曰不蹟郭二云言

不循軌跡也小雅沔彼云念彼不蹟毛傳云不蹟不循道也是矣

不徹不道也 徹亦道也

疏 小雅十月云天命不徹道也鄭箋云不道者言王不循天之政教是也

勿念勿忘也 勿念念也 疏 勿念念也念即不忘也若大雅文王篇云無念爾祖是也

萲諼忘也 義見伯兮考槃詩 ○萲況袁反諼音喧

疏 衛伯兮云焉得諼草毛傳云諼草令人忘憂又考槃云永矢弗諼是也伯兮篇本或作萲草

每有雖也 詩曰每有良朋辭之雖也

疏 小雅常棣云每有良朋況也永歎毛傳云況茲永長也箋云每有雖也良善也當急難之時雖有善同門來茲對之長嘆而已郭云辭之雖也者言為語辭之雖無他義也

饎酒食也猶今云饎饌皆一語而兼通
疏小雅天保云吉蠲為饎毛傳云吉善蠲絜也饎酒
食也郭云猶今云饎饌皆一語而兼通者言饎之
一字通酒食兩名也李
巡曰得酒食則喜歡也

經二卷下

舞號雩也雩之祭舞者吁嗟而請雨○雩音于
疏孫炎云雩之祭有舞有號左傳云龍見而雩服杜
注云雩之言遠也遠遠謂百穀祈膏雨月令仲夏云
大雩帝鄭注云雩吁嗟求雨之祭也郭云
雩之祭舞者吁嗟而請雨是同鄭說也
曁不及也公羊傳曰及我欲之曁不得已曁不得已是不得及○曁音忌
疏案春秋隱元年三月公及邾婁儀父盟于眛公羊
傳曰及者何與也會及曁皆與也曷爲或言會或

言及或言暨會猶最也及猶汲汲也暨會既宜暨也及
我欲之暨不得已也然則暨者非我欲之事不獲
而爲會者也
故云不及也

蠢不遜也蠢動爲惡不謙遜也

疏蠢動也遜順也言蠢動爲惡不謙遜也
小雅采芑蠢爾不蠻荆大邦爲讎是也

如切如磋道學也骨象須切磋而爲器人須學問以成德[redacted]如琢如磨自
脩也玉石之被琢磨猶人自脩飾瑟兮僩兮恂慄也恂戰懼赫兮
咺兮威儀也寬大有斐君子終不可諼兮諼忘道盛
德至善民之不能忘也常思念之咺喧音[redacted]僩音

疏此舉衛風淇奧篇文以釋之也云如切如磋者詩
文也云道學也者作者以釋詩也道言也言人之

學以成德如切如磋骨象以成器毛傳云治骨曰切象曰磋道其學而成也故郭云骨象須切磋而爲器人須學問以成德云如琢如磨者詩文也云自脩也者釋之也言人自脩飾如琢如磨玉石毛傳云治玉曰琢石曰磨聽其規諫以自脩如玉石之見琢磨郭云玉石之被彫磨猶人自脩飾云瑟兮僩兮者詩文也恂慄也者釋之也謂嚴恂戰慄也故郭云恂戰慄毛傳云瑟矜莊貌僩寬大貌是外貌莊嚴文內寬裕也云赫兮咺兮者詩文也威儀也者釋之也言赫咺者容儀發揚之言威儀也毛傳云赫有明德赫赫然咺威儀容止宣著也故郭云貌光宣云有斐君子終不可諼兮者詩文也云道盛德至善民之不能忘也者釋之也毛傳云斐文章貌諼忘也此道有斐然文章之君子盛德至善如此故民稱之常思詠終不能忘也案詩稱君子謂武公

既微且尰骭瘍爲微腫足爲尰骭脚脛瘍創也尰詩勇切骭音莧瘍音羊

疏 云既微且尰者小雅巧言文也云骭瘍爲微腫足爲尰皆釋之也孫炎曰皆水溼之疾也郭云骭脚脛也瘍創也然則脛之下有瘡腫是涉水所爲故鄭箋亦云此人居下溼之地故生微尰之疾詩云居河之麋是居下溼也

是刈是濩鑊煑之也 煑葛爲絺綌

疏 云是刈是濩者周南葛覃文也云鑊煑之也者釋之也舍人曰是刈刈取之是濩濩煑之郭云煑葛爲絺綌以煑之於鑊故曰濩濩煑非訓鑊爲煑以下云爲絺爲綌故知煑葛爲絺綌也毛傳云精曰絺麄曰綌

履帝武敏武迹也敏拇也○ 拇迹大指處 拇音畝

疏 云履帝武敏者大雅生民文也云武迹也敏拇也者釋之也郭云拇迹大指處鄭箋詩云祀郊禖之時時則有大神之迹姜嫄履之足不能滿履其拇指之處於是遂有身而生后稷是其事也

張仲孝友周宣王時賢臣善父母爲孝善兄弟爲友

疏云張仲孝友者小雅六月文也云善父母爲孝善兄弟爲友者釋之也李巡云張仲字其人孝故稱孝友毛傳云張仲賢臣也鄭箋云張仲吉甫之友其性孝友以詩序云六月宣王北伐也故鄭云周宣王時賢臣

有客宿宿言再宿也有客信信言四宿也再宿爲信重言之故知四宿

疏云有客宿宿有客信信者周頌有客文也云言再宿也言四宿也者釋之也毛傳云一宿曰宿再宿曰信各重言之故知再宿及四宿也

美女爲媛所以結好媛○媛于眷切

疏詩鄘風君子偕老云展如之人兮邦之媛也故此釋之鄭箋云所以結好援孫炎曰君子之援助然■由有美可以援助君子故云美女爲媛

[illegible]人所[illegible]彥[illegible]詠【疏】鄭風羔裘云彼其之子邦之彥兮故以釋之也毛傳云彥士之美稱郭云人所彥詠舍人云國有美士為人所言道

其虛其徐威儀容止也雍容都雅之貌【疏】云其虛其徐邶風北風文也威儀容止也者釋之也郭云雍容都雅之貌孫炎云虛徐威儀謙退也然則虛徐者謙虛閑徐之義故鄭箋云威儀虛徐寬仁者也詩作其邪此作其徐字雖異音實同故鄭箋云邪讀如徐

猗嗟名兮目上為名眉眼之間。猗於宜切【疏】云猗嗟名兮者齊風猗嗟文也云目上為名者釋之也孫炎云目上平博郭云眉眼之間

式微式微者微乎微者也言至微【疏】云式微式微者邶風式微文也云微乎微者也釋之也郭云言至微鄭箋云式發聲也案詩序云式

微黎侯寓于衛其臣勸以歸也然則以君被逐既微
又見卑賤是至微也不取式爲義故鄭云發聲也
之子者是子也斥所詠 疏 詩言之子者多矣皆此釋之李巡云之子者論五方之言
是子也然則之爲語助人言之子者猶云是此子也
桃夭傳云之子彼說嫁事爲嫁者之子漢廣之子則
貞絜者之子東山之子言其妻白華之子
斥幽王各隨其事而名之故鄭云斥所詠
徒御不驚輦者也步挽輦車 疏 云徒御不驚者小雅車攻文也云輦者也者釋之也
此上解徒字也者徒皆爲徒行步獨爲輦是以辨之
地官鄉師云大軍旅會同治其輦輦注云輦人輓行所
以載任器也止以爲蕃營司馬法輦有一斧一斤一
[redacted]一梩周輦加二版二築夏后氏二十人而輦殷十
八人而輦周十五人而輦皆是會同田獵
人輓輦以徒行也故鄭云步挽輦車
襢裼肉袒也脫衣而見體○襢音旦裼音息暴虎徒搏也空手執也

疏 鄭風大叔于田云襢裼暴虎故此釋之毛傳云襢

裼肉袒也李巡曰襢裼脫衣見體曰肉袒孫炎曰

袒去裼衣郭云脫衣而見體毛傳又云暴虎空手以

搏之舍人曰無兵空手搏之然則徒空也故郭云空

手執

也

馮河徒涉也無舟楫馮音平 疏 小雅小旻云不敢馮河故此釋之也李巡曰無舟而

渡水曰徒涉郭云無舟楫毛傳云馮陵也

然則馮陵水而渡故訓馮為陵也

籧篨口柔也籧篨之疾不能俯口柔之人視人顏色常亦不伏因以名云○籧音渠篨音除

戚施面柔也戚施之疾不能仰面柔之人常俯似之亦以名云

疏 邶風新臺云籧篨不鮮又曰得此戚施故此釋之

也毛傳云籧篨不能俯者戚施不能仰者李巡曰

籧篨巧言好辭以口饒人是謂口柔戚施和顏悅色

以誘人是謂面柔但籧篨戚施本人疾之名故晉語

云籧篨不可使俯戚施不可使仰是也人口柔者必
仰面觀人顏色而為辭故以籧篨不俯之人因名口柔
者為籧篨面柔者必低首下人媚以容色故以戚施之
人因名面柔者為戚施故郭云籧篨之疾不能俯口
柔之人視人顏色常
亦不伏因以名云

夸毗，體柔也。〔注〕屈己卑身以柔順人也。○〔音〕夸音誇〔疏〕大雅板篇云無為夸毗，故此釋之也。毛傳云夸毗以體柔人也。李巡曰屈己卑身求得於人，故郭云屈己卑身以柔順人也。

婆娑，舞也。〔注〕舞者之容。〔疏〕陳風東門之枌云婆娑其下，故此釋之。李巡云婆娑盤辟舞也。郭云舞者之容。孫炎曰舞者之容婆娑然，則婆娑，舞者之狀貌也。

擗，拊心也。〔注〕謂椎胸也。○〔音〕擗，婢亦切，拊，撫。〔疏〕邶風柏舟云寤擗有摽，擗拊心也。郭云謂椎胸也。

矜憐，撫掩之也。〔注〕撫掩猶撫拍，謂慰恤也。〔疏〕撫掩猶撫拍，謂慰恤也。小雅鴻鴈云爰及矜人

緎，羔裘之縫也。縫飾羔皮之名。○緎，音域。

【疏】召南羔羊云：羔羊之革，素絲五緎。故此解之也。孫炎云：緎之為界緎。然則縫合羔羊皮為裘，縫即皮之界緎，因名裘縫為緎。故郭云：縫飾羔皮之名。

殿屎，呻也。呻吟之聲。○殿，丁練反。屎，音希。

【疏】大雅板篇云：民之方殿屎。毛傳云：殿屎，呻吟也。是用此為說。郭云：呻吟之聲。孫炎云：人愁苦呻吟之聲也。

幬謂之帳。今江東亦謂帳為幬。○幬，音紬。

【疏】帳一名幬。召南小星云：抱衾與裯。鄭箋云：裯，牀帳也。郭云：今江東亦謂帳為幬。幬與裯音義同。

侜張，誑也。書曰：無或侜張為幻。幻，惑欺誑人者。○侜，張留切。

【疏】陳風防有鵲巢云：誰侜予美。毛傳云：侜張，誑也。鄭箋云：女衆讒人誰侜張誑欺我所美之人乎。郭云「書曰：無或侜張為幻」者，周書無逸篇文也。引之者，以證侜張謂幻惑欺誑人者。

誰昔昔也誰發語辭疏陳風墓門云誰昔然矣毛傳云昔久也鄭云誰發語辭義與毛同也

不辰不時也辰亦時也疏辰亦時也不辰者言不得其時也大雅桑柔云我生不辰逢天僤怒是也

凡曲者爲罶毛傳曰罶曲梁也凡以薄爲魚笱者名爲罶○罶力九切疏曲薄也凡以薄取魚爲罶郭云毛傳曰罶曲梁也者小雅魚麗篇傳文也云凡以薄爲魚笱者名爲罶者即釋器云嫠婦之笱謂之罶也

鬼之爲言歸也尸子曰古者謂死人爲歸人疏人死爲鬼小雅何人斯云爲鬼爲蜮周礼曰享大鬼謂之鬼者鬼有歸也若歸去然故尸子曰古者謂死人爲歸人

釋親第四

（疏）案礼記大傳云聖人南面聽天下所最先者五民不與焉一曰治親蒼頡曰親愛也近也然則親者恩愛狎近不疏遠之称也書曰克明俊德以親九族喪服小記曰親親以三為五以五為九上殺下殺旁殺而親畢矣以九族之親其名謂非一此篇釋之故曰釋親

宗族

父爲考母爲妣 礼記曰生曰父母死曰考妣嬪今出亨者從之案尚書曰大傷厥考心事厥考厥長聰聽祖考之彝訓如喪考妣公羊傳曰惠公者何隱之考也仲子者何桓之母也蒼頡篇曰考妣延年書曰嬪于虞詩曰聿嬪于京周礼有九嬪之宮明此非死生之異稱矣其義猶今謂兄為晜妹為媦即是此例

○妣音比

父之考爲王父父之妣爲王母 加王者尊之 王父之考爲

曾祖王父之妣為曾祖王母 曾猶重也 曾祖王父之
考為高祖王父曾祖王父之妣為高祖王母 高者言最在上
父之世父叔父為從祖祖父父之世母叔母為從祖
祖母 從祖而別世統異故 父之晜弟先生為世父後生為叔父
世有為嫡者嗣世統故也 男子先生為兄後生為弟男子謂女子
先生為姊後生為妹父之姊妹為姑父之從父晜弟為
從祖父父之從祖晜弟為族父族父之子相謂為族
晜弟族晜弟之子相謂為親同姓 同姓之親無服屬 兄之子
弟之子相謂為從父晜弟 從父而別 子之子為孫 孫猶後也 孫

之子爲曾孫曾猶重也曾孫之子爲玄孫玄者言親屬微昧也玄孫之子爲來孫言有往來之親來孫之子爲晜孫晜後也汲冢竹書曰不窋之晜孫晜孫之子爲仍孫仍亦重也仍孫之子爲雲孫言輕遠如浮雲

王父之姊妹爲王姑曾祖王父之姊妹爲曾祖王姑高祖王父之姊妹爲高祖王姑父之從父姊妹爲從祖姑父之從祖姊妹爲族祖姑父之從父晜弟之母爲從祖王母父之從祖晜弟之母爲族祖王母父之兄妻爲世母父之弟妻爲叔母父之從父晜弟之妻爲從祖母父之從祖晜弟之妻爲族祖母父之從

祖祖父爲族曾王父父之從祖祖母爲族曾王母父之妾爲庶母祖王父也晜兄也今江東人通言晜○從疾用反晜音昆

疏此別同宗親族白虎通曰父矩也以度教子也又爲考考成也言有成德廣雅云母牧也言育養子也又爲妣妣媲也媲匹於父也廣雅又云兄況也況於父又謂之晜晜猶昆也言順於兄子孜也以孝事父常孜孜也孫順也順於祖男任家事也女如也白虎通曰言如人也徐鍇曰女子從父之教從夫之命故曰如姑故也言尊如故也又謂之威徐鍇曰■盛於戌亡陰之主也故字從戌漢律曰婦告威姑是也姊咨也以其先生言可咨問說文云妹女弟也又謂之媦妾接也鄭注禮記云聞彼有禮走而往焉以得接見於君子也庶母者父之妾也此皆同宗之族也白虎通云宗者何謂也宗有尊也爲先祖主也宗人之所尊也禮記曰宗人將有事族人皆侍所以必有宗何也所以長和睦也族者何也族者湊也聚也謂恩

愛，相流愛。生相親愛，死相哀痛，有會聚之道，故謂之族。
也。疏云禮記曰生曰父曰母曰妻，死曰考曰妣曰嬪者，曲禮下篇
文也。云今世學者從之者，謂從禮記以父母妻爲生
之稱，以考妣嬪爲死之稱。彼乃記者一家之說，不學
者膠柱，遂爲生死定稱，非也。故郭氏引諸文以證之。
云尚書曰大傷厥考心，康誥文也。云事厥考厥長，聰
聽祖考之彝訓者，皆酒誥文也。云如喪考妣者，舜典
文也。此皆生稱考妣也。云公羊傳曰惠公者何？隱之
考也。仲子者何？桓之母也者，隱元年傳文也。此與死
稱母也。云蒼頡篇曰考妣延年者，此亦生稱考妣也。
云書曰嬪于虞者，堯典文也。云詩曰聿嬪于京，大雅
大明篇文也。云周禮有九嬪之官者，屬天官，掌婦學
之法者也。此皆生稱嬪者也。云明此非死生之異稱
矣者，所以破先儒之說也。云其義猶今謂兄爲晜，妹
爲媦，即是此例也者，舉類以曉人也。云從祖而別，世
統異故者，解所以稱從之理也。從祖而別，繼世分宗，
其統名異，故曰從祖。別世有爲嫡者，嗣世統故也。若
嫡所以稱世之義也。繼世以嫡長，先於父則繼世

若也故曰世父說文叔作尗許慎曰從上小言尊行之小也云同姓之親無服屬者禮記大傳云親者屬也按注云有親者服各以其屬親疏此經言親同姓者謂五世之外此諸同姓猶親但無服屬爾[redacted]孫猶後也言繼後嗣也賈逵注云孫順也許慎云從子從系系續也言順續先祖之後也[redacted]玄者言親屬微昧也[redacted]玄者緅緅之間色之微昧者也親屬微昧故曰玄孫[redacted]晜後也汲冢竹書曰不窋之晜孫晜後也釋言文束晳傳曰太康二年汲郡民不準盜發魏安釐王冢得竹書漆字科斗文科斗文者周時古文也其字頭粗尾細似科斗之蟲故俗名之焉不窋后稷之子也晜孫[illegible]

母黨

母之考爲外王父母之妣爲外王母母之王考爲外曾王父母之王妣爲外曾王母異姓故言外母之昆弟爲

從母之從父舅弟爲從舅從舅母之姊妹爲從從母從母之

女子子爲從母舅弟其女子子爲從母姊妹

此一節別母之族黨也黨曰是鄉之細也此外族屬內母若黨之屬鄉故云母黨一云舅者百孫也一云舅之言舊尊長之稱詩秦風云我送舅氏曰至渭陽是也

妻黨

妻之父爲外舅妻之母爲外姑謂我舅者吾謂之甥然則亦宜呼壻爲甥孟子曰帝館甥于貳室是姑之子爲甥舅之子爲甥妻之舅弟爲甥姊妹之夫爲甥四人體敵故更相爲甥甥者生也今人相呼蓋依此妻之姊妹同出爲姨同出謂俱已嫁詩曰邢侯之姨女子謂姊妹之夫爲私

詩曰譚公維私男子謂姊妹之子為出公羊傳曰蓋舅出女子謂晜弟之子為姪左傳曰姪其從姑謂出之子為離孫謂姪之子為歸孫女子子之子為外孫女子同出謂先生為姒後生為娣同出謂俱嫁事一夫公羊傳曰諸侯娶一國二國往媵之以姪娣從娣者何弟也此即其義也女子謂兄之妻為嫂弟之妻為婦猶今言新婦是也長婦謂稚婦為娣婦娣婦謂長婦為姒婦今相呼先後或云妯娌○姪徒結反姒音似娣音弟

疏此一節明別妻之親黨異也內則云聘則為妻白虎通云妻者齊也與夫齊體自天子下至庶人其義一也■孟子云舜尚見帝帝館甥于貳室亦饗舜迭為賓主是天子而友匹夫也彼注云尚上也舜在畎畝

之時堯女礼之舜上見堯舍之於貳室貳室副宮也
堯亦就饗舜之所設更迭爲賓主礼記妻父曰外舅
謂我舅者吾謂之甥堯以女妻舜故謂舜甥舜與之
天位是天子之友匹夫也四人謂姑之子舅之子
妻之晜弟姊妹之夫也此四人尊卑敵更相爲甥甥
云甥猶生也者取相親之意也邢侯之姨譚公維
私告衛風碩人篇文也孫炎曰私無正親之言然則
謂吾姨者我謂之私邢侯譚公皆莊姜姊妹之夫互
言之耳春秋譚子伐莒則譚是子爵言公者蓋依臣
子稱便文耳公羊傳曰蓋舅出案春秋襄五年夏
叔孫豹鄫世子巫如晉公羊傳曰外相如不書此何
以書爲叔孫豹率而與之俱也叔孫豹則曷爲率而
與之俱蓋舅出也何休云巫者鄫前夫人莒女所生
夫之子也俱莒外孫故曰舅出是也左傳曰姪其
從姑案僖十五年傳云初晉獻公筮嫁伯姬於秦遇
歸妹之睽史蘇占之曰不吉其繇曰姪其從姑杜注
云震爲木離爲火火從木生離爲震妹於火爲姑謂
我姪者我謂之姑謂子圉質秦是也一云公羊傳者

十二

案春秋莊十九年秋公子結媵陳人之婦于鄄遂及齊侯宋公盟公羊傳曰媵者何諸侯娶一國則二國往媵之以姪娣從姪者何兄之子也娣者何弟也諸侯壹聘九女諸侯不再娶何休云必以姪娣從之者欲使一人有子二人喜也所以防嫉妬令重繼嗣也因以備尊尊親親也九者極陽數也不再娶者所以節人情開媵路 云猶今言新婦是也案儀禮喪服傳云夫之昆弟何以無服也其夫屬乎父道者妻皆母道也其夫屬乎子道者妻皆婦道也謂弟之妻婦者是嫂亦可謂之母乎故名者人治之大者也可無慎乎鄭注云道猶行也言婦人棄姓無常秩嫁於父行則為母行嫁於子行則為婦行謂弟之妻為婦者卑遠之故謂之婦嫂者尊嚴之稱是嫂亦可謂之母乎嫂猶叟也叟老人稱也是為序男女之別爾若已以母婦之服服兄弟之妻兄弟之妻以舅子之服服已則是亂昭穆之序也治猶理也父母兄弟夫婦之理人倫之大者可不慎乎大傳曰同姓從宗合族屬異姓主名治際會名著而男女有別是別嫌婦之名

已郭云猶今言新婦者以時驗而知也至今猶然
今相呼先後或云妯娌者廣雅云娣姒妯娌姒先後
也八多疑娣姒之名皆以爲兄妻呼弟妻爲娣弟妻
呼兄妻爲姒因即惑於斯文不知何以爲誤今謂毋
婦之號隨夫尊卑娣姒之名從身長幼以其俱來夫
族其夫班秩既同尊卑无以相加遂身之少長爲顯
小功章曰娣姒婦報傳曰娣姒婦者弟長也以弟長
解娣姒言娣是弟姒是長也公羊傳亦云娣者何弟
也是其以弟解娣自然以長解姒長謂身之年長非
夫之年長也此云長婦謂稚婦爲娣婦娣婦謂長婦爲
姒婦者止言婦之長稚不言夫之大小左傳成公十一
年穆姜謂聲伯之母爲姒昭公八年傳叔向之嫂謂
叔向之妻爲姒二者皆呼夫弟之妻爲姒豈計夫之
長幼乎上云女子同出謂先生爲姒後生爲娣郭云
同出謂俱嫁事一夫也事一夫者以己生先後爲娣
姒則知娣姒以己之年非夫之年也故賈逵鄭玄及
杜預皆云兄弟之妻相謂爲姒言兩人相謂
長者爲姒知娣姒之名不計夫之長幼也

婚姻

婦稱夫之父曰舅稱夫之母曰姑姑舅在則曰君舅君姑沒則曰先舅先姑國語曰吾聞之先姑謂夫之庶母爲少姑夫之兄爲兄公今俗呼兄鍾語之轉耳夫之弟爲叔夫之姊爲女公夫之女弟爲女妹今謂之女妹是也子之女爲婦長婦爲嫡婦衆婦爲庶婦女子子之夫爲婿婿之父爲姻婦之父爲婚父之黨爲宗族母與妻之黨爲兄弟婦之父母壻之父母相謂爲婚姻兩壻相謂爲亞詩曰瑣瑣姻亞今江東人呼同門爲僚壻婦之黨爲婚兄弟壻之黨爲姻兄

（弟）言者皆謂婚姻爲兄弟 嬪婦也書曰嬪于虞 謂我舅者吾謂之甥也

〇（一）公音鍾嫡音的（嬪）音頻

（疏）此別夫婦婚姻之名也說文云婦服也從女持帚灑掃也白虎通云夫婦者何謂也夫者扶也以道扶接婦者服也以禮屈服謂之舅姑者何舅者舊也姑者故也舊故老人稱也夫之父母謂舅姑如尊如父而非父者舅也親如母而非母者姑也鄭注喪服傳云女子子者子女也別於男子也說文云壻女之夫也從士胥士者聞一知十爲士胥者有才智之稱故謂女之夫爲壻壻廣雅云壻謂之倩方言云東齊之間壻謂之倩白虎通云婚姻者何謂昏時行禮故曰婚婦人因夫而成故曰姻 國語曰吾聞之先姑者曾語季康子問於公父伯之母曰主亦有以語肥也對曰吾能老而已何康子曰雖然肥願有聞於主對曰吾聞諸先姑曰君子能勞後世有繼子夏聞之曰善哉商聞之曰古之嫁者不及舅姑謂之不幸夫婦孝

於舅姑者也是矣瑣瑣姻亞小雅節南山之六也劉熙
釋名云兩壻相謂爲亞者言每一人取姊一人取妹
相亞次也又並來女氏則姊夫在前妹夫在後亦相
亞也　古者皆謂婚姻爲兄弟若禮記曾子問曰昏
禮既納幣有吉日女之父母死則如之何孔子曰壻
使人弔如壻之父母死則女之家亦使人弔鄭注云
父使人弔若未成兄弟又云父喪稱父母喪稱母父
母不在則稱伯父世母壻已葬壻之伯父致命女氏
曰某之子有父母之喪不得嗣爲兄弟使某致命女
氏許諾而弗敢嫁禮也是古者謂昏姻爲兄弟以夫
婦有兄弟之義或據壻於妻之父母有緦服故得謂
之兄弟也嬪于虞者案堯典羣臣其舉舜於帝帝曰
我其試哉女于時觀厥刑于二女釐降二女于嬀汭
嬪于虞孔安國注云降下嬪婦也舜爲匹夫能以義
理下帝女之心於所居嬀水
之汭使行婦道於虞氏是也

爾雅注疏卷第三

爾雅注疏四卷上

釋宮第九

疏 易繫辭云上古穴居而野處後世聖人易之以宮室上棟下宇以待風雨蓋取諸大壯此其始也白虎通云黃帝作宮室世本曰禹作宮室其臺榭樓閣之異門墉行步之名皆自於宮故以釋宮總之也

宮謂之室室謂之宮 皆所以通古今之異語明同實而兩名

疏 別二名也郭云皆所以通古今之異語明同實而兩名釋名云宮穹也言屋見於垣上穹崇然也室實也言人物實滿於其中也是所從言之異耳詩云作于楚宮又曰入此室處是也古者貴賤所居皆得稱宮故禮記曰由命士以上父子皆異宮又喪服傳繼父爲其妻前夫之子祭宮廟是士庶人皆有宮稱也至秦漢以來乃定爲至尊所居之稱

牖户之間謂之扆窗東户西也。禮云斧扆者，以其所在處名之。其内謂之家今人稱家義出於此。扆倚

疏 牖者户西牕也此牖東户西牖户之間其處名扆云其内者其扆内也自此扆内即謂之家說文云家居也禮記云已受命君言不宿於家鄭云今人稱家義出於此言其稱家之義本出於此也云禮云斧扆者覲禮云天子設斧依於户牖之間左右几鄭注云依如今綈素屏風也有繡斧文所以示威也斧謂之黼是也云以其所在處名之者言本牖户之間名扆覲禮天子設斧屏風之狀於牖户之間因名此屏風爲扆是以其在扆處即名之曰扆也

東西牆謂之序所以序別内外

疏 此謂室前堂上東廂西廂之牆也所以次序分別内外親疏故謂之序也尚書顧命云西序東嚮敷重底席東序西嚮敷重豐席及禮經每云東序西序者皆謂此也

西南隅謂之奧（室中隱奧之處）西北隅謂之屋漏（詩曰尚不媿於屋漏其義未詳）東北隅謂之宧（宧見禮亦未詳）東南隅謂之窔（禮曰埽室聚窔窔亦隱闇○宧夷窔要）

［疏］此別室中四隅之異名也一云奧者孫炎云室中隱奧之處也古者爲室戶不當中而近東則西南隅最爲深隱故謂之奧而祭祀及尊者常處焉曲禮云凡爲人子者居不主奧是也西北隅名屋漏東北隅名宧東南隅名窔窔亦隱闇之義也與奧相類故郭云亦也一云詩曰尚不媿于屋漏者大雅抑篇文也鄭箋云尚其肅敬之心不媿于屋漏有神見人之爲也屋小帳也漏隱也禮祭於奧既畢改設饌於西北隅而厞隱之處此祭之末也孫炎云屋漏者當室之白日光所漏入郭云其義未詳者孫鄭之說皆無所據故不取也一云宧見禮亦未詳者李巡云東北者陽始起育養萬物故曰宧宧養也說文亦云郭云亦未詳者以頤養之字作頤又室中四隅无取陰陽之義與屋漏同故云亦

未詳也　禮記曰埽室聚窔者案既夕記云朔月童
子執帚卻之左手奉之從徹者而入比奠舉席埽室
聚諸窔布席如初卒奠埽者執帚垂
末內鬣從執燭者而東是其事也

柣謂之閾（閾門限）棖謂之楔（門兩旁木）楣謂之梁（門戶上橫梁）樞謂之椳（門戶扉樞）樞達北方謂之落時（門持樞者或達北檼以爲固也）落時謂之戺（道二名也）（柣千結切　閾域　楔古黠切　樞昌朱切　椳於回切　戺士）

疏　此別門戶上下及兩旁之木名也柣者孫炎云門限也經傳諸注皆以閾爲門限謂門下橫木爲內外之限也俗謂之地柣一名閾曲禮云不履閾是也棖者門兩旁長木一名楔李巡曰棖謂梱上兩旁木禮記玉藻云君入門介拂棖鄭箋云棖門楔楣者梁也呂伯雍云門樞之橫梁也鄭注云門戶上橫梁鄉射記云當則物當楣是也樞者門扉開闔之所由也一名椳易曰樞機之發是也其持樞之木或達此檼

以為甲固者名落時謂即楝也落時又名邑是持樞一木有此二名也

垝謂之坫在堂隅坫端也牆謂之墉書曰既勤垣墉鏝謂之杇泥鏝椹

謂之榩斫木櫍也地謂之黝黑飾也牆謂之堊白飾牆也〔垝〕古委反〔杇〕烏

〔榩〕砧〔櫍〕質〔黝〕於糾反〔堊〕於故反〔疏〕此別宮至垣墉又脩飾之名也坫皆堂角也一文垝牆蓋室之防也

一名墉李巡曰謂垣牆也鄭詩注曰苕南鄉於北墉下注云社內北牆是也亦為城王制注云小城曰附

庸大雅皇矣云以伐崇墉義得兩通也鏝者泥鏝也一名杇塗工之作具也論語曰糞土之牆不可杇是也

也榩者所木所用以藉者之木名也一名檴孫炎云斲木質也詩商頌云方斲是虔又名櫍穀梁傳曰棗

纆櫍以為象是也以墨飾地謂之黝以白飾牆謂之堊周禮守祧職云其祧則守祧黝堊之是也坫名

見於經傳者有三案禮記明堂位云反坫出尊崇坫亢圭又論語邦君為兩君之好有反坫此二者在

兩楹之間以士為之非此坫所謂也案既夕記云設

於于東堂下南順齊于坫士冠禮云爵弁皮弁緇布

冠各一匴執以待于西坫南則此經所謂也鄭注云

坫在堂角然則堂之東南角為東坫西南角為西坫

故郭云在堂隅坫𢹂也𢹂端也言坫是堂角端也

既勤垣墉此周書梓材篇文也案彼云若作室家既

勤垣墉惟其塗墍茨孔傳云知人為室家已

勤立垣墉惟其當塗墍茨蓋之此論教化也

樴謂之杙橜也在牆者謂之楎禮記曰不敢縣於夫之楎椸在地者

謂之臬即門橜也大者謂之栱長者謂之閣別栻所在長短之名〔樴〕徒

得反杙亦〔楎〕

揮〔臬〕魚列反〔疏〕此別杙所拒長短之名也杙即橜也

一名樴置杙在牆者名楎在地及門

中者名臬玉藻云公事自闑西私事自闑東是也大

者名栱長者名閣也禮記曰不敢縣於夫之楎椸

此内則文也鄭注云

竿謂之椸楎杙也

闍謂之臺積土四方有木者謂之榭臺上起土闍都

疏 別臺榭之制也積土四方而高者名臺即下云四方而高者也一名闍李巡云積土為之所以觀望詩云出其闉闍彼以闍為城臺於此臺上有木起屋名榭月令仲夏云可以處臺榭謂此也

雞棲於弋為榤鑿垣而棲為塒今寒鄉穿牆棲雞皆見詩

疏 李巡曰別雞所棲之名也弋橜也鑿牆為雞作棲曰塒□一云今寒鄉穿牆棲雞者謂苦寒之鄉也避寒故穿牆以棲雞云皆見詩者案王風君子于役云雞棲于塒又曰雞棲于榤是也

植謂之傳傳謂之突戶持鎖植也見埤蒼

疏 植謂戶之維持鎖者也植木為之因名云又名傳又名突也文見埤蒼

杗廇謂之梁屋大梁也其上楹謂之棁侏儒柱也開謂之槉柱上

構也亦名枅又曰楮 栭謂之楶（即櫨也） 棟謂之桴（屋穩） 桷謂之榱（屋椽）
桷直而遂謂之閱（謂五架屋際椽正相當） 直不受檐謂之交（謂五架屋際椽不直上檐交於檐上） 檐謂之樀（屋梠〔杗〕亡〔廇〕力又反〔梲〕拙〔開〕下〔槉〕疾〔楶〕節〔桴〕浮〔榱〕衰〔檐〕簷〔樀〕滴）

〔疏〕此別梁柱棟榱之名也梁即屋之大梁也一名宗廇
柱也其梁上短柱名梲禮器云藻梲者謂畫梁上
柱爲藻文也一名侏儒柱以其短小故也開者柱上
木名也又謂之槉又名欂亦名枅柱上方木是也又
曰楮是一物五名也栭一名楶即櫨也皆謂斗栱也
禮器云管仲山節者謂刻柱頭爲斗栱形如山也棟
屋穩也一名桴今屋脊也易曰棟隆吉是也桷屋椽
也一名榱桴沉云齊魯名桷周人名榱易曰鴻漸于
木或得其桷左傳子産曰棟折榱崩僑將厭焉是也
屋椽長直而遂達五架屋際者名閱郭云謂五架屋
際椽正相當若其椽直不上於檐者名交言相交於
檐上也郭云謂五架屋際椽不直上檐交於檐上屋

檐一名樀一名㝩■又名宇皆屋之四垂也故士
喪禮曰為銘置于宇西階上鄭注云宇■是也

容謂之防 形如今牀頭小曲屏風唱射者所以自防隱見周禮

疏 容者射禮唱獲者蔽身之物也一名防言所以容
自防矢也一名乏鄉射禮云乏參侯道居侯黨之
一西五步鄭注云容謂之乏所以為獲者御矢也謂
之乏者言矢至此力乏也鄭云形如今牀頭小曲屏
風唱射者所以自防隱見周禮者案夏官射人職云
以射法治射儀王六耦射三侯三獲三容鄭司農云
容者乏也待獲者所蔽者是矣

連謂之簃 堂樓閣邊小屋今呼之簃厨連觀也簃弋支反

疏 簃樓閣邊相連小屋名也郭云堂
樓閣邊小屋今呼之簃厨連觀也

屋上薄謂之筄 屋笮 筄躍 疏 屋上薄一名筄今謂之屋笮也

兩階間謂之鄉人君南鄉當階間　中庭之左右謂之位羣臣之側位也

門屏之間謂之宁人君視朝所宁立處　屏謂之樹小牆當門中蔽　向　屏卑併　宁佇

疏此別君臣之位處也人君南面鄉明而治其位在階間因名云也云中庭之左右謂之位者左右當東西也位羣臣之列位也案明堂位云三公中階之前北面東上諸侯之位阼階之東西面北上諸伯之國西階之西東面北上諸子之國門東北面東上諸男之國門西北面東上是也云門屏之間謂之宁者謂路門之外屏樹之內人君視朝宁立之處因名爲宁李巡云正門內兩塾間曰宁曲禮曰天子當宁而立諸公東面諸侯西面曰朝是也云屏謂之樹者屏蔽也樹立也立牆當門以自蔽也李巡曰樹當門自蔽名曰樹郭云小牆當門中禮緯云天子外屏諸侯內屏郊特牲云旅樹鄭注云旅道也屏謂之樹樹所以蔽行道以此推之則諸侯內屏在路門之內天子外屏在路門之外而近應門者矣

閍謂之門（詩曰祝祭於祊）正門謂之應門（朝門）觀謂之闕（宮門雙闕）宮中之門謂之闈（謂相通小門也）其小者謂之閨小閨謂之閤（大小異名）衖門謂之閎（左傳曰盟諸僖閎閎衖頭門）門側之堂謂之塾（夾門堂也）橛謂之闑（門閫）闔謂之扉（公羊傳曰齒著于門闔）所以止扉謂之閎（門辟旁長橛也左傳曰高其閈閎閎長杙即門橜也閍補耕反觀音貫衖音巷塾音孰橛其月反闑魚列反）

【疏】此別門闕之異名也李巡曰閍廟門名其路門之外受朝正門一名應門應門之外門曰雉門雉門之旁名觀又名闕宮中相通小門名闈闈之小者名閨閨之小者名閤衖頭之門名閎門側之堂夾門東西者名塾門中之橛名闑一名閫闔門扇也一名扉門辟旁樹長橛所以止扉者名閎祝祭於祊小雅楚茨篇文也案祊本廟門之名設祭於廟門因名其祭亦名祊凡祊有二種一是正祭之時既設祭於廟又求

神於廟門之內郊特牲云索祭祝於祊及詩云祝祭
于祊注云祊平生門內之旁待賓客之処与祭同名
也二是明日繹祭之時設饌於廟門外西室亦謂之
祊郎郊特牲注云祊之礼宜於廟門外之西室又礼
器云爲祊乎外是也然則廟門內外皆有祊補郭門
案詩大雅云迺立皐門皐門有伉迺立應門應門將
將鄭箋云諸侯之宮外門曰皐門朝門曰應門內有
路門天子之宮加以庫雉案鄭玄注問礼秋官朝士
職王五門皐庫雉應路也又曰天子諸侯皆有三朝
外朝一內朝二其天子外朝一者在皐門之內庫門
之外大詢衆庶之朝也朝士掌之內朝二者正朝在
路門外司士掌之燕朝在路門內大僕掌之諸侯之
外朝一者在皐門內應門外內朝二者亦在路寢門
之外內以正朝任應門內故謂應門爲朝門也宮
門双闕者周礼大宰正月之吉縣治象之法于象魏
使萬民觀治象鄭衆云象魏闕也刘熙釋名云闕在
門兩旁中央闕然為道也白虎通云闕是闕疑義又
相兼然則其上縣法象其狀巍巍然高大謂之象魏

使人觀之謂之闕也是觀與象魏闕一物而三名也
以門之兩旁相對爲雙故名雙闕盟諸僖閎襄十一
年左傳文也案彼云季武子將作三軍叔孫穆子曰然
則盟諸乃盟諸僖閎杜注云僖宮之門是也公羊
傳曰齒著于門闔莊十二年傳文也案彼云宋萬博
閎公絕其脰仇牧聞君弒趨而至遇之于門手劍而
■之萬臂摋仇牧碎其首齒著乎門闔何休云闔扇
也是也　左傳曰高其閈閎襄三十一年傳云子產
相鄭伯以如晉晉侯以我喪故未之見也子產使盡
壞其館之垣而納車馬焉士文伯讓之曰敝邑以政
刑之不修寇盜充斥無若諸侯之屬辱在寡君者何
是以令吏人完客所館高其閈閎是也案說文云閈
門也汝南平輿里門曰閈閎既爲門故郭氏以
門爲長杙即門橜也杜注云閎門也非郭義也

瓴甋謂之甓　甓　甋甎也今江東呼瓴甓　〔瓴〕靈〔甋〕的〔甓〕蒲覓切

〔疏〕瓴甋一名甓郭云甋甎也今江東
呼瓴甓詩陳風云中唐有甓是也

宮中衖謂之壼（巷閤間道）廟中路謂之唐（詩曰中唐有甓）堂塗謂之陳（堂下至門徑也）路、旅，途也（途即道也）路、場、猷、行，道也（博說道之異名）一達謂之道路（長道）二達謂之歧旁（歧道旁出也）三達謂之劇旁（今南陽冠軍樂鄉數道交錯，俗呼之五劇鄉）四達謂之衢（交道四出）五達謂之康（史記所謂康莊之衢）六達謂之莊（左傳曰得慶氏之木百車於莊）七達謂之劇驂（三道交復有一歧出者，今北海劇縣有此道）八達謂之崇期（四道交出）九達謂之逵（四道交出復有旁通○逵古本切劇竭）

［疏］此別衖道之異名也。宮中衖，閤門道之名。孫炎曰：巷舍閒道也。王肅曰：今後宮稱永巷，是宮內道名也。廟中之路名唐，堂下至門徑名陳，路、旅皆途之別名也，途即道也。路、場、猷、行四者，復是道之異名也。一

逵長道謂之道路岐分二達者謂之岐旁言岐道旁
出也岐分三達者謂之劇旁孫炎云旁出岐多故曰
劇交道四達謂之衢交道四出復有一旁達謂之康
孫炎云康樂也交會樂道也交道六出謂之莊孫炎
云莊盛也道煩盛三道交出復有岐出者謂之劇驂
四道交出謂之崇期四道交複有一岐出者謂之逵
■中唐有甓詩陳風防有鵲巢篇文也　史記所謂
康莊之衢案史記列傳云騶奭者齊諸騶子亦頗采
騶衍之術以紀文於是齊王嘉之自如淳于髡以下
皆命曰列大夫爲開第康莊之衢是也　左傳曰得
慶氏之木百車於莊案襄二十八年齊慶封謀殺子
子雅子尾陳文子謂桓子曰禍將作矣吾於何得對曰
得慶氏之木百車於莊杜注云慶封時有此木積於
六軌之道是也■四道交出復有旁通者詩周南云
施于中逵左傳云逵九逵之道是也案左傳隱十一
年云及大逵桓十四年焚渠門入及大逵莊二十八
年衆車入自純門及逵市宣十二年入自皇門至于
逵路杜預皆以爲逵道並九軌案周禮經涂九軌不名

日逵杜意蓋以鄭之城內不應有九出之道故以為並九軌於此則不合也

室中謂之時堂上謂之行堂下謂之步門外謂之趨中庭謂之走大路謂之奔

疏 此皆人行步趨走之處因以名云室中名時時然後動堂上曰行謂平行也堂下曰步白虎通云人踐三天法天地人再舉足曰步備陰陽也門外曰趨鄭玄云行而張拱曰趨中庭曰走走疾趨也大路曰奔奔大走也書曰駿奔走案此經所釋謂祭祀之禮知者以召誥云王朝步自周則至于豐注云告文王廟告文王則告武王可知出廟入廟不以遠為文是也若迎賓則樂師云行以肆夏趨以采薺行謂大寢之庭至路門趨謂路門至應門

隄謂之梁 即橋也或曰石絕水者為梁見詩傳 石杠謂之倚 聚石水中以為步橋

約也孟子曰歲十一月徒杠成此別橋內之名也
或曰今之石橋隄謂至杠謂徛〔疏〕隄一名梁郭氏爾
雅一云徛橋也以木爲之一云以石絕水石杠一名
徛郭氏亦兩解一云聚石水中以爲步渡彴也廣雅
云彴步橋也一云或曰今之石橋[redacted]石絕水者爲梁
案衛風云有狐綏綏在彼淇梁傳云石絕水曰梁是
也[redacted]孟子曰歲十一月徒杠成案孟子云子產聽鄭
國之政以其乘輿濟人於溱洧孟子曰惠而不知爲
政歲十一月徒杠成十二月輿梁成民未病涉也趙
岐注云以爲子產有惠民之心不知爲政當以時脩
橋梁民何由病苦涉水乎是也引之以證石
杠爲步橋也此注作十月誤或所見本異
室有東西廂曰廟夾室前堂無東西廂有室曰寢但有大寢無
室曰榭榭即今堂堭四方而高曰臺陝而脩曲曰樓脩長也陝狹
〔疏〕此明寢廟臺榭之制也凡太室有東西廂夾室及
前堂有序牆者曰廟但有大室者曰寢月令仲春

云寢廟畢備鄭注云前曰廟後曰寢以廟是接神之處其處尊故在前寢衣冠所藏之處對廟為卑故在後無室者名榭春秋宣十六年夏成周宣榭火杜預云宣榭講武屋引此文無室曰榭謂屋歇前然則榭有二義一者臺上構木曰榭上云有木曰榭及月令云可以處臺榭是也二者歇前無■者名榭其制如今廳事也春秋云成周宣榭公羊以為宣宮之榭及鄉射禮云榭則鉤楹內是也郭云榭即今堂堭者堂堭即今殿也殿亦無室故云即今堂堭四方而高者名臺即上闍此脩長也凡臺上有屋陝長而脩曲者曰樓

釋器第六

【疏】案說文云器名也從犬犬所以守之以此篇釋諸器之名故曰釋器

木豆謂之豆豆禮器也【疏】案周禮瓬人為豆實三而成觳崇尺鄭注云崇高也豆實四升又祭統云夫人薦豆執校執醴授之執鐙鄭注云校豆中央直者也鐙豆下跗也又孔圖云口圓徑尺黑漆飾朱中大夫以上畫以雲氣諸侯以象天子以玉皆謂飾其豆口也然則豆者以木為之高一尺口足徑

一斗其足名鐙中央直豎者名校校徑二寸總而言之豆其實四升用薦菹醢周禮醢人掌四豆之實朝事之豆其實韭菹醓醢之類是也其飾則三代不同明堂位曰夏后氏以楬豆殷玉豆周獻豆注云楬無異物之飾也獻疏刻之是也以供祭祀燕饗故云禮器也

竹豆謂之籩籩亦禮器〔音〕籩〔疏〕案鄭注籩人及士虞禮云籩以竹爲之口有縢緣形制如豆亦受四升盛棗栗桃梅菱芡脯脩膴鮑糗餌之屬是也亦祭祀享燕所用故云亦禮器

瓦豆謂之登即膏登也

〔疏〕對文則木曰豆瓦曰登散則皆名豆故云瓦豆謂之登及旊人掌爲瓦器而云豆中縣鄭云縣繩正豆之柄是瓦亦名豆也詩大雅生民云于豆于登毛傳云豆薦菹醢登大羹也公食大夫禮云大羹湆不和實於登湆者肉汁大古之羹也不調以鹽菜以其質故以瓦器盛之郭云即膏登也

盎謂之缶 盎烏浪切

[疏] 孫炎云缶瓦器 郭云盆也 詩陳風云坎其擊缶 則缶是樂器 易離卦九三云不鼓缶而歌 則大耋之嗟 注云艮爻也 位近丑 丑上值弁星 弁星似缶 詩云坎其擊缶 則樂器亦有缶 又史記藺相如使秦王擊缶 是樂器爲缶也 案坎卦六四 樽酒簋貳用缶 注云爻辰在丑 丑上值斗 可以斟之象 斗上有建星 建星之形似簋 貳副也 建星上有弁星 弁星之形又如缶 天子大臣以王命出會諸侯 主國尊于簋副設玄酒以缶 則缶又是酒器也 比卦初六爻 有孚盈缶 注 爻辰在未 上值東井 井之水人所汲用缶 缶汲器 襄九年宋災 左傳曰具綆缶 備水器 則缶是汲水之器也 然則缶是瓦器 可以節樂 如今擊甌 又可以盛水盛酒 即今之瓦盆也

甌瓿謂之瓵 瓵音怡 瓿甊小甖 長沙謂之瓵 瓿蒲口切 甊[illegible]

[疏] 甌一名瓿甊 一名瓵 郭云瓿甊小甖 長沙謂之瓵 方言云甖也 靈桂之郊謂之瓵 其小者謂之瓶 趙

魏之間謂之䍃秦之舊都謂之甄淮汝之間謂之缶
江湘之間謂之甇自關而西晉之舊都河汾之間其
大者謂之甀其中者謂之瓿甊自關而東趙魏之郊
謂之瓮或謂之甖東齊海岱之間謂之䍃甖其通語
也㼜陳魏宋楚之間曰甂或曰㼜燕之東北朝鮮洌
水之間謂之瓺齊之東北海岱之間謂之儋周洛韓
鄭之間謂之甄或謂之㼜謂之甈鼓
甇缶謂之甌甈其小者謂之瓶謂之甇自關而
西謂之大甕或謂之甇其■者謂之升甌甂陳魏宋楚
之間謂之題自關而西謂之甂其大者謂之甌是其
方俗之異名也甂音㖡甌音武豆反甌音田題
音鄧甇牡江反甈度睡切甌音部甊音洛口切年志
切甈音吏甈音牀甂音暢亦曰■
音擔甈音偶甂音邊題杜啓反

康瓠謂之甈

瓠壺也賈誼曰寶康瓠是也瓠胡甈劫

疏　康瓠一名甈瓠即壺也說文云破罌也方言云甈
謂之甇皆邦國義也■大賈誼者宗漢書云寶

誼洛陽人也年十八以誦詩屬文漢文帝召以為博士
為絳灌之屬害之天子疏誼為長沙王傅以謫去意
不自得及赴相水為賦以弔屈原
其詞曰斡棄周鼎寶康瓠是也

斪斸謂之定 鋤屬斪劬欘斸丁冢反定多佞反

疏 斪斸一名定郭云鋤屬李巡曰鋤別名也廣雅云
定謂之鎒世本云垂作耨呂氏春秋云耨柄尺此
其度也其耨六寸所以間稼也高誘注云耨芸苗也
六寸所以入苗間詩頌臣工云庤乃錢鎛毛傳云鎛耨
也鎛耨及定皆一器但古今儲或
即云鋤屬古器變名未能詳也

斫謂之鐯 鐯張略切 疏 斫一名鐯郭云钁也說文云钁大鉏也

罯卷下

罬謂之纚 [redacted] 皆古罬字 罬 䌹 挿

疏 郭云皆古鍬鍤字方言云燕之東北朝鮮洌水之間謂之[redacted]宋魏之間謂之鏵或謂之鍏音韋江淮南楚之間謂之臿趙魏之間謂之喿是皆謂今鍬也○鍬音[redacted]

緵罟謂之九罭九罭魚罔也今之百[redacted]罟是亦謂之䍥今江東謂之緵

嫠婦之笱謂之罶毛詩傳曰罶曲梁也謂以薄為魚笱

罺謂之汕今之撩罟

篧謂之罩捕魚籠也

槮謂之涔今之作槮者聚積柴木於水中魚得寒入其裏藏隱因以薄圍捕取之

鳥罟謂之羅謂羅絡之

兔罟謂之罝罝猶遮也見詩

麋罟謂之罞冒其頭也

彘罟謂之羉羉幕也

魚罟謂之罛最大罟也今江東云

繴謂之罿罿罬也罬謂之罦罦覆車也今之翻車也有兩轅中施罥以捕鳥展轉相解廣異語○緵子弄罭域罶狗罺朝汕所諫切篧主角槮疏感切罝嗟

〔罛〕音孤〔罞〕音茅〔羉〕音鸞〔罝〕■〔罿〕衝〔罬〕拙〔罦〕浮

〔疏〕此別羅網之異名也罟罔也緵罟一名九罭即魚
罔也嫠婦之笱取魚器也一名罶罺一名汕罩篧
魚籠一名篧積柴水中取魚名槮又名涔鳥罔名羅
兔罔名罝麋罔名罞罞冒也言冒覆其頭也彘猶也
其罔名羉羉幕也言幕絡其身也魚之大罔名罛罛翻
車小罔捕鳥者名繴罿也罿罬也罬罦也皆謂覆車也
云今之百■罟是亦謂之罾今江東呼爲緵者以曾
駿而言也孫炎云九罭謂魚之所入有九■也詩豳
風云九罭之魚鱒魴是也　一云毛詩傳曰罶曲梁也
者小雅云魚麗于罶傳云罶曲梁也是矣一云謂以簿
爲魚笱者孫炎云罶曲梁其■易故謂之寡婦之笱
然則曲簿也嫠寡婦也以簿爲■笱其功易故謂之寡婦
之笱耳非寡婦所作也　今之撩罟者■郭云汕以
簿汕魚也案詩小雅云南有嘉魚烝然汕汕傳云樔
也箋云樔今之撩罟也其以今曉古云捕魚籠也者
李巡云篧編細竹以爲罩捕魚也孫炎云今楚篧也

然門罩以竹爲之无竹則以荆故謂之楚籗皆謂捕魚是也詩小雅云南有嘉魚烝然罩罩是也 今之作槮者李巡曰今以木投水中養魚曰涔孫炎曰積柴養魚曰槮郭云今之作槮者聚積柴於水中魚得寒入其裏藏隱因以薄圍捕取之小尔雅曰魚之所息謂之潛潛槮也積柴水中魚舍也詩周頌云潛有多魚是也槮潛涔古今字 謂羅絡之者李巡云鳥飛張網以羅之然則張網以羅絡飛鳥詩王風云雉離于羅是也 罝猶遮也見詩周南云肅肅兔罝是也李巡云兔自作徑路張罝捕之也然則張罔遮兔因名曰罝罝最大罟也今江東云者李巡曰魚罟捕魚具也然則捕魚之具最大者名罛詩衛風云施罛濊濊是也 今之覆車者孫炎曰覆車網可以掩兔者也一物五名方言異也郭云今之翻車也有兩轅[redacted]施罥以捕鳥展轉相解廣異語廣雅云罥罟也案詩王風云雉離于罦又曰雉離于罿然則捕鳥之具也孫氏云掩兔非也

約謂之救救絲以爲約或曰亦罥名約其俱切【疏】郭氏兩解一云救絲以爲約約爲屨頭飾也士冠禮曰玄端黑屨青約鄭注云約之言拘也以爲行戒狀如刀衣鼻在屨頭是也或曰約罟屬小爾雅曰罻而小者謂之約也一云亦罥名者言此經約亦罥罟之別名也二義疑故兩存焉

律謂之分律管可以分氣○分音扮【疏】律一名分鄭注月令云律候氣之管也以銅爲之律歷志云黃帝使伶倫氏自大夏之西崑崙之陰取竹之解谷斷兩節間而吹之以爲黃鍾之宮制十二筩以聽鳳凰之鳴其雄鳴則爲六律雌鳴則爲六呂陽管爲律律述也言陽氣與陰氣爲法鄭云律述也述氣之管陰管爲呂律歷志云呂旅也言旅助陽宣氣又云呂拒也言與陽相承更迭而至又陰律稱曰言與陽同也總而言之陰陽皆稱律故月令十二月皆云律中是也以其分候十二月氣故又名分郭云律管可以分氣是也

大版謂之業（築牆版也）繩之謂之縮之（縮者約束之詩曰縮版以載）

疏 此解詩云縮版以載也大版名業以繩束版謂之縮○注築牆版也孫炎曰業所以飾栒刻板捷業如鋸齒也毛詩傳云業大版也所以飾栒為縣也捷業如鋸齒或曰畫之然則業是樂器之飾郭必以為築牆版者以此文與縮之相連詩云縮版以載作者以類相從縮既築牆所用之繩則業是築牆之版明矣嚴而言之則業亦樂縣之飾故詩大雅云虡業維樅周頌云設業設虡而毛傳皆以為大版所以飾栒為縣也○縮者孫炎云繩束築版謂之縮然則縮者約束物之名用繩束版故謂之縮復言縮之明用繩束之也故云縮者約束之云詩曰縮版以載者大雅緜篇文也

彝卣罍器也（皆盛酒尊彝其總名）小罍謂之坎（罍形似壺大者受一斛○卣音酉）

疏 別酒尊大小之異名也彝為其總名彝者法也言為尊又為法司尊彝云雞彝鳥彝斝彝黃彝虎彝蜼彝

是也卣者下云卣中尊也孫炎云尊彝爲上罍爲下
卣居中郭云不大不小者是在罍彝之間即周禮犧
象壺著大山等六尊是也罍者尊之大者也即周禮
司尊彝云皆有罍諸臣之所酢是也案禮圖云六彝
爲上受三斗六尊爲中受五斗六罍爲下受一斗故
異義罍制韓詩說金罍大夫器也天子以玉諸侯大
夫皆以金士以梓毛詩說金罍酒器也諸臣之所酢
人君以黃金飾尊大一碩金飾龜目蓋刻爲雲雷之
象謹案韓詩說天子以玉經無明文謂之罍者取象
雲雷博施故從人君下及諸臣又司尊彝云皆有罍諸
臣之所酢注云罍亦刻而畫之爲山雲之形言刻畫
則用木矣故禮圖依制度云刻木爲之韓說言士以
梓士無飾言木體則以上同用梓而加飾耳毛說
言大一碩禮圖亦云大一斛則大小之制尊卑同也
雖尊卑飾異皆得畫雲雷之形以其名罍取於雲雷故
也是彝卣罍三者皆爲盛酒器也其罍之小者别名故
衣梳謂之視衣縷也齊人謂之攣或曰袿衣之飾黼領謂之襮繡刺黼文以褗

緣謂之純（衣緣飾也）袕謂之褮（衣開孔也）衣眥謂之襟（交領）衱

謂之裾（衣後裾也）衿謂之袸（衣小帶）佩衿謂之褑（佩玉之帶上屬）執

衽謂之袺（持衣上衽）扱衽謂之襭（扱衣上衽於帶）衣蔽前謂之襜

（今蔽膝也）婦人之褘謂之縭縭緌也（即今之香纓也褘邪交落帶繫於體因名

爲褘緌繫也）裳削幅謂之纀（削殺其幅深衣之裳〈裗〉流〈裞〉〈纀〉〈襮〉博〈緣〉以絹切〈純〉之閏切）

〈袕〉完〈褮〉營〈眥〉才細切彼劫〈裾〉〈褑〉院〈袺〉括〈扱〉〈襭〉〈襜〉昌占切〈褘〉暉〈縭〉〈緌〉汝誰切〈纀〉卜

〈疏〉此別衣服之異名也云衣若目之也流一名視剌

繡黼文於衣領各爲襮衣之緣飾名純禮記深衣云

衣純以繢衣純以青之類是也袕衣開孔也名褮說

文云規衣也衣眥名襟謂交領也方言云袗謂之交

是也衱一名裾即衣後裾也衿衣小帶也一名袸士

昏禮曰施衿結帨是也佩下之帶名褑執衽衣際也手

執持其袵名袺扱袵於帶名襭詩周南云薄言袺之
薄言襭之是也衣之蔽前者名襜婦人之香纓名褘
又謂之縭縭緌也緌猶繫也取繫屬之義衣下曰裳
削殺也裳削殺其幅者名襬謂深衣之裳也一云衣
緣者此郭氏兩解一云衣緣也李巡孫炎并襪音某方言
云襪謂之社又謂之袺丁頰切孫炎注云即衣衿也一云
齊人謂之孪者以目驗而言也一云或曰袺衣之䄄
者釋名曰婦人上服曰袿䄌孫注一云袿長襦也言節者
蓋以繒為緣飾耳注繡刺黼文以褗領者詩唐風云素
衣朱襮毛傳云襮領也諸侯繡黼丹朱中衣也言繡
黼者謂於繒之上繡刺以為黼非訓黼為繡郭氏取
毛為說也注今蔽膝者方言一云蔽厀江淮南楚之間
謂之褘或謂之祓音沸魏宋南楚之間謂之大巾自
關東西謂之蔽厀齊魯之郊謂之袡昌詹切又名
韠禮記玉藻云韠君朱大夫素士爵韋圜殺直天子
直公侯前後方大夫前方後挫角士前後正韠下廣二
尺上廣一尺長三尺其頸五寸肩革帶博二寸是也
孫炎云禕帨巾也郭云即今之香纓也禕邪交落帶

繫於体因名爲禕縭繫也此女子既嫁之所著示繫
屬於人義見礼記曲礼云女子許嫁纓及内則云衿
纓是也詩云親結其縭謂母送女重結其所繫著以
申戒之孫炎以禕爲帨巾失之也[redacted]削殺其幅深衣
之裳案深衣目録云名深衣者以餘服則上衣下裳
不相連此深衣衣裳相連被體深邃故謂之深衣深
衣篇云制十有二幅以應十有二月鄭注云裳六
幅幅分之以爲上下之殺故云削殺其幅深衣之裳
也其深衣制
度礼記具焉

輿革前謂之鞎（以韋鞎車軾）後謂之笰（以韋靶後戶）竹前謂之
禦（以簟衣軾）後謂之蔽（以簟衣後戶）環謂之捐（著車眾環）鑣謂之钀（
馬勒旁鐵）載轡謂之轙（車軛上環轡所貫也）轡首謂之革（轡靶勒見詩捐因絹
反钀表騎反轙魚列反轙展）

疏此辨車馬之飾名也一云輿革前謂之報者李巡曰
輿革前謂輿前以革為車飾曰報郭云以韋革車
軾靶謂鞔也軾車上橫木也詩傳云諸侯之路車有
朱革之質而羽飾謂以皮革為本質其上又以翟羽
為之飾詩齊風云簟茀朱鞹是也後謂之茀者李巡
曰茀車後戶名也郭云以韋鞼後戶云竹前謂之禦
者李巡曰竹前謂編竹當車前以擁蔽名之曰禦
[redacted]也孫炎云禦以簟為車飾也郭云以簟衣軾詩傳
云簟文茀也一云後謂之蔽者郭云以簟衣後戶即
詩所謂簟茀也一云環謂之捐者車衡環名捐云鑣
謂之钀者鑣馬勒旁鐵名钀一云載轡謂之轙者轙者
御馬之具也古者乘車駕駟馬凡八轡轙端之木名
衡衡即軛軛上者環以貫轡此即載轡之環名轙故
郭云車軛上環轡所貫也一云轡首謂之革者轡首名
革也詩大雅云鞗革金厄是也郭
一云轡靶勒見詩芊云靶轡革也
餀謂之餯說物臭也食饐謂之餲飯饐臭見論語摶者謂之糷飯相

米者謂之糪（飯中有腥）　肉謂之敗（臭壞）　魚謂之餒（肉爛。呼猛反）

〔餯〕許穢切〔饐〕音意〔餲〕謁〔糷〕〔爛〕〔糪〕柏〔餒〕奴罪切

〔疏〕此別物臭惡之異名也。李巡云：飯餕皆穢臭也。食餕也。饐飯臭也，一名餲。飯摶相著者名糷。李巡云：糷飯淖糜相著也。飯中有腥米者名糪。李巡云：米飯半腥半熟名糪，即論語云失飪不食。肉臭壞曰敗，魚肉爛曰餒，即論語云魚餒而肉敗不食是也。■一云餒餲臭者，說文云：饖，飯傷熱。蒼頡篇云：食臭敗也。一云見論語者，鄉黨篇云：食饐而餲。孔子曰：饐餲，臭味變是也。■云內爛者，案春秋僖十九年云：梁亡。公羊傳曰：此未有伐者，其言梁亡何？自亡也。其自亡奈何？魚爛而亡也。何休云：梁君隆刑峻法，百姓目相率俱去，狀若魚爛。魚爛從內發，故云內爛是郭用公羊爲說。今本內作肉，恐誤。

肉曰脫之（剝其皮也。今江東呼麋鹿之屬通爲肉）　魚曰斮之（謂削鱗也）

〔斮〕莊略反

疏 此論治擇魚肉之名也。衣，剝其皮，因名䏦之。李巡云：肉去其骨曰䏦。皇侃云：治肉除其筋膜取好者。郭氏以與魚曰斮之文連，故謂斮削其鱗則䏦是剝其皮也。嫌阼家有不剝其皮者，故又云今江東呼麋鹿之屬通為䏦也。案《禮記·內則》及李巡、爾雅本皆云魚曰作之。皇侃云：作謂䏿動也，凡取魚䏿動之視其鮮餒，餒者不食。李巡云：作之，魚骨小無所去，今本作斮，郭云謂削鱗也。

冰，脂也。莊子云：肌膚若冰雪。冰雪，脂膏也。

疏 脂膏也，一名冰脂。莊子云者，莊子云肌膚若冰雪者，此內篇逍遙遊之言也。案彼云：藐姑射之山有神人居焉，肌膚若冰雪，綽約若處子。引之者，證冰為脂也。一云脂膏也者，孫炎曰：膏凝曰脂。則以脂與膏異，而云脂膏者，以脂有凝有釋，對例即內則注云：脂肥凝者，釋者曰膏。散文則脂膏皆總名也。

肉謂之羹，肉臛也。廣雅云：（羹）曰涪。見左傳。魚謂之䱹，䱹，鮨屬也。見公食大夫禮。肉謂

之醢肉醢有骨者謂之臡雜骨醬見周禮鮨詣醢海臡泥

疏 辨群魚肉所作食呼之名也肉之所作臛名羹魚所作鮓名鮨以肉作醬名醢有骨相雜者名爲臡云肉臛也者儀禮所謂膷臐膮是也云鮓雅曰音者則彼云羹謂之湆是也云見左傳者案隱元年鄭伯寘其母姜氏于城潁而誓之曰不及黃泉無相見也既而悔之潁考叔爲潁谷封人聞之有獻於公公賜之食食舍肉公問之對曰小人有母皆嘗小人之食矣未嘗君之羹請以遺之是謂肉爲羹也云鮨鮓屬也案公食大夫禮云牛炙南醢以西牛胾醢牛鮨鄭注云內則謂鮨爲膾然則膾用鮨是也云雜骨醬見周禮者案醢人職云掌四豆之實朝事之豆其實韭菹醓醢昌本麋臡鄭注云作醢及臡者必先膊乾其肉乃後莝之雜以粱麴及鹽漬以美酒塗置甀中百日則成矣是也

康謂之蠱米皮澱謂之垽滓澱也今江東呼垽垽魚靳切

（疏）康米反也一名鬵左傳曰穀之飛亦名蠱是也溉滓浣也一名近郭云今江東呼涎

鼎絕大謂之鼐（鼐者最大）圜弇上謂之鼒（鼒鼎斂上而小口）附耳外謂之釴（鼎耳在表）款足者謂之鬲（鼎曲腳也）

（疏）此別鼎名也鼎最大者名鼐圜弇上而小口者名鼒詩周頌云鼐鼎及鼒附耳在鼎表者名釴款足亦款空苦管反鬲音力閒也謂鼎款足相去疏闊者名鬲

甑謂之鬵（詩曰溉之釜鬵）鬵，鉹也（涼州呼鉹鉹音侈）

（疏）甑名鬵一名鉹方言云甑自關而東或謂之甗或謂之鬵或謂之酢餾是也詩曰溉之釜鬵檜風匪風篇文也

璲，瑞也（詩曰鞙鞙佩璲璲者玉瑞）玉十謂之區（雙玉曰瑴五瑴為區璲音遂區羌于反）

〔疏〕璲者瑞玉名也玉下名璲■詩曰鞙鞙佩璲者小雅大東篇文也毛傳云鞙鞙玉貌璲瑞也箋云佩璲者以瑞玉為佩佩之鞙鞙然是也■雙玉曰瑴五瑴為區案襄十八年左傳云晉侯伐齊將濟河獻子以朱絲繫玉二瑴杜注云雙玉曰瑴是先儒相傳為然也五瑴則十雙玉也

羽本謂之翮（鳥羽根也）一羽謂之箴十羽謂之縳百羽謂之緷（別羽數多少之名）（翮戶革切縳音篆緷音袞）

〔疏〕此別羽數多少之名也本根也鳥羽根名翮一羽名箴十羽名縳百羽名緷案周禮地官羽人職云掌以時徵羽翮之政于山澤之農以當邦賦之政令凡受羽十羽為審百羽為摶十摶為縳鄭注云審摶縳羽數束名也爾雅云一羽謂之箴十羽謂之縳百羽謂之緷其名音相近也一羽則有名蓋失之矣鄭意以為箴與審摶與縳緷與縳名殊聲音皆相近也■羽不合有名爾雅一與則有名疑一羽當為十羽

也郭意以爲凡物不從一官爲
然以尔雅不失因官未爲得也

木謂之虡　縣鍾磬之木植者名虡虡音巨

疏　郭云縣鍾磬之木植者名虡者考工記云梓人爲筍
虡鄭注云樂器所縣橫曰筍植曰虡然則縣鍾磬
者兩端有植其上有橫木謂直立者爲虡謂橫牢
者爲栒栒上加大版爲之飾名業詩大雅云虡業維樅

旄謂之藣　旄牛尾也藣音卑

疏　郭云旄牛尾一名
藣舞者所執也

菜謂之蔌　蔌者菜茹之總名見詩蔌音速

疏　釋曰菜茹名蔌郭云蔌者菜茹之總名見詩者案大雅
韓奕云其蔌維何維筍及蒲毛傳云蔌菜殽也是矣

白蓋謂之苫　白茅苫也今江東呼爲蓋蓋合

疏　釋曰白蓋茅苫也郭云白茅苫也今江東呼爲
蓋然則蓋即苫也以白茅爲之故曰白蓋蓋合十四

左傳晉將執戎子駒支范▢▢▢以諸朝曰
乃祖吾離被苫蓋注云蓋苫之▢也

黃金謂之璗其美者謂之鏐白金謂之銀其美者謂之鐐此皆道金錫之別名及精者鐐即紫磨金餅金謂之鈑周禮曰祭五帝即供金鈑是也錫謂之鈏白鑞璗音蕩鏐音留鐐音遼鈑音版鈏音引

疏 此別金錫之異名也黃金一名璗其精美者名鏐白金名銀其精美者名鐐郭云此皆道金錫之別名及精者鐐即紫磨金詩傳云天子玉琫而珧珌諸侯璗琫而鏐珌大夫鐐琫而鏐珌士珕琫而珧珌金名鈑錫今白鑞也一名鈏周禮職方氏云楊州其利金錫是也○云周禮曰祭五帝即供金鈑者案秋官司金職云旅于上帝則共其金鈑此云祭五帝者旅則祭也上帝則五帝也鄭氏以義言之故文異耳彼注云餅金謂之版此版所施未聞

象謂之鵠角謂之觷犀謂之剒木謂之剫玉謂之雕

左傳曰山有木工則剫之五者皆治樸之名【音】鵠一斛 觷角嶽 【剒】錯 【剫】鐸

【疏】郭云五者皆治樸之名謂治其樸俱未成器者此五名也左傳山有木工則剫之隱十一年傳文也

金謂之鏤木謂之刻骨謂之切象謂之磋玉謂之琢石謂之摩六者皆治器之名

【疏】郭云六者皆治器之名也則此謂治器加工而成之名也以其論語云如切如磋如琢如磨以成寶器是也

璆琳玉也璆琳美玉音【璆】求

【疏】郭云璆即美玉名禹貢梁州云厥貢璆鐵銀鏤又雍州云球琳琅玕是也

簡謂之畢今簡札也

疏 簡，竹簡也。古未有紙，載文於簡，謂之簡札，一名畢。禮記學記云"呻其佔畢"，謂但今誦所視簡之文，是謂簡爲畢也。

不律謂之筆 蜀人呼筆爲不律也，語之變轉。

疏 筆一名不律。許慎云："楚謂之聿，吳人謂之不律，燕謂之弗，秦謂之筆。"郭云蜀人呼筆爲不律也，語之變轉。

滅謂之點 以筆滅字爲點。疏 郭云以筆滅字爲點，今猶然。

絶澤謂之銑 銑即美金，言最有光澤也。國語曰："玦之以金銑者。"謂此也。銑 蘇典切。

疏 金之最有光澤者名銑。案晉記獻公使太子申生伐東山，佩之金玦，狐突歎曰："以有衣純而玦之以金者，銑寒甚矣。"説國語者以銑玉屬，與郭異也。

金鏃翦羽謂之鍭 今之錍翦是也。骨鏃不翦羽謂之志 今之骨骲。

是也弓有緣者謂之弓緣者繳纏即今宛轉無緣者謂之弭今之角弓也左傳曰左執鞭弭以金者謂之銑以蜃者謂之珧以玉者謂之珪用金蚌玉飾弓兩頭因取其類以為名珧小蚌〔鏃〕作木切〔緣〕掾〔弭〕尾〔蜃〕腎〔珧〕姚

疏鏃弓箭之名也鏃箭頭也翦羽齊也以今為鏃齊羽者名鏃孫炎曰金鏃斷羽使前重也郭云今鏃箭是也以金為鏃不齊其羽者名志郭云今之骨髗是也此二者郭氏皆以今曉古案方言云箭自關而東謂之矢江淮之間謂之鏃關西曰箭鏃胡合羸者四鎌或曰拘腸三鎌者謂之羊頭其廣長而薄鎌謂之錍或謂之鈀音葩其小而長中穿二孔者謂之鉀鑪盧慮二音皆謂錍箭也弓者說文云以近窮遠象形古者揮作弓周禮六弓王弓弧弓以射甲革椹質夾弓庾弓以射豻侯鳥獸唐弓大弓以授學射者此弓之類有緣者名弓無緣者名弭李巡曰骨飾兩頭曰弓不以骨飾兩頭曰弭孫炎曰緣謂繳束而漆之弭

謂不以繳束骨飾兩頭者也郭云緣者繳纏之即今宛轉也弭今之角弓也然則郭意與孫同也當時謂繳束為宛轉者飾弓兩頭以金者名銑以蜃者名珧以玉者名珪也左傳左執鞭弭此僖二十三年傳文也案彼晉公子重耳及楚楚子饗之曰公子若反晉國何以報我對曰其左執鞭弭右屬櫜鞬以與君周旋是也云用金蚌飾弓兩頭者以與上下相連文故知然也珧即蜃也孟冬雉入大水為蜃是也銑即金絕澤者珧即蜃小者珪即玉成器者以也名弓故云因取其類以為名也云珧小蚌者即釋魚云蜃小者珧是也

珪大尺二寸謂之玠詩曰錫爾玠珪璋大八寸謂之琡璋半珪也

璧大六寸謂之宣漢書所云瑄玉是也肉倍好謂之璧肉邊也好孔也

好倍肉謂之瑗孔大於邊也肉好若一謂之環邊孔適等

好（音）耗　院

【疏】此釋珪璧之屬也圭者玉器執以爲瑞者也大長
也珪長尺二寸者名玠璋半珪也大八寸者名琡
璧亦玉器子男所執者也大六寸者名宣因說璧之
制肉邊也好孔也邊大倍於孔者名璧孔大而邊小
者名瑗邊孔適等若一者名環左傳昭十六年宣子
有環其一在鄭商是也　錫尔玠珪此大雅崧高篇
文也　璋半珪也知者以典瑞云四圭有邸以祀天
兩圭有邸以祀地圭璧以祀日月璋邸射以祀山川
自上而下降殺以半故知璋半珪也　漢書郊祀志
云公卿薦皇帝始見泰一雲陽有司奉瑄玉嘉牲薦
饗是也

緌綬也　即佩玉之組所以連繫瑞玉者因通謂之緌

【疏】所佩之玉名璲繫玉之組名綬以其連繫璲玉因
名其綬曰璲故郭云即佩玉組所以連繫瑞玉者

因通謂之縓也

一染謂之縓今之紅也再染謂之赬染赤三染謂之纁纁絳也

青謂之蔥淺青黑謂之黝黝黑貌周禮曰陰祀用黝牲斧謂之黼黼文畫斧形因名云縓七絹切赬敕呈切纁許云切黝於糾反

疏別衆色之名也一染謂之縓者此述染絳法也一染一入色名縓今之紅也說文云帛黃赤色喪服記云公子為其母練冠麻衣縓緣是也再染名赬即淺赤也三染名纁李巡云三染其色已成為絳纁絳一名也考工記云三入為纁鄭玄云染纁者三入而成禹貢云厥篚玄纁是也淺青一名蔥玉藻云三命赤韍蔥衡是也黑色一名黝以白黑二色畫之為斧形名黼考工記云白與黑謂之黼書云黼黻絺繡是也云陰祀用黝牲此地官牧人職文也鄭注云陰祀祭地北郊及社稷也

邸謂之柢根柢皆物之邸邸即底通語也

疏 根邸名邸邸本也郭云根柢皆物之邸邸即底通語也言凡物之柢必在底下因名云也即周礼典瑞云四圭有邸以祀天兩圭有邸以祀地皆謂邸爲本柢也

雕謂之琢治玉名也

疏 案上文治玉謂之琢名雕治玉器名琢彼對例耳散文則雕琢通謂治玉名不分璞與器也

蓐謂之茲公羊傳曰屬負茲茲者蓐席也

疏 蓐一名茲郭云茲者蓐席也言草蓐之席也宣十二年左傳軍行右轅左追蓐[redacted]公羊傳曰屬負茲此桓十六年傳文也案彼衛侯朔出奔齊傳云何以名絕曷爲絕之得罪于天子也其得罪于天子奈何見使守衛朔而不能使衛小衆越在岱陰齊屬負茲舍不即罪尔何休云屬託也天子有疾称不豫諸侯

掤負兹六夫掤大馬主稱負薪令此也詩
疾止不就兹是也引之以證兹爲蓐也

竿謂之箷（衣架　箷音移）

疏　凡以竿爲衣架者名箷曲禮
曰男女不同椸枷謂此也

簀謂之笫（牀版　笫側子切）

疏　簀牀版也一名笫甫檀弓曰華而睆大夫之簀與左
傳曰牀笫之言不踰閾方言云齊魯之間謂之簀
陳楚之間或謂之笫是也

革中絶謂之辨（中斷皮也　辨片）革中辨謂之韏（復分半也　韏去）

疏　皮去毛曰革此別分斷之名也中
斷之名辨復中分其辨名韏也

鏤鋑也（刻鏤物爲鋑　鋑蘇婁切）

疏　別二名也郭云刻鏤物
爲鋑詩云鉤膺鏤鍚

卣中尊也不大不小者音酉〔疏〕釋在上

爾雅注疏卷第四

爾雅注疏卷第五

釋樂第七

疏 案樂記云樂者樂也君子樂得其道小人樂得其欲也說文云樂五聲八音之總名象鼓鞞之形木虡也白虎通也又家聲也五聲者商角宮徵羽也其聲變者一云商之為言也物成熟可章度角觸也物觸地而出戴芒角也宮中也居中央暢四方唱始施生為四聲綱也徵祉也物盛大而繁祉也羽宇也物聚藏宇覆之也又云八音土曰塤匏曰笙皮曰鼓竹曰管絲曰絃石曰磬金曰鐘木曰柷此篇總釋五聲名及八音之器故以名釋樂也

宮謂之重商謂之敏角謂之經徵謂之迭羽謂之柳

謂五音之別名其義未詳敏亡伕切 疏 案此文則宮一名重商一名敏角一名經徵一名迭羽一名柳但未見義所出也○云皆五音者案鄭玄注樂記云雜比曰音謂宮商角徵羽清濁相比次之音單出曰

聲謂五聲之內唯單有一聲更無餘聲相雜也然則
初發口單出者謂之聲衆聲和合成章謂之音金石干
戚羽旄謂之樂則聲爲初音爲中樂爲末此云五音
者舉中而言也云之別名者謂重敏經迭柳是宮商
角徵羽之別名也云其義未詳者以爾雅之作以釋
六藝今經典之中無此五名或在亡逸中不可得知
其義故云未詳案孫叔然云宮濁而遲故曰
重也郭氏雖有此說更無經據故不取也

大瑟謂之灑 長八尺一寸廣一尺八寸二十七絃 灑所蟹切 疏 瑟者登歌所用之樂
器也故先釋之世本曰庖犧氏作五十絃黃帝使素
女鼓瑟哀不自勝乃破爲二十五絃具二均吉禮圖
舊云雅瑟長八尺一寸廣一尺八寸二十三絃其常
用者十九絃其餘四絃謂之番番贏也頌瑟長七尺
二寸廣尺八寸二十五絃盡用之熊氏云瑟兩頭有
孔其在底下者名越鄉飲酒禮云二人皆左何瑟後
首挎越注云越瑟底孔也燕禮云小臣左何瑟面鼓
越注云越瑟下孔也若川之[illegible]則練其絃疏其

越樂記云清廟之瑟朱絃而疏越鄭注云朱絃練朱絃練則聲濁越瑟底孔也畫疏之使聲遲也以其不練則聲勁而聲清練則絲熟而聲濁也疏通也使兩孔相連而通也孔小則聲急孔大則聲遲故也其大頭者別名灑孫叔然云音多變布如灑出也郭云二十七絃未見所出

大琴謂之離注或曰琴大者二十七絃未詳長短廣雅曰琴長三尺六寸六分五絃

疏琴譜曰伏犧作琴世本云神農作琴白虎通曰琴者禁也禁止於邪以正人心也琴之大者別名離也孫叔然云音多變聲流離也或曰琴大者二十七絃未詳長短者或人言琴有二十七絃是琴之大者也但未詳長短耳云廣雅曰琴長三尺六寸六分五絃者此常用之琴也象三百六十六日五絃象五行大絃爲君小絃爲臣文王武王加二絃以合君臣之恩也又五絃第一絃爲宮其次商角徵羽文武二絃爲少宮少商又琴操曰廣六寸象六合也文上曰池言其平下曰濱言其服前廣後狹象尊卑上

圓下方法天地然琴之爲樂
器通見詩書故此釋之也

大鼓謂之鼖鼖長八尺（鼖音墳）小者謂之應詩曰應朄縣鼓在大鼓側（應音膺）

（疏）別鼓大小之名也鼓之大者名鼖周礼鼓人職
曰以鼖鼓鼓軍事是也其小者名應言聲應於
大鼓也李巡云小者音聲相承故曰應也孫炎云和
應大鼓也鼖鼓長八尺者案考工記韗人爲鼓長八
鼓四尺中圍加三之一謂之鼖鼓後鄭注云中圍加
之一者加於面之圍以三分之一也面四尺其圍十
二尺加以三分一四尺則中圍十六尺徑五尺三寸
三分寸之一也今亦合二十版則版廣六寸三分寸之
二耳大鼓謂之鼖鼓鼓軍事鄭司農云鼓四尺鼖韗
所蒙者廣四尺應朄縣鼓周頌有瞽篇文也鄭箋云
朄小鼓在大鼓旁應鼙之屬也
案朄引也謂擊小鼓引樂声

大磬謂之毊毊形似犂錧以玉石爲之（毊音囂虛驕切）

（疏）磬樂器名也以玉石爲之世本

曰無句作磬經作名二云磬縣也磬堅也㲃之然考工記曰磬氏爲磬倨句一矩有半其博爲一股爲二鼓爲三參分其股博去一以爲鼓博參分其鼓博以其一爲之厚已上則磨其旁已下則磨其耑是其制也大者名磬喬孫炎云磬喬高也喬高也謂其声高也李巡云大磬声清㗲也以曰磬喬之㗲也字林云䤿田器也自江而南呼鏄刃爲䤿此磬喬形似[illegible]䤿但大尔云以玉石爲之者左傳云玉磬紀甗又八音謂磬爲石故知以玉石爲之也

大笙謂之巢 列管匏中施簧管端大者十九簧

小者謂之和 十三簧者鄉射記曰三笙一和而成聲

疏 世本云隨作笙禮記曰女媧之笙簧釋名曰笙生也象物貫地而生說文云笙正月之音物生故謂之笙大者十九簧象鳳之身其大者名巢巢高也言其声高小者名和李巡云小者声少音相和也孫炎云應和於笙䤿匏也以匏爲底故八

音謂笙爲匏簧者笙管之中金薄鍱也笙管必有簧
故或謂笙爲簧詩王風云左執簧是也大者十九簧
以時驗而言也云十三簧者鄭司農注周禮亦云十
三簧相傳爲然云鄉射記曰三笙一和而成聲者彼
鄭注云三人吹笙
人吹和是也

大篪謂之沂 篪以竹爲之長尺四寸圍三寸一孔上出寸三分名翹橫吹之小者尺二寸廣雅云八孔 篪池沂銀

疏 李巡曰大篪其聲非一也孫炎曰篪
聲悲沂悲也釋名曰篪啼也聲如嬰
兒啼郭云篪以竹爲之長尺四寸圍三寸一孔上出
寸三分翹橫吹之小者尺二寸廣雅云八孔鄭司農
注周禮云篪七空蓋不
數其上出者故七也

大塤謂之嘂 塤燒土爲之大如鵝子鋭上平底形如稱錘六孔小者如雞子 塤喧嘂叫

疏 說文云壎樂器名從土熏聲塤壎古今字釋名
云塤喧也聲濁喧喧然大塤名嘂孫炎曰音大

如叫呼声郭云塤燒土爲之大如鵝子鋭上平底形
如稱錘六孔小者如雞子周礼小師注云塤燒土爲
之大如鴈卵鄭司農亦云六孔是相傳爲然也世本
云暴辛公作塤蘇成公作篪譙周古史云古有塤篪
尚矣周幽王時暴辛公善塤蘇成公善篪記者因以
爲[redacted]謬矣世本之謬信如周言其云蘇公暴公所善
亦未知所出蓋以詩小雅云伯氏吹壎
仲氏吹篪蘇公刺暴公也故致斯謬

大鍾謂之鏞書曰笙鏞以閒亦名鎛○鎛音博其中謂之剽小者謂之
棧

疏 此別鍾大小之名也說文云鍾樂器也世本云垂
作鍾考工記鳧氏爲鍾釋名曰鍾空也內空受
氣多其大者名鏞李巡曰大鍾音声大大鏞也孫炎
曰鏞深長之声又名鎛大射礼云樂人宿縣于阼階
東笙磬西面其南笙鍾其南鎛鄭云鎛如鍾而大是
也其不大不小者名剽孫炎曰剽者声輕疾也李巡
云其中微小故曰剽剽小也其小者名棧李巡云東
晉興元年會稽剡縣人家井中得一鍾長三寸口徑

四寸上有銘古文云棧鍾之小者既長三寸自
然棧也○書曰笙鏞以閒尚書益稷篇文也
大簫謂之言編二十三管長尺四寸小者謂之筊十六管長尺二寸簫
一名籟筊音爻【疏】此別簫大小之名也風俗通云舜作簫
其形參差以象鳳翼十管二尺博雅曰
簫大者二十三管無底小者十六管有底其大名言
李巡曰大簫聲大者言言也郭云編二十三管長尺
四寸其小者名筊李巡曰小者聲揚而小故言筊筊
小也郭云十六管長尺二寸簫一名籟通卦驗云
簫長尺四寸其管數長短雖
異要是編小竹管爲之耳
大管謂之簥管長尺圍寸并漆之有底賈氏以爲如篪六孔其中謂之篞
小者謂之篎篞乃結切篎音眇【疏】別管小大之名也大管
名簥李巡云聲高大故
曰簥簥高也郭云管長尺圍寸併漆之有底賈氏以
爲如篪六孔小師注云管如篴形小併兩管而吹之

今大常樂官有之是也其中不大不小者名篞小者名篎

大籥謂之產籥如笛三孔而短小其中謂之仲小者謂之箹

【疏】籥樂器名其大者名產其中者名仲小者名箹郭云籥如笛三孔而短小廣雅云七孔周禮笙師掌教吹籥鄭注云籥如篴三空詩邶風云左手執籥毛傳云籥六孔所以異也

徒鼓瑟謂之步獨作之徒吹謂之和徒歌謂之謠詩云我歌且謠（吹）昌睡切（和）去徒擊鼓謂之咢詩曰或歌或咢（咢）五各切徒鼓鐘謂之脩徒鼓磬謂之寋未見義所出（寋）紀展切

【疏】凡八音備作曰樂一音獨作不得樂名故此辨其異名也徒空也鄭注周禮小師云出音曰鼓（空）作一器以出其音者謂之鼓鼓郭云獨作之也○詩云我歌且謠此魏風園有桃篇文也毛傳云曲合樂曰歌徒歌曰謠孫炎云謠消搖也○

或歌或咢此大雅行葦篇文也毛傳云歌者比於琴瑟也徒擊鼓曰咢孫炎云聲驚咢也

所以鼓柷謂之止柷如漆桶方二尺四寸深一尺八寸中有椎柄連底挏之令左右擊止者其椎名

柷昌六切

所以鼓敔謂之籈敔如伏虎背上有二十七鉏鋙刻以木長尺擽之籈者其名籈真

疏此別柷敔之名也周礼小師掌教鼓鼗柷敔管以木為之故大師注云木柷敔也礼記謂之椌楬所以鼓動其柷以出其音者名山所以鼓動其敔以出其音者名籈郭云柷如漆桶方二尺四寸深一尺八寸中有椎柄連底挏之令左右擊止者其椎名敔如伏虎背上有二十七鉏鋙刻以木長尺擽之籈者其名皇陶謨云合止柷敔鄭注云柷狀如漆桶中有椎合之者投椎於其中而撞之敔狀如伏虎背上刻之所以鼓之以止樂此等形狀蓋依漢之大常樂而知之

大鼗謂之麻，小者謂之料。麻者音概而長也，料者声清而不乱。鼗音逃。料音聊。

【疏】詩頌云：鞉鼓磬柷敔。鄭注小師職云：鼗如鼓而小，持其柄搖之，旁耳還自擊。一名麻，其小者名料。麻者音概而長也，料者聲清而不亂。

和樂謂之節。

【疏】八音克諧，無相奪倫，謂之和樂。樂和則應節。樂記云：治世之音安以樂，其政和，是也。樂記又云：大樂與天地同和，大禮與天地同節。此對文耳，總而言之，則禮樂相將，故謂和樂亦謂之節。云節樂者，名謂相也。樂記云：治亂以相。鄭注云：相即拊也，亦以節樂。拊者以韋為表，裝之以穅，穅一名相，因以名焉。云治亂，奏樂之時，擊拊以輔相於樂而為節也。既以柷作樂，以敔止樂，故以節為和樂，義亦通也。

釋天第八

【疏】天者，圓括也。彖云：易有大極，是生兩儀。兩儀未分，其氣混沌，清濁既分，伏者為天，偃者為地。釋名云：天，顯也，在上高顯。又云：天，坦也，坦然高遠。說文云：天，顛也，至高無上，從一大。

也春秋說題辭云天之言顚也居高理下爲人經紀
故其字一大以鎭之此天之名義也天之爲體中包
乎地日月星辰屬焉然天也有高下之形四時有升
降之理日月有運行之度星辰有次舍之常既曰釋
天不得不略言其趣故其形狀之殊凡有六等一曰
蓋天文見周髀如蓋在上二曰渾天形如彈丸地在其
中天包其外猶如雞卵白之繞黃揚雄桓譚張衡蔡
邕陸績王肅鄭玄之徒並所依用三曰宣夜舊說殷
代之制其形體事義無所出以言之四曰昕天昕讀
曰軒言天北高南下若車之軒是吳時姚信所說五
曰穹天云穹隆在上虞氏所說不知其名也六曰安
天是晉時虞喜所論案鄭注考靈耀云天者純陽清
明無形聖人則之制璿璣玉衡以度其象如鄭此言
則天是大虛本無形體但指諸星運轉以爲天耳
但諸星之轉從東而西凡三百六十五日四分日之
一星復舊處星既左轉日則右行亦三百六十五日
四分日之一至舊星之處即以一日之行而爲一度
計二十八宿一周天凡三百六十五度四分度之一

是天之之一周之數也天如彈丸圍圓三百六十五度四分度之一案考靈耀云一度二千九百三十二里千四百六十一分里之三百四十八周天百七萬一千里者是天圍周之里數也以圍三徑一言之則直徑三十五萬七千里此為二十八宿周迴直徑之數也然二十八宿之外上下東西各有萬五千里是為四遊之極謂之四表據四表之內并星宿內總有三十八萬七千里然則天之中央上下正半之處則一十九萬三千五百里地在於中是地去天之數也鄭注考靈耀云地蓋厚三萬里春分之時地正當中自此地漸漸而下至夏至之時地下萬五千里地之上畔與天中平夏至之後地漸漸向上至秋分地正當天之中央自此地漸漸而上至冬至上游萬五千里地之下畔與天中自冬至後地漸漸而下此是地之升降於三萬里之中但渾天之體雖繞於地地則中央正平天則北高南下北極高於地三十六度南極下於地三十六度然則北極之下三十六度常見不沒南極之上三十六度常沒不見南極星北極一百

二十一度余若逐曲計之則一百八十一度余若以
南北中半言之謂之赤道去南極九十一度去北極
亦九十一度余此是春秋分之日道赤道之北二十
四度為夏至之日道去極六十七度也赤道之南二十
四度為冬至之日道去南極亦六十七度地有升
降星有四遊又鄭注考靈耀云天旁行四表之中冬
南夏北春西秋東皆薄四表而止地亦升降於天中
冬至而下夏至而上二至上下蓋極地厚也地與星
辰俱有四遊升降四遊者自立春地與星辰西遊春
分西遊之極地雖西極升降正中從此漸漸而東至
春末復正自立夏之後北遊夏至北遊之極地則升
降極下夏至季復正立秋之後東遊秋分東遊之極
地則升降正中至秋季復正立冬之後南遊冬至南
遊之極地則升降極上冬季復正此是地及星辰西
遊之義也星辰亦隨地升降故鄭注考靈耀云夏日
道上與四表平下去東井十二度為三萬里則是夏
至之日上極萬五千里星辰下極萬五千里故夏至
之日下至東井三萬里也月有九道故考靈耀云萬

里不失九道謀鄭注引河圖帝覽嬉云黃道一
二出黃道東赤道二出黃道南白道二出黃道西黑
道二出黃道北日春東從青道夏南從赤道秋西從
白道冬北從黑道立春星辰西游日則東游夏至星
辰北游之極日南游之極八分星辰西游之極日東游
之極日與星辰相去三萬里夏則星辰北遊日則南
遊之極日與星辰相去一萬里以此推之秋冬做此
河圖夏至之日日在井星當嵩高之上以其南遊之
極故在嵩高之南萬五千里所以夏至有尺五寸之
景也於時日又上極星辰下極故日下去東井三万
里也然鄭四遊之說元出周髀之文但二十八宿從
[redacted]而左行日從西而右行一度逆沿二十八宿案漢
律曆志云冬至之時日在牽牛初度春分之時日
在婁四度夏至之時日在東井三十一度秋分之時
日在角十度若日在東井則極長八尺之表尺五寸
之景若春分在婁秋分在角晝夜等八尺表七尺五
寸之景冬至日在牽牛則極短八尺之表一丈三尺
之景一丈三尺之中去其一尺五寸則餘有一丈一

一尺五寸之景是冬夏往來之景也凡於地千里而差
一寸則夏至去冬至漸南漸下相去下一萬五千
里又考靈耀云正月假上八萬里假下一十萬四千
里所以有假上假下者鄭注考靈耀之意以天去地
十九萬三千五百里正月雨水之時日在上假於天
八萬里下至地十一萬三千五百里夏至之時日上
極與天表平也後日漸向下故鄭注考靈耀云夏至
日與表平冬至之時日下至於地八萬里上至於天
十一萬三千五百里也委曲具考靈耀注凡二十八
宿及諸星皆循天左行一日一夜一周天一周天之
外更行一度計一年三百六十五周天四分度之一
日月五星則右行日一日一度月一日一十三度十
九分度之七此是通之數也今歷家之說則月一日
至於四日行最疾日行十四度餘自五日至八日行
次疾日行十三度餘自九日至十九日行則遲日行
十二度餘自二十日至二十三日又小疾日行十三度
餘自二十四日至於晦行又最疾日行一十四度余
此是月行之大率也二十七日月行一周天至二十

九日纏半月及於日與日相會及為一月故考靈耀
云九百四十分為一日二十九日與四百九十九分
為月是二月二十九日之外至第三十日分至四百九
十九分月及於日計九百四十分則四百七十為半
今四百九十九分是過半二十九分也餘此是陰精
日為陽精故周髀云日猶火月猶水火則外光水則
含景故月光生於日所照魄生於日所蔽當日則光
盈就日則明盡京房云月與星辰陰者也有形無光
日照之乃有光先師以為日似彈丸月似鏡體或以
為月亦似彈丸日照處則明不照處則闇案律曆志
二十八宿之度角十二度亢九氐十五房五心五
尾十八箕十一東方七十五度斗二十六牛八女十
二虛十危十七營室十六壁九北方九十八度奎十
六婁十二胃十四昴十一畢十六觜二參九西方八
十度井三十三鬼四柳十五星七張十八翼十八軫
十七南方一百一十二度丑為星紀初斗十二度終
婺女七度子為玄枵初婺女八度終危十五度亥為
娵訾初危十六度終於奎四度戌為降婁初奎五度

終於胃六度酉爲大梁初胃七度終於畢十一度申
爲實沈初畢十二度終於井十五度未爲鶉首初井
十六度終於柳八度午爲鶉火初柳九度終於張十
七度巳爲鶉尾初張十八度終於軫十一度辰爲壽
星初軫十二度終於氐四度卯爲大火初氐五度終
於尾九度寅爲析木初尾十度終於斗十一度五星
者東方歲星南方熒惑西方太白北方辰星中央鎮
星其行之遲速俱在律曆志更不煩說元命包云日
之爲言實也月闕也劉熙釋名云日實也光明盛實
月闕也滿則闕也說題辭云星陽精之榮也陽精爲
日日分爲星故其字日下生也釋名云星散也布散
於天又云陰陰也氣在内奄陰也陽揚也陽氣在外
發揚此等是陰陽日月之名也祭法注黃帝正名百物
其名蓋黃帝而有也或後人更有增足其天高地下
月盈月闕紫宮星度少升斗乖參日月右行星辰左轉
四遊升降之差二儀運動之法非由人事所作皆是
造化自然先儒因其自然遂以人事爲義或據理
是實或構虛不經既無正文可憑今皆略而不錄

穹蒼蒼天也天形穹隆其色蒼蒼因名云春為蒼天万物蒼蒼然生夏為昊天言氣皓旰秋為旻天旻猶愍也愍万物彫落冬為上天言時無事在上而臨下而已

疏此釋四時之天名也二云穹蒼蒼天也者詩大雅桑柔二云靡有旅力以念穹蒼故此釋之也詩人因天形穹隆其色蒼〻故云穹蒼〻其實則与下二云春為蒼天者是故云穹蒼〻天也郭二云天形穹隆其色蒼〻因名二云也二云春為蒼天者詩王風黍離二云彼悠〻蒼天故此釋之也郭二云万物蒼〻然生者言春時万物蒼〻然生春時天名曰蒼天也二云夏為昊天者詩雨無正二云浩〻昊天故此釋之昊者元氣博大之貌郭二云言氣皓旰者皓旰日光出之貌也言畏日光明皓旰因名二云昊天也秋為旻天者詩大雅召旻二云旻天疾威之類旻愍也言秋氣肅殺万物可愍故曰旻天郭二云旻猶愍也愍万物彫落者旻愍詩序文但彼愍作閔音義同也二云冬為上天者詩小雅信南山二云上天同雲之類言冬時無

事惟在於上故曰上天鄭玄言時無事在上臨下而
已者言冬氣閉藏無修生殺之事惟在於上監於下
而已也案詩傳云蒼天以躰言之尊而君之則稱皇
天元氣廣大則稱昊天仁覆閔下則稱旻天自上降
監則稱上天據遠視之蒼蒼然則稱蒼天毛公此傳
當有成文不知出何書李巡云古詩人質仰視天形
穹隆而高其色蒼蒼故曰穹蒼是蒼天以躰言之也
皇君也故尊而君之則稱皇天昊天貌故言其混元
之氣昊昊廣大則稱昊天旻閔也言其以仁慈之恩
覆閔在下則稱旻天從上而下視万物則稱上天據
人遠而視之其色蒼蒼然則稱蒼天又李巡注此云
春万物始生其色蒼蒼故曰蒼天夏万物盛壯其氣
昊天故曰昊天秋万物成熟皆有文章故曰旻天冬
陰氣在上万物伏藏故曰上天案此以四時異其天
名詩傳則各用所宜為稱以相乖異而鄭玄則和合
二說故異義同号今尚書歐陽說春曰昊天夏曰蒼
天秋曰旻天冬曰上天尔雅亦云古尚書与毛詩同
謹案尚書堯典羲和以昊天總勑以四時故知昊天

不愍春也左傳夏四月孔丘卒稱曰旻天不弔非秋也玄之闕也爾雅者孔子門人所作以釋六藝之言蓋不誤也春氣博施故以廣大言之夏氣高明故以遠大言之秋氣或生或殺故以閔下言之冬氣閉藏而清察故以監下言之皇天者至尊之號也六藝之中諸稱天者以情所求之耳非必於其時稱之浩浩昊天求天之博施蒼天蒼天求天之高明旻天不弔求天之生殺當得其宜上天同雲求天之所爲當順其時也此之求天猶人之說事各從其主耳若察於是則堯命羲和欽若昊天孔丘卒旻天不弔無可怪耳是鄭和合二說之事也爾雅春爲蒼天夏爲昊天歐陽說春爲昊天夏爲蒼天鄭既言爾雅不誤當從爾雅而又從歐陽說以春昊夏蒼者鄭讀爾雅與孫郭本異故許慎既載今尚書說即言爾雅亦云明見爾雅與歐陽說同雖蒼昊有春夏之殊則未知孰是要■說理相符合故鄭和而釋之

四時（疏）此隨上事也言上所陳是四時之名也題之在下者若周公戒成王及詩篇

章句皆篇末題之，故此亦爾。白虎通云：「歲時何謂？春秋冬夏也。時者，期也，陰陽消息之期也。」鄉飲酒義云：「春之爲言蠢也，産萬物者聖也。夏之爲言假也，養之長之假之，仁也。秋之爲言揫也，揫之以時察，守義者也。冬之之爲言中也，中者藏也。」

春爲青陽，氣青而溫陽。夏爲朱明，氣赤而光明。秋爲白藏，氣白而收藏。冬爲玄英。氣黑而清英。四時和謂之玉燭。道光照。春爲發生，夏爲長嬴，秋爲收成，冬爲安寧。此亦四時之別號，尸子皆以爲太平祥風。四時和爲通正，通平暢也。謂之景風。所以致景風。甘雨時降，萬物以嘉，莫不善之。謂之醴泉。所以出醴泉。

【疏】此釋太平之時四氣和暢以致嘉祥之事也。云「春爲青陽」者，言春之氣和則青而溫陽也。云「夏爲朱

明者言夏之氣和則赤而光明也云秋爲白藏者言
秋之氣和則色白而收藏也云冬爲玄英者言冬之
氣和則黑而清英也云四氣和謂之玉燭注云道光
照者道言也言四時和氣溫潤明照故曰玉燭李巡
云人君德美如玉而明若燭尸子云君子比德於玉
焉是知人君若德輝動於內則和氣應於外統而言
之謂之玉燭也云春爲發生夏爲長嬴秋爲收成冬
爲安寧者此亦四時之别號也云四時和爲通正者
言上四時之功和是爲通暢平正之也云謂之景風
者言所以致景風景風即祥風也云甘雨時降萬物
以嘉者嘉善也甘雨即時雨也不爲萬物所苦故曰
甘若月令若雨數來則非甘也甘雨既以時降則萬
物莫不嘉善之也云謂之醴泉者言四時平暢亦所
以使地出醴泉也醴泉者水泉味甘如醴也又此亦
四時之别號者言與上青陽等同爲四時别號故云
亦也上據氣而言此據功爲説云尸子皆以爲太平
祥風者案尸子仁意篇述太平之事云燭於玉燭飲
於醴泉暢於永風春爲青陽夏爲朱明秋爲白藏冬

爲玄英四氣和正光照此之謂玉燭甘雨時降萬物以
嘉高者不少下者不多此之謂醴泉其風春爲發生
夏爲長嬴秋爲方盛冬爲安靜四氣和爲通正此之
謂永風是也案援神契云德及於天斗極明日月光
甘露降德至深泉則黄龍見醴泉湧是言王者修德
以召和平則致景風醴泉也案此經所釋即謂發生
等爲景風時雨爲醴泉而郭云所以
致景風醴泉者所以私通其義也

祥 云祥者亦題上事也祥吉也善也言此上皆太平之吉祥也

穀不孰爲饑 五穀不成 蔬不孰爲饉 凡草菜可食者通名爲蔬 果不孰爲荒 果木子 仍饑爲荐 連歲不熟左傳曰今又荐饑 荐音賤

疏 此釋歲因災荒之名也穀謂五穀黍稷麻麥豆也孰成也五穀不成曰饑郭云凡草菜可食者通名蔬李巡曰可食之菜皆不孰爲饉周礼大宰職云以九職任萬民八曰臣妾聚斂疏材鄭玄云疏林

百草拔災可食者小雅云降喪饑饉襄十四年穀梁傳曰一穀不升謂之歉二穀不升謂之飢三穀不升謂之饉四穀不升謂之荒五穀不升謂之大饑又謂之大侵然以五穀熟之多少立差等之名其實五者皆是飢也三穀不升於民之困若顯蔬不熟同故俱名爲饉也果不熟也不成熟之歲名荒仍因也飢饑也連歲不熟爲者饑僖十三年晉荐飢是也○左傳曰今又荐飢此晉語文也左丘明既作傳以解春秋又采簡牘以作國語其文不主於經故謂之外傳俱是丘明所作亦得云左傳曰案彼云晉饑乞糴乞糴於秦丕豹曰晉君無礼於君莫不知往年有難今已荐飢已失人又失天其殃也多矣君其伐之勿與糴是其事也

災一云災者亦題上事也下皆倣此

太歲在甲曰閼逢在乙曰旃蒙在丙曰柔兆在丁曰

強圉在戊曰著雍在己曰屠維在庚曰上章在辛曰
重光在壬曰玄黓在癸曰昭陽（閼烏割切著直略切重直龍切黓音亦）

歲陽

太歲在寅曰攝提格在卯曰單閼在辰曰執徐在巳
曰大荒落在午曰敦牂在未曰協洽在申曰涒灘在
酉曰作噩在戌曰閹茂在亥曰大淵獻在子曰困敦
在丑曰赤奮若（牂子音臧洽音合涒湯昆切噩五各切閹音淹敦頓）【疏】此別太歲在日在辰之名也甲至癸爲十日日爲陽寅至丑爲十二辰辰爲陰
案漢書律曆志云迺以前曆上元泰初四千六百一十七歲至於元封七年復得閼逢攝提格之歲中冬〻
孟康曰言復得者上元泰初時亦是閼逢之歲

甲曰閼逢在寅曰攝提格此謂甲寅之歲也然則乙
卯之歲曰旃蒙單閼丙辰之歲曰柔兆執徐丁巳之
歲曰強圉大荒落戊午之歲曰著雍敦牂己未之歲
曰屠維協洽庚申之歲曰上章涒灘辛酉之歲曰重
光作噩壬戌之歲曰玄黓閹茂癸亥之歲曰昭陽大
淵獻甲子之歲曰閼逢困敦乙丑之歲曰旃蒙赤奮
若以此推之周
而復始可知

載歲也夏曰歲取歲星行一次商曰祀取四時一終周曰年取禾一熟唐虞曰載取物終更始

疏 別年歲之名也載即歲也白虎通云王者受命而改正朔者明
易姓示不相襲也明受之於天不受之於人所以變
易民心革其耳目以明化然則歲名變易理亦同然
故夏曰歲歲取歲星行一次夏書曰每歲孟春遒人以
木鐸徇于路是也商曰祀祀取四時一終則以祀者嗣
也取其興來繼往之義孫炎曰取四時祭祀一訖商
書曰惟元祀十有二月乙丑伊尹祠于先王是也周

曰年者取禾一熟也案說文云年穀熟也從禾千聲春秋曰大有年然則年者禾熟之名每歲一熟故以爲歲名左傳曰十年七百是也唐虞曰載載始也取物終更始堯典曰朕在位七十載舜典曰五載一巡守是也○案律曆志分二十八宿爲十二次晉灼注天文志云太歲在四仲則歲行三宿太歲在四孟四季則歲行二宿二八十六三四十二而行二十八宿十二歲而周天是歲星年行一次也

歲名

月在甲曰畢在乙曰橘在丙曰修在丁曰圉在戊曰厲在己曰則在庚曰窒在辛曰塞在壬曰終在癸曰極窒知乙切塞先代切

月陽

正月為陬離騷云攝提貞於孟陬二月為如三月為寎四月為余五月為皋六月為且七月為相八月為壯九月為玄國語云至於玄月是也〔寎〕孚秋切〔且〕子余切相息亮切十月為陽純陰用事嫌於無陽故以名云十一月為辜十二月為涂皆月之別名自歲陽至此其事義皆所未詳通者故闕而不論○〔涂〕音徒【疏】此辨以日配月之名也設若正月得甲則曰畢陬二月得乙則曰橘如二月得丙則曰修寎四月得丁則曰圉余五月得戊則曰厲皋六月得己則曰畢且七月得庚則曰室相八月得辛則曰塞壯九月得壬則曰終玄十月得癸則曰極陽十一月得甲則曰畢辜十二月得乙則曰橘涂周而復始亦可知也若史記曆書云月名畢聚也○離騷者屈原所作也屈原與楚同姓事懷王為三閭大夫為大夫靳尚所譖毀見疎乃作離騷經離別也騷愁也言已放逐離別心

月令

中慈恩猶陳正道以諷諫君也其經曰高陽之苗裔兮朕皇考曰伯庸攝提貞於孟陬兮惟庚寅吾以降彼注云言己生得陰陽之正中見引之以證正月為陬之義。○云國語是也此越語文也案彼云越王將伐吳范蠡諫曰王姑待之至於玄月王召范蠡而問焉彼注云魯哀公十六年九月也至十七年三月越伐吳是也引之以證正九月為玄也。○純陰用事嫌於無陽故以名云者以易言之五月一陰生十月純陰用事故云純陰用事也云嫌者君子愛陽而惡陰故以陽名之無陽而得陽名者以分陰分陽迭用柔十二月之消息見其用事耳其實陰陽有常詩緯曰陽生酉仲陰生戌仲是十月中兼有陰陽也四月秀葽靡草死豈無陰乎明陰陽常兼有也詩小雅云日月陽止是也。○云自歲陽至此者謂自閼逢以下也云其事義皆所未詳通者案李巡孫炎雖各有其說皆構虛不經疑事無質故闕而不論

元十行本爾雅注疏

第二册

晉 郭璞注 宋 邢昺疏

元刻本

山東人民出版社·濟南

○五卷下

南風謂之凱風 詩曰凱風自南 東風謂之谷風 詩云習習谷風 北
風謂之涼風 詩云北風其涼 西風謂之泰風 詩曰泰風有隧 焚輪
謂之穨 穨暴風從上下 徒回切 扶搖謂之猋 猋暴風從下上 必遙切 風與
火為庉 庉庉熾盛之貌 徒損切 迴風為飄 飄旋風也 日出而風為
暴 詩云終風且暴 風而雨土為霾 詩曰終風且霾 陰而風為曀
詩曰終風且曀 於計切 天氣下地不應曰雺 言蒙昧 地氣發
天不應曰霧霧謂之晦 言晦冥 螮蝀謂之雩 螮蝀虹
也 俗名為美人 蜺為挈貳 蜺雌虹也 見離騷

見尸子挈若諸 弇日爲蔽雲即暈氣五彩覆日也弇音掩 疾雷爲霆霓雷之急激
者謂霹靂霆廷霓宜 雨霓爲霄雪詩曰如彼雨雪先集維霰霰七冰雪雜下者謂之霄雪霓霄辟
見切 暴雨謂之涷今江東呼夏月暴雨爲涷雨離騷云今飄風兮先驅使涷雨兮灑塵是也
涷音東西之東 小雨謂之霢霂詩曰益之以霢霂霢脈霂木 久雨謂之
淫左傳曰天作淫雨 淫謂之霖雨自三日已上爲霖 濟謂之霽今南陽人呼雨
止爲霽霽齊音霽祖計切 [疏]此釋風雨之名也易曰風以動之雨以潤之又曰潤之以風雨洪範日月
之從星則以風雨然則風雨相將之物故此類聚而
釋之也○南風謂之凱風者李巡曰南風長養萬物
喜樂故曰凱風凱樂也郭氏先識義或當然詩邶風
云凱風自南是也○東風謂之谷風者孫炎曰谷之
言穀穀生也谷風者生長之風也詩邶風云習習谷
風是也○北風謂之凉風者北風一名凉風言北方

寒涼之風也月令孟秋之月涼風至詩邶風一云北風其涼是也　西風謂之泰風者孫炎曰西風成物物豐泰也詩大雅桑柔云泰風有隧是也　焚輪謂之頹者李巡曰焚輪暴風從上來降謂之頹頹下也孫炎曰迴風從上下曰頹郭云暴風從上下與李同也詩小雅云習習谷風維風及頹是也　扶搖謂之猋者李巡曰扶搖暴風從下升上故曰猋猋上也孫炎曰迴風從下上曰猋郭云暴風從下上亦同李說莊子說鵬云摶扶搖而上者九萬里月令孟春行秋令則猋風暴雨總至是也　風與火爲庉者郭云庉庉熾盛之貌言風自火出火因風熾而有大風者爲庉[redacted]迴風爲飄者郭云旋風也李巡曰一曰飄別二名也詩蓼莪云飄風發發是也　日出而風爲暴者孫炎云陰雲不興而大風暴起然則爲風之暴疾故詩邶風云終風且暴毛傳云暴疾也　風而雨土爲霾者孫炎曰大風揚塵土從上下也詩邶風云終風且霾是也　陰而風爲曀者孫炎曰雲風曀日光詩邶風二云終風且曀是也　天氣下地不應曰雺者郭云

言蒙昧洪範云曰雺鄭注云雺聲近蒙詩零雨其濛
則雺是天氣下降地氣不應蒙闇也地氣發而天不
應曰霿霿謂之晦者郭云言晦冥月令仲冬行夏令
氛霧冥冥鄭云霿露之氣散相亂也然則地氣發而
上天不應之則爲氛霧霿又名晦春秋僖十五年己
卯晦震夷伯之廟公羊穀梁皆云晦冥也是矣　螮
蝀謂之雩螮蝀虹也者郭云俗名美人虹江東呼雩
然則螮蝀一名雩一名虹詩鄘風云螮蝀在東月令
季春之月虹始見音義云虹雙出色鮮盛者爲雄雄
曰虹闇者爲雌雌曰蜺虹是陰陽交會之氣純陰純
陽則虹不見若雲薄漏日日照雨滴則虹生螮與蝃
音義同　蜺爲挈貳者蜺雌虹也一名挈貳說文云
霓屈虹青赤或白色陰氣也郭云見離騷者即天問
云白蜺嬰茀胡爲此堂及遠遊云雌蜺便嬛以曾
撓兮是也挈貳其別名也文見尸子　弇日爲蔽雲
者郭云即暈氣五彩覆日也然則暈氣弇日名蔽雲
周礼春官眡祲掌十煇之法鄭司農云煇謂日光炁
是也　疾雷爲霆霓者郭云雷之急激者謂霹靂案

説文云霆雷餘聲也鈴鈴所以挺出萬物也又云震劈歷振物者然則疾雷一名霹靂又名震春秋震夷伯之廟謂劈歷破之是也霹靂俗字也　雨霓爲霄雪者霓水雪雜下也因名霄霄即消也詩小雅頍弁云如彼雨雪先集維霰鄭箋云將大雨雪始必微温雪自上下遇温氣而摶謂之霰案大戴禮曾子云陽之專氣爲雹陰之專氣爲霰盛陽之氣在雨水則温暖爲陰氣薄而脅之不相入則摶爲雹也盛陰之氣在雨水則凝滯而爲雪陽氣薄而脅之不相入則消散而下因水而爲霰是霰由陽氣所薄而爲之故鄭言遇温氣而摶也霄霓與霰音義同　暴雨謂之涷者暴雨謂驟雨也一名涷郭云今江東呼夏月暴雨爲涷雨離騷云令飄風兮先驅使涷雨兮灑塵是也者此離騷九歌大司命文案彼云廣開兮天門紛吾乘兮玄雲令飄風兮先驅使涷雨兮灑塵是也　小雨謂之霢霂者小雨一名霢霂小雅信南山云益之以霢霂是也李巡云水雪俱下案此文上有暴雨下云久雨於閒無雪事而云水雪俱下妄矣　久雨謂

之淫者淫過也久雨過多害於五稼故謂之淫月令
季春行秋令則天多沈陰淫雨早降謂久雨也注云
左傳曰天作淫雨者莊十一年傳文也　淫謂之霖
者淫雨又名霖也郭云雨自三日已上爲霖者隱九
年左傳文也　濟謂之霽霽者濟止也雨止名
霽者郭云今南陽人呼雨止爲霽者尚書云曰霽

風雨 〔疏〕風雨者題上事也

壽星角亢也數起角亢列宿之長故曰壽亢音剛天根氐也角亢下繫於氐若木
之有根氐音低天駟房也龍爲天馬故房四星謂之天駟大辰房心尾也龍星
明者以爲時候故曰大辰大火謂之大辰大火心也在中最明故時候主焉析木
謂之津即漢津也[illegible]昔箕斗之閒漢津也箕龍尾斗南斗天漢之津梁星
紀斗牽牛也牽牛斗者日月五星之所終始故謂之星紀玄枵虛也虛在

正北北方黑色枵之言耗耗亦虛意（耗）許嬌切顓頊之虛虛也顓頊水德位在北方顓專
（頊）旭北陸虛也虛星之名凡四（虛）墟營室謂之定定正也作宮室皆以營室之中
爲正（定）多佞切娵觜之口營室東壁也營室東壁星四方似口因名云（娵）子余切
（觜）遵咨降婁奎婁也奎爲溝瀆故名（降）戶江切大梁昴也西陸昴也
昴西方之宿別名旄頭濁謂之畢掩兔之畢或呼爲濁因星形以名咮謂之柳
咮朱鳥之名咮豬究柳鶉火也鶉鳥名火屬南方北極謂之北辰北極天之
中以正四時何鼓謂之牽牛今荊楚人呼牽牛星爲擔鼓擔者荷也（何）胡可明星
謂之啟明太白星也晨見東方爲啟明昏見西方爲太白（啟）啓彗星爲欃槍
亦謂之孛言其形孛孛似掃彗（欃）初銜（槍）初庚奔星爲彴約流星○（彴）[illegible]蒲[illegible]切（約）音[illegible]

疏此別星名也案周禮保章氏以星土辨九州之地所封封域皆有分星以觀妖祥鄭玄注云大界則曰九州諸國之封域於星亦有分焉其書亡矣堪輿雖有郡國所入度非古數也今其存可言者十二次之分也星紀吳越也玄枵齊也娵訾衛也降婁魯也大梁趙也實沈晉也鶉首秦也鶉火周也鶉尾楚也壽星鄭也大火宋也析木燕也又漢書律歷志東方角亢氐房心尾箕北方斗牛女虛危室壁西方奎婁胃昴畢觜參南方井鬼柳星張翼軫凡二十八此經所釋次宿有九宿惟下七者以分推之作釋六藝所載者則闕焉壽星角亢也者言壽星之次值角亢之宿也郭云數起角亢列宿之長故曰壽天文志云東宮蒼龍左角理右角將大角者天王帝坐廷亢宗宗廟是也　天根氐也者氐一名天根郭云角亢下繫於氐若木之有根國語曰天根見而水涸是也　天駟房也者房一名天駟也郭云龍為天馬故房四星謂之天駟天文志曰房為天府曰天駟國語曰月在天駟是也　大辰房心尾也者大辰房心尾之總名

也辰時也郭云龍星明者以為時候故曰大辰春秋昭十七年冬有星孛于大辰是也 大火謂之大辰者大火大辰之次名也李巡云大火蒼龍宿心以候四時郭云大火心也在中最明故時候生焉左傳曰心為大火是也 析木謂之津箕斗之閒漢津也者析木之津箕斗之次名也 孫炎曰析別水木以箕斗之閒是天漢之津也然則天漢即天河也天河在箕斗二星之閒箕在東方木位斗在北方水位分析木水以箕星為隔隔河須津梁以渡故謂此次為析木之津也不言析水而言析木者此次自南而盡北故依此次而名析木也郭云箕龍尾斗南斗天漢之津梁以四方皆有七宿各成一形東方成龍形西方成虎形皆南首而北尾南方成鳥形北方成龜形皆西首而東尾箕在蒼龍之末故云龍尾斗至南方即見故云南斗昭八年左傳曰今在析木之津國語曰日在析木之津者是也案經典但有析木之津無析木謂之津今定本有謂字因注云即漢津也誤矣 星紀斗牽牛也者星紀子午之次也郭云牽牛

斗[redacted]日月五星之所終始故謂之星紀左傳曰歲在
星紀是也　玄枵虛也者玄枵虛之次名也郭云虛
在正北北方黑色枵之言耗耗虛意然則以其色黑
而虛耗故名焉釋曰玄枵案襄二十八年左傳云春
無冰梓慎曰今茲宋鄭其饑乎歲在星紀而[redacted]於玄
枵以有時菑陰不堪陽蛇乘龍龍宋鄭之星也宋鄭必
饑玄枵虛中也枵耗名也土虛而民耗不饑何為顓
頊之虛虛也郭云顓頊水德位在北方然則北方三
次以玄枵為中玄枵次有三宿又虛在其中以水位
在北顓頊居之故謂玄枵虛為顓頊之虛虛也昭十年
左傳云鄭裨竈言於子產曰今茲歲在顓頊之虛是
也北陸虛也者虛星又謂之北陸也孫炎曰陸中也
北方之宿虛為中也昭四年左傳云古者日在北
陸而藏冰杜注云陸道也北陸之為中為道皆無正訓
各[redacted]以意自要以虛為北方小星宿是日行之道故謂
之北陸郭云虛星之名凡四者玄枵也虛也顓頊之
虛也北陸也　營室謂之定定室者營室一名定郭云
定正也作宮室皆以營室中為正詩鄘風云定之方中

作于楚宮鄭箋云定星昏中而正於是可以營制宮
室故謂之營室娵訾之口營室東壁也者娵訾宮室壁
之次也壁居宿則在室東孫炎曰娵訾之次則口開
方營室東壁四方似口故因名也郭云營室東壁星
四大似口因名云由其營室東壁相成故得正四
方襄三十年左傳云歲在娵訾之口是也[redacted]降婁奎
婁也者降婁奎婁之次名也孫炎曰降下也奎為溝
瀆故稱降也郭云奎為溝瀆故名降者漢書天文志
云奎曰封[redacted]為溝瀆是也案襄三十年左傳云鄭公
孫揮與裨竈晨過伯有氏其門上生莠子羽曰其[redacted]
猶在乎於是歲在降婁降婁中而旦裨竈指之曰猶
可以終歲歲不及此次也已及其亡也歲在娵訾之
口其明年乃及降婁是也大梁昴也西陸昴也者大
梁昴之次名也昴西方之宿名也昴又謂之西陸昭
四年左傳云古者日在北陸而藏冰西陸朝覿而出
之又十二年傳云歲及大梁蔡復楚凶是昴星之名凡
三郭云昴西方之宿別名旄頭者天文志云昴曰[redacted]
頭胡星也是矣[redacted]濁謂之畢者畢西方之宿名一名

濁郭云掩兔之畢或呼爲濁因星形以名詩小雅云
有捄天畢毛傳云捄畢貌畢所以掩兔特牲饋食禮
曰宗人■畢鄭注云畢狀如叉盖爲其似畢星取名
焉然則掩兔祭器之畢俱象畢星爲之但掩兔之畢
施網爲異爾■咮謂之柳柳鶉火也者柳南方之宿
名南方七宿共爲朱鳥之形柳爲朱鳥之口故名咮
咮即朱鳥之口也鶉火柳之次名也鶉即朱鳥也火
屬南方行也因名其次爲鶉火襄九年左傳曰晉侯
問於士弱曰吾聞之宋災於是乎知有天道何故對
曰古之火正或食於心或食於咮以出内火故咮爲
爲鶉火心爲大火是也北極謂之北辰者極中也辰
時也居天之中人望之在北因名北辰極斗杓所建以
正四時故云北辰論語云爲政以德譬如北辰是也
○何鼓謂之牽牛者李巡云何鼓牽牛皆二十八宿
名也孫炎曰何鼓之旗十■二星在牽牛北也或名爲
何鼓亦名牽牛如此文則牽牛何鼓一星也如李巡
孫炎之意則二星今不知其同異也案漢書天文志
牽牛爲犧牲其北河鼓河鼓大星上將在右左右將

亦以牽牛河鼓為二星郭云今楚荆人呼牽牛星為
擔鼓擔者荷也順經為說以時驗而言也[redacted]明星謂
之名明者孫炎曰明星太白也出西方高三舍今日
明星昏出西方高三舍今曰太白郭云太白星也晨
見東方為啓明昏見西方為太白然則啓明是太白
矣詩小雅云東有啓明西有長庚不知是何星也或
以在東西而異名或二者別星未能審也彗星為欃
槍者彗星一名欃槍漢書天文志云歲星贏東南石
氏見彗星牛氏不出三月迺生彗本類星末類彗長
二丈贏東北石氏見覺星井氏不出三月乃生天棓
本類星末銳長四尺縮西南石氏見欃雲如牛井氏
不出三月迺生天欃左右銳長數丈縮西北石氏見
槍雲如馬井氏不出三月迺生天槍本類星末銳長
數丈石氏欃槍棓彗異狀其殃一也郭云亦謂之孛
言其形孛孛似埽彗春秋左氏傳昭十七年冬有彗
孛于大辰西及漢申須曰彗所以除舊布新也公羊
傳孛者何彗星也彗謂帚也言其狀似埽帚光芒孛
孛然妖變之星非常所有故言孛又言彗也奔星為

彴約者奔星即流星也二名彴約

星名(疏)星名題上事也

春祭曰祠祠之言食夏祭曰礿新菜可汋秋祭曰嘗嘗新穀冬祭曰蒸進品物也祭天曰燔柴既祭積薪燒之(燔)音煩祭地曰瘞薶既祭埋藏之祭山曰庪縣或庪或縣置之於山山海經曰縣以吉玉是也(庪)居委切祭川曰浮沉投祭水中或浮或沉祭星曰布布散祭於地祭風曰磔今俗當大道中磔狗云以止風此其象(磔)音責是禷是禡師祭也師出征伐類於上帝禡於所征之地(禷)類(禡)罵既伯既禱馬祭也伯祭馬祖也將用馬力必先祭其先禘大祭也五年一大祭(禘)大計繹又祭也祭之明日尋繹復祭周曰繹

春秋經曰壬午猶繹商曰肜書曰高宗肜日夏曰復胙未見義所出附祚

疏此別四時及三代諸祭名也春祭曰祠夏祭曰礿秋祭曰嘗冬祭曰烝者此四時之祭名也郭云祠之言食礿新菜可汋嘗嘗新穀烝進品物也此皆周禮也殷以上則礿禘烝嘗王制文是也至周公則去夏禘之名以春禴當之更名春曰祠故禘祫志云王制記先王之法度宗廟之祭春曰禴夏曰禘秋曰嘗冬曰烝祫為大祭於夏於秋於冬周公制礼乃改夏為禴禘又為大祭祭義注云周以禘為殷祭更名春曰祠是祠禴嘗烝之名周公制礼之所改也若然詩小雅云禴祠烝嘗于公先王此文王之詩所以已得有制礼所改之名者然王者因革与世而升事雖制礼大定要亦所改有漸易曰不如西鄰之禴祭鄭注為夏祭之名則文王時已改言周公者據制礼大定言之耳祭天曰燔柴者祭天名燔柴祭法云燔柴於泰壇祭天也郭云既祭積薪燒之大宗伯云以禋祀昊天上帝以實柴祀日月星辰以槱燎祀司中司命飌

師兩師鄭云禋之言煙周人尚臭煙氣之臭聞者燔積也詩曰芃芃棫樸薪之槱之三祀皆積柴實牲體焉或有玉帛燔燎而升煙所以報陽也然則祭天之礼積柴以實牲體玉帛而燔之使煙氣之臭上達於天因名祭天曰燔柴也祭地曰瘞埋者祭地名瘞薶祭法云瘞埋於泰折祭地也然則祭神州地祇於北郊瘞繒埋牲因名祭地曰瘞埋李巡曰祭地以玉埋地中曰瘞埋孫炎曰瘞者翳也既祭翳藏地中祭山曰庪縣者庪縣祭山之名也庪謂埋藏之太宗伯云以貍沉祭山林川澤鄭注云祭山林曰埋是也縣謂縣其牲幣於山林中因名祭山曰庪縣郭云或庪或縣置之於山是也又云山海經曰縣以吉玉是也者案中山經云歷兒冢也其祠祀毛太牢之具縣以吉玉彼注云縣祭山之名是也　祭川曰浮沉者浮沉祭川之名也郭云投祭水中或浮或沉太宗伯云以埋沉祭山林川澤鄭注云祭川澤曰沉順其性之含藏是也祭星曰布者李巡曰祭星者以祭布露地故曰布孫炎曰既祭布散於地似星布列也郭云布

散於坐祭風曰磔者磔謂披磔牲體象風之散物
因名今俗當大道中磔狗云以止風此其象是類
是禡師祭也者是類是禡詩大雅皇矣篇文也師祭
也作者所以解詩也言用師出征之祭名也郭云師
出征伐類於上帝禡於所征之地者王制云天子將
出征類乎上帝則類祭祭天也祭天而謂之類者尚
書夏侯歐陽說以事類祭之在南方就南郊祭之春
官肆師注云類禮依郊祀而為之是用尚書說為義
也禡之所祭其神不明肆師云凡四時之田獵祭表
貉則為位注云貉師祭也於立表處為師祭造軍法
者禱氣勢之增倍也其神蓋蚩尤或曰黃帝又甸祝
掌四時之田表貉之祝號杜子春云貉兵祭也田以
講武治兵故有兵祭習兵之禮故貉祭禱氣勢之十
百而多獲由此二注言之則禡祭造兵為軍法者為
表以祭之禡周禮作貉貉又或為貊字古今之異也
貉之言百祭祀此神求獲百倍既伯既禱馬祭也者
既伯既禱詩小雅吉日篇文也馬祭也作者所以釋
詩也毛傳云伯馬祖也重物慎將用馬力必先為之

禱其祖禱〻獲也郭〻云伯祭馬祖也將用馬力必先
祭其先知伯是祭馬祖者爲馬而祭故知馬祖謂之
伯者伯長也馬祖始是長也鄭注周礼〻云馬祖天駟
房也彼注〻云龍爲天馬是故房四星謂之天駟馬国之
大用王者重之故夏官牧人春祭馬祖夏祭先牧秋
祭馬社冬祭馬步注〻云馬祖天駟先牧始養馬者馬
祖始乘馬者馬步神爲灾害馬者既四時各有所爲
祭之馬祖祭之在是其常也而將用馬力則又用彼
礼以禱之禘大祭也者經傳之文称禘非一其義各
殊論語云禘自既灌及春秋禘于太廟謂宗廟之祭
也喪服小記云王者禘其所自出也及大傳云礼不
王不禘謂祭感生之帝於南郊也祭法云周人禘嚳
而郊稷謂祭昊天於圓丘也以此比餘爲大祭總
得稱禘宗廟謂之禘者禘諦也言使昭穆之次審諦
而不亂也祭天謂之禘者亦言使典禮諦也郭云五
年一大祭者出礼記文知非祭天之禘者以此文下
云繹又祭也爲宗廟之祭知此亦宗廟之祭也繹
又祭也者又復也繹復祭之名也郭云祭之明日尋

繹，復祭。公羊傳云：「繹者何？祭之明日也。」穀梁傳云：「繹者，祭之旦日之享賓也。」天子諸侯謂之爲繹，朝事纘食大夫之禮也，謂之賓尸，與祭同日者，然是亦與賓尸事不同矣。而詩頌絲衣序云「繹賓尸」者，繹祭之禮主爲賓爭比尸，但天子諸侯禮大，異日爲之，別爲立名，謂之爲繹，言其尋繹昨日；卿大夫禮小，同日爲之，不別立名，直指其事，謂之賓尸耳。此序言繹者，是此祭之名；賓尸，是此祭之事，故特詳其文也。然又祭之名，三代各異，周名繹，商名肜，夏名復胙。郭云「春秋經曰：壬午，猶繹」者，宣八年經文也。又云「書曰高宗肜日」，商書篇也。孫炎云：「肜者，相尋不絕之意。」夏曰復胙者，郭云未見義所出，以夏之典訓無言復胙名者，是未見義所出也。詩傳及詩箋亦無此一句。說者云：胙是祭肉也，以祭之旦日復陳其祭肉以賓尸也。未知然不。

祭名

春獵爲蒐，搜索取不任者。○蒐音搜。夏獵爲苗，爲苗稼除害。秋獵爲獮，順殺氣也獮息淺切冬獵為狩得獸取之無所擇○狩手又切宵田為獠管子曰獠獵畢弋今江東亦呼獵為獠或曰即今夜獵載鑪照也○獠音遼火田為狩放火燒草獵亦為狩

乃立冢土戎醜攸行冢土大社戎醜大衆起大事動大衆必先有事乎社而後出謂之宜有事祭也周官所謂宜乎社振旅闐闐振旅整衆闐闐羣行聲○闐田出為治兵尚威武也幼賤在前貴勇力入為振旅反尊卑也尊老在前復常儀也

疏此說田獵習武之事也云春獵為蒐夏獵為苗秋獵為獮冬獵為狩者此四時田獵之名也郭云蒐搜索取不任者苗為苗除害獮順殺氣也狩得獸取之無所擇隱五年左傳文公蒐于同杜注一云蒐索擇取不孕者苗為苗除害也獮殺也獮秋獵名順秋氣也狩圍守也冬物畢成獲則取之無所擇也周礼大司馬職中春教振旅遂以蒐田中夏教茇舍遂以苗中秋教

遂以獮田中冬教大閱遂以狩田其名亦與此
異鄭玄傳田名與此小異言擇取不孕任者若治苗
去不秀實者夏苗亦然桓四年公羊傳曰春曰苗秋
曰蒐冬曰狩三名既與禮異又復夏時不田穀梁傳
曰四時之田皆爲宗廟之事也春曰田夏曰苗秋曰
蒐冬曰狩皆與禮異者良由微言既絶曲説妄言左
丘明親受聖師爾雅者或云子夏所作故二者與禮
合歷代古斈不行帝集諸斈士作白虎通義因穀梁
之文爲之注證曰田者諸侯所以田獵何爲田除害
上以共宗廟下以簡集士衆也春謂之田何春歲之本
舉本名而言之也夏謂之苗何擇其不任者也秋謂
之蒐何蒐索肥者也冬謂之狩何守地而取之也四
時之田総名爲田何爲田除害也案諸非禮任之名
何云擇去懷任秋獸尽皆丁瘦何云蒐索取肥離名
通義義不通也故先儒皆依周禮左傳爾雅之文而
爲之説其名亦有意焉雖復春獵獲則取之不能擇
取不孕夏獵所取既多不能爲苗除害爲因時異而
變文耳謂之獵者蔡邕月令章句云獵者捷取之名

也宵田爲獠者宵夜也夜獵名獠郭云管子曰獠
獵畢弋者案管子四稱篇管仲對桓公曰昔者无道
之君誅其良臣游其婦女獠獵畢弋暴遇諸父者是
也又云今江東亦呼獵爲獠者以時驗而言也或曰
即今夜獵載鑪照也者亦得爲一義故復引之○火
田爲狩者郭云放火燒草獵亦爲狩言與冬獵同名
故云亦也李巡孫炎皆云放火燒草守其下幽周礼
羅氏蜡則作羅襦鄭云襦細密之羅此時蟄者畢矣
可以[redacted]圖取禽也今俗放火張羅其遺教礼記王
制云昆蟲未蟄不以火田則是已蟄得火田也乃
立冢土戎醜攸行者此詩大雅緜篇文也郭云冢土
大社戎醜大衆郊特牲云社所以神地之道也礼運
云命降於社之謂殺地是社爲土之神也冢訓爲大
社爲社土故知冢土大社也釋詁云戎大也醜衆也
故云戎醜大衆也 起大事動大衆必先有事乎社
而後出謂之宜者此作者既列詩文於上然後爲此
辭以釋之也孫炎曰大事兵也有事祭也宜求見使
祐也此文本解戎醜攸行之意言周家起發[illegible]旅之

以興動其大衆必先有祭事於社而出行其
祭之名謂之爲宜以師行必須宜祭以告社故言戎
醜攸行也定公三年左傳曰國之大事在祀與戎故
兵爲大事也春秋閔十三年有事於武宮雜記云有
謂於上帝皆是祭事故謂祭爲有事以兵凶戰危慮
有負敗祭之以求其福宜故謂之宜王制云天子將
出宜乎社是也鄭注云周官所謂宜乎社者春官大祝
職云出師宜于社造于祖是也 振旅闐闐者此詩
小雅采芑篇文也鄭箋云至戰止將歸又振旅伐鼓
闐闐然振猶止也旅衆也鄭云振旅整衆闐闐羣行
聲出爲治兵尚威武也入爲振旅反尊卑也若此亦
作者釋上詩文也古者春教振旅秋教治兵以戒不
大事又三年一教愈五年左傳曰三年而治兵入而
振旅是也征伐之時既陣至鬭便用治兵禮戰止至
還歸用振旅法名異而禮同也以此出當用之故以
修治兵事爲名入則休息故以整衆爲名其治兵振
旅之名周禮左傳穀梁與此皆同唯公羊以治兵爲
祠兵其禮治兵則幼賤在前振旅則尊老在前鄭云

幼賤在前貴勇力也
尊老在前復常儀也
講武（疏）講武者題上事也言皆所以講習武事也
素錦綢杠 以白地錦韜旗之竿。（杠音江） 纁帛縿 纁帛絳也縿衆旒所著。（纁音勳縿音衫）
素陞龍于縿 畫白龍於縿令上向 練旒九 練絳也 飾以組 用綦組飾旒之邊
維以縷 用朱縷維連持之不欲令曳地周禮曰六人維王之太常是也 緇廣充幅長
尋曰旐 帛全幅長（釁）土[illegible]長 繼旐曰旆 帛續旐末為燕尾者義見詩（旆音）
注旄首曰旌 載旄於竿頭如今之幢亦有旒 有鈴曰旂 縣鈴於竿頭畫交龍於旒
錯革鳥曰旟 此謂合剝鳥皮毛置之竿頭即禮記云載鴻及鳴鳶 因章曰旃 以帛
練為旒因其文章不復書之周禮云通帛為旃（疏）別旌旗之異名素錦綢杠者自此至維以縷說旂之

制也綢韜也杠竿也先以白地錦韜旂之竿禮記所
謂綢練設旐夏也則以纁帛著於素錦名縿縿即衆
旒所著首陛上也又畫白龍於縿令上向又練絳帛
爲旒九以著於縿飾旒之傍用綦組以朱縷維持其
旒使不曳地詩鄘風云素絲組之鄭箋云素絲者以
爲縷以縫紕旌旗之旒縿或以維持之是也郭云周
禮曰六人維王之太常者夏官節服氏職文後鄭注
云維之以縷也旌十二旒兩兩以縷綴連旁三人持
之禮天子旌曳地鄭司農云維持之是也爾雅云天
子斿高九仞諸侯七仞大夫三仞天子十二斿至地
諸侯九斿至軫卿大夫七斿至載上三斿至肩士纔
旛亦偏長尋曰旐旐者緇黑色也以黑色之帛廣全幅
長八尺屬於杠名旐又以帛續旐末爲燕尾者名旆
郭云義見詩者小雅云月云白旆央央是也○注旄
首曰旌者李巡曰旄牛尾著竿首孫炎曰析五采羽
注旄上也其下亦有旒縿郭云載旄於竿頭如今之
幢亦有旒如是則竿之首有羽也故周禮序夏官采
注云夏采夏翟羽色禹貢徐州貢夏翟之羽有虞氏

以為旒後世或無故染鳥羽象而用之謂之夏采其職注綏以旄牛尾為之綴於幢上所謂注旄於竿首者也○有鈴曰旂者郭云縣鈴於竿頭畫交龍於旒司常云交龍為旂又曰諸侯建旂然則旂者畫二龍於上一升一降相交又縣鈴於竿是諸侯之所建也詩小雅云旂旐央央是也○錯革鳥曰旟者孫炎云錯置也革急也畫急疾之鳥於縿也鄭志荅張逸亦云畫急疾之鳥隼以司常云鳥隼為旟詩小雅云織文鳥章也郭云此謂合剝鳥皮毛置之竿頭者意與孫鄭少異云即禮記云載鴻及鳴鳶者案曲禮云前有水則載青旌前有塵埃則載鳴鳶前有車騎則載飛鴻前有士師則載虎皮前有摯獸則載貔貅鄭注云載謂舉於旌首以警衆也禮君行師從卿行旅從前驅舉此則率衆知所有所舉各以其類象青青雀水鳥鳶鳴則將風鴻取飛有行列也士師謂兵衆虎取其有威勇也貔貅亦摯獸也因章曰旃者孫炎曰因其繒色以為旗章不畫之是也司常云通帛為旃鄭注云通帛謂大赤從周正色而飾郭云以帛練為

旒因其文章不復畫之，周禮云通帛爲旝者以日
又音與周禮通用綷帛皆明義，且名其實一也，故引爲證
旌旂（疏）旌旂者，九旗之名雖異，旌旂爲之總
非一類，不可盡在此者，以皆王者大事，以祭名
則天曰旛，央講武則類於上帝，旌旂則日月
爲常也，編不可遍
故繫之釋天也

爾雅注疏卷第五

爾雅注疏卷第六

釋地第九

疏 案說文云元氣初分輕清陽為天重濁陰為地萬物所陳列也白虎通云地者易也言養萬物懷任交易變化含吐應節也釋名云地底也其體在底下載萬物也禮統云地施也諦也應變施化審諦不誤也此篇釋地之所載四方中國州府陵藪之異故曰釋地

兩河間曰冀州 自東河至西河 河南曰豫州 自南河至漢 河西曰雝州 自西河至黑水 雝於用反 漢南曰荊州 自漢南至衡山之陽 江南曰楊州 自江南至海 濟河間曰兗州 自河東至濟 濟東曰徐州 自濟東至海 濟子禮切 燕曰幽州 自易水至北狄 齊曰營州 自岱東至海 此蓋殷制

疏 此釋九州之名及其界域也兩河間曰冀州注自東河至西河者周禮職方氏

云河内曰冀州禹貢不說境界孔安國云此州帝都
不說境界以餘州所至則可知以其禹貢兖州云濟
河自東河以東也豫州云荆河自南河以南也雍州
云西河自西河以西也明東河之西西河之東南河
之北是冀州之境也言東河西河南河者皆據帝都
冀州而言也案禹貢導河自積石龍門南流謂之西
河至于華陰折而東經底柱孟津過洛汭皆東流謂
之南河至于大伾折而北流過降水至于大陸又北
播為九河同為逆河入于海謂之東河此惟云兩河
者從可知李巡曰兩河間其氣清厥性相近故曰冀
冀近也○河南曰豫州注自南河至漢者職方與此
同禹貢云荆河惟豫州孔安國云西南至荆山北距
河水以其荆山在荆州漢水所經故文不同其實一
也李巡云河南其氣著密厥性安舒故曰豫豫舒也
○河西曰雍州注自西河至黑水者周禮王西雍州
禹貢云黑水西河惟雍州孔安國云西距黑水東據
河案酈元水經黑水出張掖雞山南流至燉煌過三
危山南流入于南海然則雍州之境東據龍門河西

距此黑水也李巡云河西其氣蔽壅厥性急凶故曰
雍雍壅也兼得梁州之地西北之位陽所不及陰壅
也■漢南曰荆州注自漢南至衡山之陽者周禮正
南曰荆州禹貢荆及衡陽惟荆州孔安国云北據荆
山南及衡山之陽言北據荆山則至漢水也李巡曰
漢南其氣燥剛禀性強梁故曰荆荆強也釋名取荆
山之名荆警也南蛮數爲寇逆常警備也■江南曰
揚州注自江南至海者周礼東南曰揚州禹貢淮海
惟揚州孔安国云北據淮南距海然則揚州之境跨
江北至淮北云江南者舉大而言也李巡曰江南
其氣燥勁厥性輕揚太康地記云以揚州漸太陽位
天氣奮揚履正含文故取名焉■济河間曰兖州注
自河至济者周礼河東曰兖州禹貢济河惟兖州孔
安国云東南據济西北距河孔傳云據者謂跨之也
距至也济河之間相去路近兖州之境跨济而過東
南越济水西北至東河也李巡云济河間其氣專質
厥性信謙故曰兖兖信也釋名以爲取兖水之義○
濟東曰徐州注自濟東至海者禹貢海岱及淮惟徐

州孔傳云東至海北至岱南及淮此云自濟東則是西至濟也李巡曰淮海間其氣寬舒禀性安徐故曰徐徐舒也周合其地於青州[redacted]燕曰幽州注自易水至北狄者周禮東北曰幽州李巡曰燕其氣深要厥性剽疾故曰幽幽要也禹貢其地合於冀州也地理志云涿郡故安縣閻鄉易水所出東至范入濡也從此易水至於北狄幽州之境也[redacted]齊曰營州注自岱東至海此蓋殷制者周禮正東曰青州禹貢云海岱惟青州孔傳云東北據海西南距岱然則此營州則青州之地也博物志云營與青同海東有青丘齊有營丘豈是名乎太康地記云東方少陽其色青其氣清歲之首事之始故以青為名爰為此蓋殷制者以此文上與禹貢不同下與周禮又異禹別九州有青有[redacted]梁而無幽并營是夏制也周禮周公所作有青并幽而无徐梁營是周制也此有徐幽營而无青梁并無是殷制也以無正文故云蓋也

九州 【疏】此上釋九州之名故題云九州也

魯有大野今高平鉅野縣東北大澤是也 疏 此下至周有焦護釋十藪之名也禹貢徐州云大野既豬地理志云大野澤在山陽鉅野縣北鉅即大也以其旁有大澤故縣以鉅野爲名哀十四年左傳云西狩於大野以此澤在曲阜西故云西狩也郭云今高平鉅野縣者東晉時鉅野屬高平郡故與志不同凡注言今者皆謂東晉時也

晉有大陸今鉅鹿北廣河澤是也 疏 孫炎曰廣河猶大陸以地名言之近爲是也禹貢冀州云大陸既作是也案定元年左傳晉魏獻子田於大陸焚焉還卒於甯杜預注嫌鉅鹿絕遠疑此田在汲郡吳澤甯今脩武縣近吳澤討此二澤相去甚遠亦得言大陸者以其廣平曰陸但廣而平者則名大陸故異所而同名也澤雖卑下旁帶廣平之地故統名焉

秦有楊陓今在扶風汧縣西陓於于 疏 周禮冀州云其澤藪曰陽陓鄭注云所在未聞

又雍州云其澤藪曰弦蒲鄭注云在汧案地理志汧
吴山在西古文以為汧山北有蒲谷鄉弦中谷雍州
藪今注亦云在汧然則
周礼弦蒲即此陽䀹也

宋有孟諸今在梁国睢陽縣東北
（疏）周礼青州其澤藪曰望
諸鄭注云望諸明都也
在睢陽禹貢豫州云導菏澤被孟豬左傳亦
作孟諸文不同者声轉字異正是一地也

楚有雲夢今南郡華容縣東
南巴丘湖是也
（疏）周礼荆州云其澤
藪曰雲瞢鄭注云
雲瞢在華容禹貢云雲土夢作又昭三年左傳楚子
與鄭伯田于江南之夢又定四年楚子涉睢濟江入
于雲中杜預云南郡枝江縣西有雲夢城江夏安陸
縣東南亦有夢城或曰南郡華容縣東南有巴丘湖
江南之夢也雲夢一澤而每處有名者司馬相如子
虚賦云雲夢者方九百里則此澤跨江南北亦得單
稱雲單稱夢
瞢即夢也

吳越之間有具區今吳縣南太湖即震澤是也疏周礼揚州云其澤藪曰具區鄭注云在吳南地理志云會稽吳縣故周泰伯所封國也具區在西古文以為震澤禹貢揚州云三江既入震澤底定是也

齊有海隅海濱廣斥疏此營州藪也云海濱廣斥禹貢文也孔傳云濱涯也言復其斥鹵案說文云鹵鹹也東方謂之斥西方謂之鹵海畔迥闊地皆斥鹵故云廣斥也

燕有昭余祁今太原鄔陵縣北九澤是也疏周礼并州其澤藪曰昭餘祁鄭注云在鄔地理志云鄔九澤在北是為昭餘祁并州藪是也

鄭有圃田今滎陽中牟縣西圃田澤是也疏周礼豫州云其澤藪曰圃田鄭注云在中牟地理志云中牟圃田澤在西豫州藪僖三十三年左傳云鄭之有原圃猶秦之有具圃也又詩車攻云

東有甫草鄭玄以爲甫田之草皆謂此也

周有焦護今扶風池陽縣瓠中是也（疏）孫炎云周岐周也詩六月云玁狁匪茹整居焦護是也時人謂之瓠中也

十藪（疏）題上事也說文云大澤也風俗通云藪厚也有草木魚鼈所以厚養人也

東陵阠南陵息愼西陵威夷中陵朱滕北陵西隃鴈門是也即鴈門山也阠音信（疏）此五方之陵名也其義及所在未詳云鴈門是也者此指解北陵也即鴈門山是也

陵莫大於加陵今所在未聞（疏）莫無也陵大阜也言陵无大於加陵者謂加陵最大者今所在未聞

梁莫大於溴梁溴水名梁隄也〔溴〕古闃切〔疏〕釋宮云隄謂之梁詩傳云石絕水梁然則以土石爲隄障絕水者名梁雖所在皆有而無大於溴水之旁者杜注云溴出河內軹縣東南至溫入河春秋襄十六年公會晉侯于溴梁是也

墳莫大於河墳〔疏〕墳大防也謂隄雖水所皆有而河墳最大也

八陵〔疏〕此亦題上事也大阜曰陵溴梁河墳雖非大阜以其絕大若陵故還謂之八陵也

東方之美者有醫無閭之珣玗琪焉醫無閭山名今在遼東珣玗琪玉屬〔珣〕荀〔玗〕于

東南之美者有會稽之竹箭焉會稽山名今在山陰縣南竹箭篠也〔會〕古外〔稽〕古兮

南方之美者有梁山之犀象焉犀牛皮角象牙

骨

西南之美者有華山之金石焉黃金謂石之屬西方之美者有霍山之多珠玉焉霍山今在平陽永安縣東是珠如今雜珠而精好西北之美者有崐崘虛之璆琳琅玕焉璆琳美玉名琅玕狀似珠也山海經曰崐崘山有琅玕 疏崐崘虛 北方之美者有幽都之筋角焉幽都山名謂多野牛筋角 東北之美者有斥山之文皮焉虎豹之屬皮有縟綵者 中有岱岳與其五穀魚鹽生焉言泰山有魚鹽之饒

疏 釋曰此釋八方中國名山所產之物也案地理志遼東醫無慮縣應劭曰慮音閭即古云醫無閭是因山為名故云山名今在遼東周礼幽州鎮也云珣玗琪玉屬者說文云珣周書所謂夷玉也玗石之次玉者琪玉也皆玉之類也故云玉屬周礼揚州云其山鎮曰會稽鄭注云在山陰地理志會稽郡山

陰縣云會稽在南上有禹冢禹井故云山名今在山
陰縣南也云竹箭篠也者禹貢揚州云篠簜既敷釋
草云篠竹箭也郭云別二名則竹箭一名篠是竹之
小者可以為箭幹者也　南方之美者有梁山之犀
象焉者郭氏不注梁山所在犀象二獸皮角牙骨材
之美者也貢金璆琳之屬者經惟言金知黃金者以
三品之中黃金為上此言美者故知黃金璆石之
次玉者玉藻云士佩瓀玟而縕組綬是也其類非一
故云之屬注霍山至精好者周禮冀州其山鎮曰霍
山鄭云在彘案地理志河東郡彘縣云霍大山在東
冀州山周厲王所奔應劭曰順帝改曰永安然則東
晉時屬平陽郡而縣名永安故云今在平陽永安縣
也云珠如今雜珠而精好郭氏時驗也璆與球同
說文云璆玉磬也琳美玉名書云戛擊鳴球美玉可
以為磬故皆云美玉也山海經曰昔者海內西經云
帝之下都崑崙之虛方八百里高萬仞其上有三頭
人琅玕樹注云琅玕子似珠也幽都者山海經云北
海之內有山名曰幽都之山是也　斥山山名也文

皮虎豹之屬其皮毛有文采細縟故謂之文皮焉
岱泰山也此言中國也五穀黍稷麻麥豆也泰山東
近海爲貢海岱惟青州厥貢鹽絺海物惟錯言
其饒多非一種故注云言泰山有魚鹽之饒也
九府 疏 此亦題上事也府聚也財物之所藏
題云九 故言此八方及中皆美物之所聚故
府也
東方有比目魚焉不比不行其名謂之鰈 狀似牛脾鱗細紫黑
色一眼兩片相合乃得行今水中所在名之江東又呼爲王餘魚鰈音牒 南方有比翼鳥
焉不比不飛其名謂之鶼鶼 似鳧青赤色一目一翼相得乃飛 西方有
比肩獸焉與邛邛岠虛比爲邛邛岠虛齧甘草即
有難邛邛岠虛負而走其名謂之蟨 呂氏春秋曰北方有獸其名爲

䶂鼠前而兔後趨則頓走則顛然則卬卬岠虚亦宜鼠後而兔前前高不得取甘草故須蟨食之今鴈門廣武縣夏屋山中有獸狀如兔而大相負共行土俗名之為蟨鼠卬卬岠巨齧五結難乃旦蟨蹶北方有比肩民焉迭食而迭望此即半體之人各有一目一鼻一孔一臂一足亦猶魚鳥之相合更望備驚急迭徙結切中有枳首蛇焉兩頭蛇也故曰今江東呼兩頭蛇為越王約髮亦名弩弦軹音是此四方中國之異氣也疏此釋五方異氣而產非常之物也云東方有比目魚焉者言東方水中有魚其形狀似牛脾鱗細紫黑色一眼兩片相合兩目相比乃得行故曰比目魚云不比不行者比合也言一片不能獨行須兩片相合乃行故云不比不行也云其名謂之鰈者言鰈為比目之名也一名比目魚一名鰜郭云江東又呼為王餘魚案山海經云崇五山有鳥狀如鳧一翼一目相得乃飛名曰蠻蠻郭云比翼鳥也色青赤不比不得飛亦作鶼鶼者謂

相比也云西方有比肩獸焉者此謂蟨也與邛邛岠虛相比蟨則有庫不能走而能取甘草邛邛岠虛則前高不得取甘草而善走穆天子傳曰邛邛岠虛走百里是也故各以其能而濟所不能蟨常為邛邛岠虛齧甘美之草仰而食之即有急難邛邛岠虛則背負而走者其名謂之蟨也　云呂氏春秋二十六篇秦相呂不韋輯智畧士依也也　云曰比方有獸至則顛者大蕇覽順說篇之文也引之爰以證邛邛岠虛之形也然則以下郭氏語云今鴈門廣武縣云云者因郭知之也　北方至跌望此即半身人也兩半相比乃得爲人動作及御非常以有在上而顯故謂之比肩民焉迭更也謂一躰取食則一躰瞻望所以備驚急也故云迭食一半失望岐中有軟首蛇焉桵軟也此即岐頭蛇也　江東呼戲王約髮言是越王約髮所交也亦名弩弦即以形相似而名之也

五方（疏）亦題上事也言是五方風氣殊異而生此詭怪物

邑外謂之郊，郊外謂之牧，牧外謂之野，野外謂之林，林外謂之坰。邑國都也。假令百里之國，五十里之界，界各十里也。坰，古熒切。下溼曰隰，大野曰平，廣平曰原，高平曰陸，大陸曰阜，大阜曰陵，大陵曰阿，可食者曰原，可種穀給食。陂者曰阪，陂陀不平。下者曰溼。公羊傳曰：下平曰隰。田一歲曰菑，今江東呼初耕地反草爲菑。二歲曰新田，詩曰：于彼新田。三歲曰畬。易曰：不菑畬。畬音予。〔疏〕釋曰：郊、野之、坰，遠近高下不同之名也。云邑外謂之郊者，邑國都也，謂國都城之外名郊也。云郊外謂之牧者，言可放牧也。書牧誓云：王朝至于商郊牧野，乃誓。是也。云牧外謂之野者，言牧外之地名野。詩傳云郊外曰野者，以細別言之，則郊外之地名牧，牧外之地名野。若大判而言，則野者郊外通名，故周禮六遂在遠郊

之外冢人職云凡治野田是其郊外之地總謂野也
云野外謂之林林者言野外之地名林以其去都邑遠
薪采者少其地可長平林因名云也云林外謂之坰
者言林外之地最爲遠野名坰魯頌云駉駉牡馬在
坰之野毛傳云坰遠野是也○云邑國都也者案周
礼四縣爲都四井爲邑春秋莊二十八年左傳曰凡
邑有宗廟先君之主曰都無曰邑然則邑與都異此
爲一者彼對文之例耳但都者聚居之處故詩小雅
云彼都人士說文云邑國也是天子諸侯所居國城
或謂之邑或謂之都故以國都解邑也云假令百里
之國五十里之界界各十里也者以其百里之國國
都在中去境五十里每十里而異其名則坰爲邊畔
去國最遠故詩傳以爲遠野也此假令者據小國言
之郊爲遠郊牧野林坰自郊外爲差耳然則郊之遠
近計國境之廣狹以爲差也聘礼云賓及郊注云郊
遠郊周制天子畿内千里遠郊百里以此差之遠郊
上公五十里侯四十里伯三十里子二十里男十
里也近郊名半之是也郊之所約也以司馬法云王

國百里爲遠郊文此經從邑之外上有五名明當每皆百里故知遠郊百里也知近郊半之者書序云周公既沒命君陳分正東郊成周於時周都王城而謂成周爲東郊則成周在其郊也於漢王城爲河南成周爲洛陽孔云不容百里則所言郊者謂近郊故鄭注云天子近郊五十里今河南洛陽相去則然是鄭以河南洛陽約近郊之里數也周禮杜子春注云五十里爲近郊白虎通亦云近郊五十里遠郊百里是儒者相傳爲然也下溼曰隰者謂地形卑下而水溼名李巡云下溼謂土地窊下常沮洳名爲隰也云大野曰平者大野之澤一名平野魯有大野是也云廣平曰原者謂澤之廣平者亦名原漢以平原爲郡名屬青州云高平曰陸大陸曰阜大阜曰陵大陵曰阿者李巡曰高平謂土地豐正名爲陸土地高大名曰阜最大者名爲陵陵之大者名阿詩大雅皇矣云無矢我陵我陵我阿是也此上七者或萊沛沮洳或險阻磽确雖不可種穀給食亦得其名也云可食曰原陂者曰阪下者曰隰此三者釋地雖有高下不平皆可種

穀給食高而可食者名原詩大雅云篤公劉于胥斯原
原是也陂陀不平而可食者名阪詩小雅正月瞻彼阪田
阪田有菀其特是也下平而可食者名隰本作溼詩云
公羊傳曰下平曰隰此昭元年傳文也案彼云晉荀吳帥
吳師敗狄于大鹵此大鹵也彼謂之大原地物同故
從中國邑人名從主人原者向上平曰原下平曰隰
向休云分別之者地勢各有所生原宜粟隰宜麥當
教民所宜于以制貢賦是也一田一歲曰菑二歲曰
新田三歲曰畬此釋耕田年歲遠近名義不同之事
也菑者災也畬畬和柔之意也孫炎云菑始災殺其草
木也新新田新成柔田也畬和也田舒緩也郭云今江
東呼初耕地反草爲菑一詩曰于彼新田于此菑畝小雅采
芑篇文也案彼云薄言采芑于彼新田于此菑畝是
傳取此文爲訓彼引菑也一歲曰不菑畬此無案六
二爻辭也鄭注亦取此文故引以爲菑也

野

（疏）此亦題上事也上自邑外謂之郊以下皆遠近高下異名不同野爲總稱故云

東至於泰遠西至於邠國南至於濮鉛北至於祝栗

謂之四極皆四方極遠之国邠彬濮卜觚竹北户西王母日下

謂之四荒觚竹在北北户在南西王母在西日下在東皆四方昏荒之国次四極者觚孤九

夷八狄七戎六蠻謂之四海九夷在東八狄在北七戎在西六蠻在南次西荒者

岠齊州以南戴日為丹穴岠去也齊中也北戴斗極為空

桐戴值東至日所出為太平西至日所入為大蒙即蒙記也

太平之人仁丹穴之人智大蒙之人信空桐之人武

也地氣使之然也（疏）此釋九州之外四方極遠之国名也及其人性稟氣不同也泰遠邠国濮鉛祝

栗此四方極遠之国名也觚竹者漢書地理志遼西

令支有觚竹城是乎北户者即日南郡是也顏師古

曰言其在日之南所謂北户以向日者西王母者山
海西荒經云西海之中流沙之濱赤水之後黑水之
前有大山名崑崙之丘有人戴勝虎齒有尾穴處名
曰西王母文穆天子傳曰天子賓于西王母乃紀其
迹于弇山名曰西王母之山是也日下者謂日所出
其下之國也山海東荒經云大荒之中有山名曰大
言日月所出有波谷山者有大人之國又云大荒之
中有山名曰合虛日月所出有中容之國如此之類
是也云謂之四荒者言声教不及无礼義文章是西
方昏荒之國也在上四極之内云九夷八狄七戎六
蛮謂之四海者孫炎云海之言晦晦闇於礼義也
云知在東西南北者以曲礼云其在東夷北狄西戎
南蛮雖大曰子故也案風俗通云東方人好生萬物觝
觸池而出夷觝若傳也其類有九依東夷傳夷有九種
一曰畎夷于夷方夷黄夷白夷赤夷玄夷風夷陽夷又
一曰玄菟二曰樂浪三曰高驪四曰滿飾五曰鳧臾
六曰索家七曰東屠八曰倭人九曰天鄙蛮者風俗
通云君臣同川而浴極爲簡慢蛮者慢也其類有八

李巡云一曰天竺二曰咳首三曰焦僥四曰跂踵五曰穿[redacted]六曰儋耳七曰狗軹八曰旁舂戎者風俗通云朝戎殺生不得其中戎者兇也其類有六李巡云一曰僥夷二曰戎央三曰老白四曰耆羌五曰鼻息六曰天剛狄者風俗通云父子嫂叔同穴无别狄者辟也其行邪辟其類有五一曰月支二曰穢貊三曰匈奴四曰單于五曰白屋案李巡所注尒雅今謂之四海下更云三句六八蠻在南方六戎在西方五狄在北方故得此解総於郭氏諸本皆無此三句案明堂位稱九夷八蠻六戎五狄周礼職方氏掌四夷八蠻七閩九貉五戎六狄之人鄭注云四八七九五六周之所服国數也稱撿經傳四夷之數參差不同先儒舊解此尒雅上文殺制明堂位反職方并尒雅下文皆為周制義或當然此在四荒之內九州之外於王者也一見周礼曰九州之外謂之蕃国世一見是也故云次四荒者也齊以南戴日為丹穴一世明四海之中別有下四種之名也岠去也齊中也中州猶言中国也戴值也言去中国以南北戶以此值日之下

其氣名丹穴天若談鳳云灌羽弱水莫宿丹穴山
海經云濤過山東五百里曰丹穴山是也云北戴斗
極空桐者斗北斗也極者中宮天極星其一明者
泰一之常居也以其居天之中故謂之極極中也北
斗拱極故云斗極值北斗極之下其氣名空桐○即
者即淮南子云日出扶桑入於濛汜是也云者此氣
使之然也者言是土地之氣剛柔不同使之仁智信
武耳若考工記云鄭之刀宋之斤魯之削吳越之劍
迁乎其地而弗能
爲良此地氣然也

四極

○釋丘第十

（疏）案廣雅云小陵曰丘說文解字
曰土之高也非人所爲也從北
從一一地也人居在丘南一曰四方高中央下爲丘
象形此下云非人爲之丘然則土有自然而高小於
陵者名丘也其體雖一其名則多或近道途或因水
澤所如則陵而名異其重則再三小高通見詩書是此

篇具釋故

名釋丘

丘一成為敦丘 [注] 成猶重也周禮曰為壇三成今江東呼地高堆者為敦敦都昆

[疏] 成重也言丘上更有一丘相重累者名敦丘詩衛風氓篇云送子涉淇至于頓丘是也一說孫炎云形如覆敦敦器似盂今案下文別云如覆敦者敦丘則此自是丘之一重者故郭氏云成猶重也與孫氏意異云周禮曰為壇三成者此秋官司儀職所載文也鄭司農云三成三重也引之證成為重也

再成為陶丘 [注] 今濟陰定陶城中有陶丘

[疏] 丘形上有兩丘相重累者名陶丘李巡曰再成其形再重也禹貢曰濟水東出于陶丘北是也濟陰定陶者濟陰郡名定陶縣名也地理志云定陶縣西南有陶丘亭是也

再成銳上為融丘 [注] 纖頂者銳惠

[疏] 丘形再重而頂纖者名融丘也

三成爲崑崙丘崑崙山三重，故以名云。【疏】丘形三重者名崑崙丘。崑崙山記云：崑崙山一名崑丘，三重，高萬一千里，是也。凡丘之形三重者，因取此名云耳。

如乘者乘丘形似車乘也。或云乘者，謂稻田塍埒。乘，繩正切。【疏】郭氏兩解：一云形似車乘也，二或云乘者謂稻田塍埒。塍，市陵切。許叔仲云：塍，稻田畦埒也。案地理志云泰山有乘丘。春秋莊十五年公敗宋師于乘丘，是因丘以爲名乎？

如陼者陼丘水中小洲爲陼。陼，諸。【疏】陼，水中可居之小者。丘形似之，名爲陼丘也。

水潦所止泥丘頂上污下者。潦，老。【疏】水潦，雨水也。丘形頂上污下，潦水停上而成泥淖者，名泥丘。

方丘胡丘形四方。【疏】丘形四方者名胡丘。

絶高爲之京人力所作

疏 言卓絶高大如丘而人力爲作者名京案春秋宣十二年左傳楚敗晉師於邲潘黨曰君盍築武軍而收晉尸以爲京觀楚子曰云云今罪無所而民皆盡忠以死君命又可以爲京乎是其類也

非人爲之丘地自然生

疏 李巡云謂非人力所爲自然生者孫炎曰地性自然也郭云地自然生

水潦所還埒丘謂丘邊有界埒水遶環之

疏 還環遶也埒小隄也壝土爲之言此丘邊有其界埒外則爲水潦繞環者名埒丘

上正章丘頂平

疏 丘頂上平正者名章丘章亦平也

澤中有丘都丘在池澤中

疏 都水所聚也言在池澤中者因名都丘

堂途梧丘【注】途，道。【疏】途，道也。梧，遇也。當道有丘名梧丘，言若相遇於道路然也。

途出其右而還之畫丘【注】言為道所規畫。【音】還音旋。【疏】右謂西也。還，繞也。畫，規畫也。言道出丘西而復還繞之者名畫丘，若為道所規畫然也。

途出其前戴丘【注】道出丘南。【疏】謂道過丘南，若為道所戴，故為戴丘。

途出其後昌丘【注】道出丘北。【疏】謂道過丘北者名昌丘。

水出其前渻丘，水出其後沮丘，水出其右正丘，水出其左營丘【注】今齊之營丘，淄水過其南及東。【音】所景汎辭與【疏】此釋丘之前後左右有水過之者名也。左右猶言東西也。地理志云：齊郡臨淄城中有丘，即營丘也。志文云：泰山萊蕪縣，淄水所出，東至博昌入泲。然則淄水出萊蕪，經臨淄，過營丘南，折而北，至博昌入泲。言此以證水出其左右名營丘

如覆敦者敦丘 敦盂也【音】音堆 ○【疏】案周禮[redacted]嬪職云凡祭祀贊玉齍注云玉齍玉敦受黍稷器又少牢禮曰主婦執[redacted]金敦黍有蓋凡設四敦皆南首注云敦有首者尊者器飾也飾象龜形孝經緯說敦與簠簋容受雖同上下內外皆圓爲異郭氏云敦盂舉其類而言之也丘形如覆敦者名敦丘

邐迆沙丘 旁行連延【音】邐呂紙切迆余紙切【疏】說文云邐行也迆斜行也故注云旁行連延也連延謂連接延長丘形邪行連接而長者名沙丘地理志云鉅鹿有紂所作沙丘臺在東北七十里

左高咸丘右高臨丘前高旄丘 詩云旄丘之葛兮 後高陵丘

偏高阿丘 詩云陟彼阿丘【疏】此四者釋丘形左右前後高而名不同也詩云旄丘之葛兮者邶風旄丘篇文也謂丘形四隅有一高而不正在左右前後者名阿丘也詩

云陟彼阿丘者鄘風載馳篇文也

宛中宛丘 宛謂中央隆高 疏 案詩陳風云宛丘之上兮毛傳云四方高中央下曰宛丘李巡孫炎亦皆云中央下而郭以爲中央高者以其四方高中央下即是上文水潦所止泥丘也又下云丘上有丘爲宛丘作者嫌人不曉故重辨之既言丘上有丘非中央隆高而何此郭氏所以不從先儒也

丘背有丘爲負丘 此解宛丘中央隆峻狀如負一丘於背上 疏 此解宛丘之狀言中央隆峻者丘背之上更有一丘而負戴之者名復丘又名負丘也

左澤定丘 定下佞切 疏 謂丘之東有澤者名定丘

右陵泰丘 宋有泰丘社亡見史記 疏 謂丘之西有大阜者名泰丘宋有太丘社亡見史記案六國年表周顯王三十三年秦惠文王二年宋太丘社亡是也蓋依丘作社在宋國於時亡去故

云太丘社亡亦微也

如畝畝丘丘有隴界如田畝（疏）李巡曰諸丘如田畝曰畝丘孫炎曰方百步郭以為田畝之壟也丘形有界埒似之因名云詩小雅巷伯云楊園之道猗於畝丘是也

如陵陵丘陵大阜也（疏）丘形如大阜者名陵丘云陵大阜者釋地文也

丘上有丘為宛丘嫌人不了故重曉之陳有宛丘今在陳郡陳縣晉有潛丘今在太原晉陽縣淮南有州黎丘今在壽春縣天下有名丘五其三在河南其二在河北説者多以州黎宛營為河南潛融為河北者案此方稱天下之名丘恐此諸丘碌碌未足用當之始自別更有魁梧桀大者五但未詳其名號今所在耳（疏）此郭氏破先儒説天下名丘未當也碌碌小石也碌碌多貌恐地州黎等五丘碌碌然小耳史記毛遂

入楚謂平原君諸舍人曰公等碌碌可謂因人成事者也意相類也始近也近自更有夥梧然楚大者五但名號所在今所未詳知也此已上釋衆丘之名義故題曰丘也

丘

望厓洒而高岸厓水邊洒謂深也視厓峻而水深者曰岸厓牙洒先典切

疏望視也厓水邊也洒水深也言視水邊之厓其下水深其厓高峻者名岸詩衛風云淇則有岸

夷上洒下不漘厓上平坦而下水深者為漘不發聲漘脣

疏李巡云夷上平上洒下削下故名漘孫炎曰平上削下故名漘不者蓋衍字郭云厓上平坦而下水深者為漘不發聲也詩王風葛藟云在河之漘是也

隩隈今江東呼為浦隩淮南子曰漁者不爭隈隩與隈烏回切

疏隩一名隈也孫炎云隈水曲中

也詩衛風云瞻彼淇澳故此釋之也案淮南子原道篇云昔舜耕於歷山朞年而田者爭處墝埆以封畔肥饒相讓釣於河濱朞年而漁者爭處湍瀨以曲隈深潭相讓是不爭隈之事引之以證隈即厓內深隩之處也

厓內為隩外為隈別厓表裏之名疏別厓表裏之名也孫炎云內曲裏也外曲表也李巡曰厓內近水為隩員外為鞫此句覆釋上文隩隈之處也云外為隈者隈當作鞫傳寫誤也詩大雅公劉云芮鞫之即毛傳云水之外曰鞫然則厓在水曲其內名隩又名隈其外名鞫又作坑音義同今以隩隈一事分為外內之名故知誤也

畢堂牆今終南山道名畢其邊若當時之牆疏李巡云堂牆名厓似堂牆曰畢郭以畢終南山之道名也其邊之厓如堂室之牆言平正也詩秦風云終南何有有紀有堂是也

重厓岸兩厓累者為岸〇重直龍切疏言兩厓相重累者亦名岸也

岸上滸（滸虎）岸上地。疏 岸上平地去水稍遠者名滸。詩大雅緜篇云率西水滸之類也。

墳大防（謂隄）疏 李巡曰墳謂厓岸狀如墳墓名大防也。詩周南云遵彼汝墳。又釋地云墳莫於河墳是也。

涘為厓（謂水邊○涘士）疏 李巡曰涘一名厓謂水邊也。詩秦風云所謂伊人在水之涘也。

窮瀆汜（水無所通者○汜似）疏 謂窮困不通水瀆名汜也。亦得名谿。郭釋水云山豄無所通谿。郭注云所謂窮瀆者雖無所通與水注川同名是也。

谷者溦（通於谷○溦眉）疏 謂窮瀆汜若能通於谷者則別名溦也。

厓岸

疏 此曰上釋厓岸之名也。故題厓岸。

爾雅注疏卷之六

爾雅注疏卷第七

釋山第十一 疏 案釋名云山産也言産生萬物 說文云山宣也宣氣散生萬物

有石而高象形也此篇釋諸山之名故云釋山

河南華 華陰山 河西嶽 吳嶽 河東岱 岱宗泰山 河北恒 北嶽恒山 江南衡 衡山南嶽 疏 篇首載此五山者以爲中國名山也案周禮職方氏河南曰豫州其山鎮曰華山正西曰雍州其山鎮曰嶽正東曰兖州其山鎮曰岱山正北曰并州其山鎮曰恒山正南曰荆州其山鎮曰衡山鄭注云鎮名山安地德者也人爲五嶽者案鄭注大[redacted]宗伯云五嶽岱在兖州衡在荆州華在豫州嶽在雍州恒在并州是也案下文及經典羣書言五嶽者皆數嵩高不數嶽而鄭云然者蓋鄭有所案揔更見異意也其正名五嶽必取嵩高爲定解下文別釋云河南華注華陰山者案禹貢導河積石至

于龍門南至于華陰東至于底柱孔安國云河自龍門南流至華山北而東行然則此山在河之南故曰河南華下皆放此在華陰縣界故曰華陰山也一云河西嶽注言嶽者在西河之西一名吳嶽鄭玄云在汧云河東岱注岱宗泰山者在東河之東一名岱宗一名岱山鄭玄云在博[redacted]河北恒注北嶽恒山者下文恒山為北嶽是也鄭玄云在上曲陽[redacted]江南衡注衡山南嶽者禹貢云岷山導江又曰岷山之陽至于衡山孔注云衡山江所經然則江水經此山之北東入于海故曰江南衡也鄭注大宗伯云五嶽南曰衡是也

山三襲陟 注襲亦重 疏 山之形若三山重累者名陟重衣謂之襲故以襲為重也上篇注已云成猶重也故此云亦然

再成英 注兩山相重 疏 成重也山形兩重者名英今南郡英山縣盖取此名也

一成坯 注書曰至于大坯 坯音備悲切 疏 案此文則山上更有一山重累者名坯書曰者禹貢

文也孔安國云山再成曰坯與此不同者蓋所見異
也鄭玄云大坯在脩武武德之界張揖云成皋縣山
也漢書音義臣瓚以為皆非今黎陽
縣山臨河豈不是大坯乎瓚言當然

山大而高崧 今中嶽嵩高山蓋依此名 崧嵩高 【疏】 詩大雅云崧高維嶽毛傳云崧高貌
釋名云崧竦也亦高稱也李巡曰高大曰崧郭云則山
高大者自名崧本不指中嶽今之中嶽名崧高或取
此文以立名乎无正
文故云蓋以疑之

山小而高岑 言岑崟 【疏】 言山形雖小而高嶔崟者名岑也

銳而高嶠 言纖峻○嶠音喬 【疏】 銳則纖也言山形纖峻而高者名嶠列子曰渤海之東有
壑其中曰員嶠蓋同此也

卑而大扈 扈廣也 【疏】 言山形卑下而廣大者名扈禮記
檀弓云南宮縚之妻之姑之喪夫

子誨之髽曰尔毋扈扈尔鄭注云扈扈謂大廣蓋取此義也

小而衆巋 小山叢羅。巋丘軌切 〔疏〕言小山而衆叢萃羅列者名巋

小山岌大山峘 岌謂高過〔音〕岌魚泣切〔音〕峘桓 〔疏〕言小山與大山相並而小山高過於大山者名峘非謂小山名岌大山名峘也

屬者嶧 言駱驛相連屬○〔音〕屬燭 嶧亦 〔疏〕言山形相連屬駱驛然不絕者名嶧駱驛連屬不絕之嶧禹貢嶧陽孤桐也地理志云東海下邳縣西有葛嶧山蓋取此名也

獨者蜀 蜀亦孤獨 〔疏〕言山之孤獨者名蜀案說文云蜀蟲名詩云蜎蜎者蜀釋蟲云烏蠋郭注云大蟲如指似蚕此蟲更无羣匹故云蜀亦孤獨既蟲之孤獨者名蜀是以山之孤獨者亦名曰蜀也

上正章 山上平 〔疏〕正猶平也言山形上平者名章

宛中隆山中央高疏言山形中央蘊聚而高者名隆

山脊岡謂山長脊疏孫炎云長山之脊也言高山之長脊名岡詩云陟彼高岡是也

未及上翠微近上旁陂疏謂未及頂上在旁陂陀之處名翠微一説山氣青縹色故曰翠微也

山頂冢山頂崒者厜㕒謂峯頭巉巖○崒子恤反厜子規切㕒音危疏此二句釋小雅十月云山冢崒崩之文也毛傳云山頂曰冢鄭箋云崒者崔嵬雖音字小異義實同也是取此文爲説彼云冢者謂山頂也釋言云顛頂也故此郭云山巔彼云崒者謂山巔之末其峯巉巖厜㕒然然者也

山如堂者密形似堂室者尸子曰松柏之鼠不知堂密之有美樅疏言山形如堂室者案此尸子綽子篇文引之證山有名密者

如防者盛（防）隄（盛）成（疏）此盛讀如粢盛之盛隄防之形隮而高峻若黍稷之在器故其山形如隄防者亦名盛也

巒山墮謂山形長狹者荊州謂之巒詩曰墮山喬嶽○（墮）湯果切（疏）凡物狹而長謂之墮則此言山墮者謂山形狹長者一名巒也詩曰墮山喬嶽乃周頌般篇文也

重甗隒謂山形如累兩甗甗甑也山形狀似之因以名云○重平声甗言蹇反隒音儼（疏）孫炎云山基有上岸也郭云甗甑者鄭衆注考工記云甗無底甑方言云甗自開而東謂之甗或云甑也

左右有岸厒夾山有岸厒口閤切（疏）謂山兩邊有水山與水為岸也山名厒

大山宮小山霍宮謂圍繞之禮記曰君為廬宮之是也（疏）宮猶圍繞也謂小山在中大山在外圍繞之言山若此者名霍非謂大山名宮小山名霍也○禮記曰者喪大記文也鄭注云

宮謂圍障之也引之者證宮爲圍繞之義也

小山別大山鮮 不相連（別）彼列切（鮮）息淺切（疏）謂小山與大小不相連屬者名鮮李巡云大山少故曰鮮

山絕陘 連中斷絕（陘）形（疏）謂山形連延中忽斷絕者名陘

多小石磝 多礓礫（磝）音敲（疏）礓礫即小石也山多此小石者名磝釋名曰小石曰礫

多大石礐 多盤石礐音㱿（疏）盤大石也山多此盤石者名曰礐

多草木岵無草木峐 皆見詩岵戶（峐）吋（疏）峐當作屺案詩魏風云陟彼岵兮瞻望父兮又曰陟彼屺兮瞻望母兮毛傳云山無草木曰岵有草木曰屺與此不同者當是轉寫誤也王肅解依爾雅

山上有水埒（埒音劣）有停泉。疏 謂山巔之上有停泉名埒

夏有水冬無水㳮（㳮音學）有停潦。疏 潦雨水也言山上流下夏有停泉至冬竭涸者名㳮

山豄無所通谿 所謂窮瀆者雖無所通與水注川同名（豄音瀆）疏 豄即溝瀆也山有豄亦無通流者名谿所謂者所謂釋丘云窮瀆氾者也云與注川同名者即釋水云注川曰谿者是也

石戴土謂之崔嵬（石山上有土者。（崔）用回切（嵬）五回切也）

土戴石爲砠 土山上有石者。（砠）七余切 疏 詩周南卷耳云陟彼砠矣毛傳云崔嵬土山之戴石者石山戴土曰砠與此正反者或傳誤也

山夾水澗 陵夾水濆 別山陵間有水者之名。（濆虞）疏 謂山間有水者名澗

詩云考槃在澗是也其夌澗有水者名瀆

山有穴爲岫 謂嵒穴 疏 謂山有岩穴者爲岫也

山西曰夕陽 暮乃見日 疏 日小陽也夕始得陽故名夕陽詩大雅公劉云度其夕陽豳居允荒是也

山東曰朝陽 旦即見日 疏 謂山頂之東皆早朝見日但是山東之岡脊總曰朝陽詩大雅卷阿曰梧桐生矣于彼朝陽是也

泰山爲東嶽華山爲西嶽霍山爲南嶽

恒山爲北嶽常山嵩高爲崧嶽 天室山也 疏 案周礼大宗伯云以血祭祭社稷五祀五嶽故此釋之也白虎通云嶽者何謂嶽之爲言埆埆功德也東方爲岱者言萬

物皆相代於東方也南方爲霍霍之爲言護也言太
陽用事護養萬物也西嶽爲華華之爲言獲也言萬
物成熟可得獲也北方爲恒恒者常也萬物伏藏於
北方其常也中嶽爲嵩嵩高言其多大也風俗通云嶽
桷考功德黜陟也然則以四方方有一山天子巡守
至其下桷考諸侯功德而黜陟之故謂之嶽也案詩
傳言四嶽之名東嶽岱南霍衡也及諸經傳多云泰
山爲東嶽霍山爲南嶽者皆山有二名也風俗通云
泰山山之尊一曰岱宗岱始也宗長也萬物之始陰
陽交代故爲五嶽長王者受命恒封禪之衡山一名
霍言萬物霍然大也華變也萬物成變由於西方也
恒常也萬物伏北方有常也嵩高也言高大也是解
衡之與霍泰之與岱皆一山而有二名也若此上云
江南之衡也地理志云衡山在長沙湘南縣南張揖廣雅
云天柱謂之霍山地理志云天柱在廬江潛縣則在
江於矣而云衡霍一山二名者本衡山一名霍山漢
武帝移嶽神於天柱又名天柱亦爲霍故漢已來衡
霍景矣郭云霍山在廬江潛縣西南別名天柱山漢

武帝以衡山遼廣移其神於此今其土俗人皆呼之
爲南嶽本自以兩山爲名非從近也而學者多以霍
山不得爲南嶽又言從漢武帝始乃名之如此言爲
武帝在尔雅前乎斯不然乎斯以爲言爲然何則孫
炎云以霍山爲誤當作衡山案書傳虞夏傳及白虎
通風俗通廣雅並云霍山爲南嶽豈以諸文皆誤明
是衡山一名霍也注即天柱山潛水所出此掾作注
時霍山爲言也此亦本名天柱漢武帝移江南霍山
之祀於此故又名霍山其郡之霍山即江南衡是也
故上注云衡山南嶽也注大室山也案上海經云半
石山東五十里曰少室山又東三十里曰泰室山郭
注云即中嶽嵩高山也今在陽城縣西戴延之西征
記云其山東謂之大室西謂之少室相去十七里
嵩其總名也以其下各有室焉故謂之室是也

梁山晉望也晉國所望祭者今在馮翊夏陽縣西北臨河上【疏】言梁山在晉国境內
晉以歲時望祭之故云晉望也云晉国所望祭案春
秋僖三十一年經云夏四月四日郊不從乃免牲猶

三望公羊傳云三望者何望祭也鄭君以爲望者祭
山川之名也諸侯之祭山川在其地者并其地則不
祭賈逵服虔杜預皆以爲三望分野之星國中山川
楚語云天子徧祀羣神品物諸侯二王後祀天地三
辰及其土地之山川注國語者皆云諸侯二王後祀天
地三辰日月星也非二王後祀分野星辰山川也以言
之則分野之星國内山川其義是也今案昭元年左
傳云辰爲商星參爲晉星又礼記礼器云晉人將有
事於河必先有事於沂池及此云梁山晉望也然則
晉國三望謂參也梁山也河也故云晉國所望祭者
云今在馮翊夏陽縣西北者地理志文也知臨河上
者成五年公羊傳云梁山者何河上之山也故知臨河上

○釋水第十二 疏 說文解字云水準也北方之行象衆水並流中有微陽之氣也白虎通云水之爲言準也是平均法則之称此篇釋諸水之名故曰釋水

泉一見一否爲瀸瀸瀸纔有貌○見現 湝音甲美反瀸瀸 疏 說文云泉水原也言此泉

其泉有時出見有時不出而竭涸者名瀸瀸謂纖微也故此云纔有貌

井一有水一無水爲瀱汋山海經云天井夏有水冬無水即此類也瀱音罽汋市若切

疏說文云井鑿地取水也釋名云井清也泉之清潔者也世本云伯益作井亦云黃帝始穿井此言井或一時有水一時無水者名瀱汋也注山海經云者案中山經云帝囷山東南五十里曰視山其上多韭有井焉名曰天井夏有水冬竭者是也孫子兵法云地形有天井然則非人爲之者曰天井云即此類也者以此經但言井山海經言天井非正相當故云類也

濫泉正出正出涌出也公羊傳曰直出直猶正也疏詩大雅瞻卬云觱沸檻泉故此釋之也詩言檻泉者正直上出之泉也直水涌出故更云正出涌出也李巡云水泉從下上出曰涌泉濫檻音義同注公羊傳云者案昭五年傳云叔弓帥師敗莒師于濆泉濆泉者直泉也直泉者涌泉

也是其事也郭云直出者正以義言之彼言直此言正其意一也故云猶正也

沃泉縣出縣出下出也 從上溜下 ○（懸）玄 〔疏〕上溜下 李巡云亦云水泉 然則担傳寫然也曹風云冽彼下泉則此沃泉也

凡泉穴出穴出仄出也 從旁出也 ○〔疏〕李巡云水從旁出名曰氿 氿軌 仄側 流仄出是側出曰氿泉也大東云有冽氿泉是也

湀闢流川 通流 ○湀揆 〔疏〕說文解字云川貫穿通流水也虞書曰濬畎澮距川言深畎澮之水會爲川也釋名云川穿也穿地而流也然則湀闢者則通流之川之別名也

過辨回川 旋流 ○過古 辨卞 〔疏〕回旋也言川水之中有回旋而流者名過辨也

灉反入 即河水決出而復入者河之有灉猶江之有沱 ○（灉）於用切 〔疏〕灉反入復也謂河水決出

而復入河者名灉，即下之水自河出為灉是也。

潬，沙出。今河中呼水中沙堆為潬。○潬音但。疏 言潬者是沙進出於水中之名也，故曰沙出。

汧，出不流。水泉潛出，便自停成汙池。○汧音牽。疏 謂水泉潛出停成汙池者名汧。地理志云：扶風汧縣，雍州弦蒲藪，汧出西北入渭。以其初出不流，停成弦蒲澤藪，故曰汧出不流也。其終則入渭也。

歸異出同流，肥。毛詩傳曰：所出同，所歸異，為肥。疏 謂小水支分歸入大海則異，其泉源初出則同流者名肥。即詩邶風泉水云「我思肥泉，茲之永歎」，毛傳云「所出同，所歸異，為肥泉」是也。

瀵，大出尾下。今河東汾陰縣有水口如車輪許，濆沸涌出，其深無限，名之曰瀵。馮翊郃陽縣復有瀵，亦如之，相去數里而夾河。河中陼上又有一瀵，瀵源皆潛相通。在汾陰者，人壅其流以為陂，種稻，呼其本出處為瀵魁，此是也。尾猶底也。○瀵音糞。疏 尾猶底也。言其源深出於底下者名瀵。瀵猶灑散也。其入河至底也。河東呼明者曾都名也。云河中陼上者，陼謂河中可居之小者，云人雍其流以爲陂種稻者，爾雅曰陂謂之皆，蓄雍此水以爲陂澤而灌稻畝也。云灘，灘者，魁帥也，首也，以其水源故謂之魁也。

水醮曰厬。謂水醮尽。○厬，音軌。疏 醮，盡也。凡水之盡皆曰厬，厬則竭涸之一名也。

水自河出爲灉。書曰灉沮會同。濟爲濋，汶爲瀾，洛爲波，漢爲濋。書云沱潛既道灉。○濋，楚。汶，問。闇。沱，沱。淮爲滸，江爲沱，書曰岷山導江東別爲沱。過爲洵，潁爲沙，汝爲濆。詩曰遵彼汝濆，皆大水溢出別爲小水之名。○洵，烏本反。潁，餘頃反。○濆，墳。疏 此十者皆大水分出別爲小水之名也。書曰灉沮會同者，禹貢兗州云雷夏既澤，灉沮會同。孔安國云雷夏澤，灉沮二水會同此澤，引之證水自河出別名爲灉也。者[redacted]曰沱潛既道，禹貢梁州云岷嶓既藝，沱潛既道。孔安國云岷山嶓冢皆山名，沱潛發源此水入荊州來。地理志云蜀郡有湔道岷山在西徼外江水所出也隴西郡西縣嶓冢山西漢水所出是二者皆山名也沱出於江潛出于漢二水發源此州而入荊故荊州亦云沱潛既道案郭氏音義云沱水自蜀郡郫縣揃山與江別而更流又云有水從漢中沔陽南流至梓潼漢壽入大穴中通岡山下西南潛出一名沔水舊俗云即禹貢潛也郭氏此言並解梁州沱潛也然則此言書曰亦皆梁州者也所以荊州亦有沱潛者盖以水從江漢出者皆曰沱潛所以荊梁二州皆有也　書曰岷山導江東別爲沱亦禹貢文也孔安國云江東南流沱東行引之溢江水溢出名沱也詩曰遵彼汝墳此周南汝墳篇文也毛傳云汝水名也墳大防也毛意以爲伐薪者於隄岸之上故以大防解之郭意以爲汝墳所分之處有美地因謂之濆耳毛傳墳從土此濆從水所以異也

水決之澤爲汧　水決入澤中者亦名爲汧　【疏】凡水爲人所決陂障爲澤者亦與上

出不流者亦名爲汧

決復入爲汜水出去復還【疏】凡水決之岐流復還本水者名汜詩召南云江有汜是也

河水清且瀾漪大波爲瀾言渙瀾瀾漪衣小波爲淪言蘊淪直波爲徑言徑挺【疏】案詩魏風伐檀篇云河水清且漣漪又曰河水清且直猗又曰河水清且淪猗故此釋之毛傳風行水上成文曰漣直直波也小風水成文轉如輪也李巡云分別水大小曲直之名郭氏云瀾言渙瀾淪言蘊淪徑言徑挺然則瀾直淪論水波之異漪皆辭也案詩漣淪皆言波名直波不言徑而言直又在淪漪前者取韻故也瀾漣雖異而義同瀾漪先舉詩文然後釋之直論不舉者省文從可知也

江有沱河有灉汝有濆此故上水別出耳所作者重見○

滸水厓（水邊地）疏 謂水邊厓岸之地別名滸李巡曰滸水邊地名厓也詩大雅江漢云江漢之滸是也

水草交爲湄（詩曰居河之湄○湄音眉）疏 此小雅巧言之篇文也以詩有此言故釋之云水草交爲湄李巡曰水中有草木交會曰湄今詩作麋音義同

濟有深涉（謂濟渡之處○濟子細切）深則厲淺則揭揭者揭衣也（謂褰裳也○揭上二字音丘例下丘謁切）以衣涉水爲厲（衣謂褌）疏 案詩邶風匏有苦葉篇云匏有苦葉濟有深涉深則厲淺則揭故此先引詩文然後釋之云揭者揭衣也謂淺處水淺惟褰裳可涉者名揭注云謂褰裳衣也者對文言之則在上曰衣在下曰裳散而言之則通是以此經言揭衣注言褰裳曲礼云兩手摳衣去齊尺衣亦謂之裳也云以衣涉水爲厲者此衣謂褌也言水深至於

褌以上者而涉渡者名厲云縣膝以下爲揭者此更
釋揭涉及厲之名縣與由同縣自也言水淺自膝以
下爲揭水差深自膝以上者爲涉水若深
至衣帶以上者爲厲注云縣自也擇古文

潛行爲泳水底行也晏子春秋曰潛行逆流百步順流七里疏謂人潛隱水底而行
者名爲泳詩周南漢廣云漢之廣矣不可泳思是也
註晏子春秋曰者晏子名嬰字平仲相齊景公孔子
稱善與人交者也著書謂之晏子春秋云景公蓄勇
士公孫接田開疆古冶子事景公以勇力搏於虎鬭
晏子晨趨三子者不起晏子見公請去之公乃使人
餽之二桃令二子計功而食公孫接曰接一搏特猏
再搏乳虎若接之功可以食桃而毋人同矣援桃而
起古冶子曰吾嘗從君濟於河黿[redacted]左驂以入砥柱
之中流當是時也冶少不能游潛行逆流百步順流
九里得黿而殺之左操驂尾右挈黿頭鶴躍而出律
人皆曰河伯也冶之視人則大黿之首也若冶之功
可以食桃而毋與人同矣二子恥功不逮而自殺古

洽子亦自殺是其所引之文也以證潛行爲泳之事
也但彼作九里此作七里蓋傳寫誤或所見本文也
汎汎楊舟紼縭維之紼繂也繂索縭緌也〇緌繫
而誰切疏汎汎楊舟紼縭維之此詩小雅采菽篇文也李巡
云紼竹爲索所以維持舟者郭云緌繫孫炎云舟上
繫之於樹水中則爲大索然則紼訓爲繂繂是緪縭
謂縭爲緌緌文爲繫系正謂舟之
止息以紼繫而維持之也
天子造舟造七到切比船爲橋諸侯維舟維連四船大夫方舟併兩船
士特舟單船庶人乘泭併木以渡〇泭音孚疏此釋尊卑乘舟之異制也云天
子造舟者詩大雅大明云造舟爲梁是也言造舟者
比船於水加版於上即今之浮橋故杜預云造舟爲
梁則河橋之謂也維舟以下則水上浮而行但船有
多少爲等差耳云庶人乘泭者詩漢廣云江之永矣

不可方思毛傳云方泭也釋言云舫泭郭注云水中簰筏論語曰乘桴浮于海注云桴編竹木大曰栰小曰桴是也桴泭音義同

水注川曰谿注谿曰谷注谷曰溝注溝曰澮注澮曰瀆此皆道水轉相灌注所入之處名。○[澮]古外切 [疏]郭云轉相灌注者蓋以川瀆水之大者也虞書云濬畎澮距川下云江河淮濟爲四瀆是也今若言水注川曰谿謂水之注入川者名谿則注入溝者名澮溝小如澮澮豈能容十若言注溝曰澮謂注溝水入之者名澮則注川水入之者名谿谿是谿頭二云谿亦間也豈能容受川乎然則水注川曰谿是瀜谿之水注入川也故李巡云水出於山入於川曰谿注谿曰谷謂山谷中水注入澗谿也注谷曰溝此以下與上不類謂山谷中水无澗谿者注入平地之溝溝廣深四尺注云澮廣二尋深二仞曰澮謂注溝水入之者名澮一注澮水入之者名瀆故注云轉相灌注也[灌]貫

逆流而上曰泝洄順流而下曰泝游皆見詩泝音素○

疏 案詩秦風蒹葭云溯洄從之道阻且長溯遊從之宛在水中央是也孫炎曰逆渡者逆流也順渡者順流然則逆流皆謂泝渡水有所向也

正絕流曰亂直横渡也書曰亂于河

疏 正直也謂横絕其流而直渡名曰亂注書曰亂于河案禹貢梁州云入于渭亂于河孔安國云越沔而北入渭浮東渡河而還帝都也彼孔氏引此文故以爲證也

江河淮濟爲四瀆四瀆者發源注海者也

疏 案白虎通云瀆者濁也謂濁中國垢濁發源而注海其功著大故稱瀆也案禹貢云道河積石至于龍門南至于華陰東至于底柱又東至于孟津東過洛汭至于大伾北過降水至于大陸又北播爲九河同爲逆河入于海嶓

山導江東別爲沱又東至于澧過九江至于東陵東迤北會于滙東爲中江入于海導沇水東流爲濟入于河溢爲滎東出于陶丘北又東至于菏又東北會于汶又東北入于海導淮自桐栢東會于泗沂東入于海是發源注海者也

水泉

題上事也下皆放此

水中可居者曰洲小洲曰陼小渚曰沚小沚曰坻人所爲爲潏人力所作○陼音渚坻音遲潏音述疏此一段釋水中之地名也故下題云水中案李巡云一云四方皆有水中央獨可居但大小異其名耳皆人所作者則名潏周南云在河之洲召南云江有渚采蘩云于沼于沚秦風蒹葭云宛在水中坻是其所出之文也

水中

河出崑崙虛色白山海經曰河出崑崙西北隅虛山下基也
所渠并千七百一川色黃潛流地中汩漱沙壤所受渠多衆水溷淆宜其濁黃
百里一小曲千里一曲一直公羊傳曰河曲流河千里一曲一直

疏此釋河源所自及遠近曲直之勢故下題云河曲云河出崑崙虛色白者崑崙山名虛山下基也言河源出於崑崙山下之基其初纔微源高激湊故水色白也云所渠并千七百謂所受之渠并計凡有一千七百也云一川色黃者以其所受渠多沙衆溷淆故爲一川而水色黃也云百里一小曲千里一曲一直者此河自然之勢也故謂之河曲案海內西經云帝之下都崑崙之虛方八百里高萬仞河水出東北隅以行其北西南又入渤海又出海外即西北而北入禹所積石山又北山經云敦薨之山敦薨之水出焉而西注泑澤出乎崑崙之東北隅實惟河源郭注云即河出崑崙虛也今注云西北者蓋所見本異或傳寫誤注潛流至

河曲

濁黃云潛流地中者案漢書西域傳云河有兩源一
出葱嶺一出于闐于闐在南山下其河北流與葱嶺
河合東注蒲昌海蒲昌海一名鹽澤者去玉門陽關
三百餘里廣三四百里其水停居冬夏不增減皆以
爲潛行地下南出積石爲中國河又山海經云不周
中東望泑澤河水之所潛也其源渾渾泡泡郭注云
河出崑崙潛行地下至葱嶺山于闐國復分流歧出
合而東流注泑澤又復潛行南出于積石而爲中國
河泑澤一名蒲昌海潛行渾渾泡泡水濆涌之貌是
潛行地中也說文云汩水流也溷濁也淆雜亂也言
水流激其沙壅所以決之渠又多衆水溷濁雜亂所以
宜其水濁且黃也云公羊傳曰者此文十一年傳
文也案彼經云晉人秦人戰于河曲傳云■以水
地河曲疏矣河千里而一曲也言其河曲之地疏闊
故可戰也引之證河必千里一曲一直
之義然此注以疏流又一目字訓也

徒駭今在成平縣義所未聞駭諧楷切太史今所在未詳馬頰河勢上廣下狹狀如馬頰覆鬴水中可居往往而有狀如覆釜覆芳服鬴音父胡蘇東莞縣今有胡蘇亭其義未詳簡水道簡易絜水多約絜鉤盤水曲如鉤流盤桓也鬲津水多阨狹可隔以為津而橫渡

疏案禹貢九河既導故此釋其名下即題云九河也李巡云徒駭者禹疏九河以徒眾起故曰徒駭太史禹大使徒眾通其水道故曰太史馬頰河勢上廣下狹狀如馬頰也覆釜水中可居多者往往而有形如覆釜胡蘇其水下流故曰胡蘇胡下也蘇流也簡大也河水深而大也絜言河水多山石治之苦絜絜苦也鉤盤言河水曲如鉤屈折如盤也鬲津河水狹小可隔以為津也孫炎曰徒駭禹疏九河用功雖廣眾懼不成故曰徒駭胡蘇水流多散胡蘇然其餘同李巡郭云徒駭今在成平東光縣今有胡蘇亭馬頰覆鬴鬲津之名同李巡簡云水多約絜鉤盤水曲如鉤流盤桓也餘名皆云其義未詳禹疏九

河云復其故道名應先有不且徒駭太史因禹立名此
郭氏所以未詳也或九河雖濬有至禹治水更別立
名即此所云是也漢書溝洫志成帝時河隄都尉許
商上書曰古記九河之名有徒駭胡蘇鬲津今見在
成平東光鬲縣界中自鬲津以北至徒駭其間相去
二百餘里是知九河所在徒駭最北鬲津最南蓋徒
駭是河之本道東出分為八枝也許商上言三河下
言三縣則徒駭在成平胡蘇在東光鬲津在鬲縣其
餘不復知也此九河之次從北而南既知三河之處
則其餘六者太史馬頰覆釜在東光之北成平之南
簡絜鉤盤在東光之南鬲縣之北也其河填塞時有故
道鄭玄云周時齊桓公塞之同為一河今河間弓高
以東至平原鬲津往往有其遺處焉春秋緯寶乾圖云
移河為界在齊呂填閼八流以自廣鄭玄據此文
為齊桓公塞之也言閼八流拓境則塞其東流八枝
并使歸於徒駭也九河之名義也案胡蘇名注東光
[illegible]今注作南[illegible]當作光字之誤也

九

從釋地已下 皆禹所名也 疏 謂釋地已下篇其中

五嶽四瀆等名其來 川丘陵之名皆禹所 然山川

制非禹始爲名之地 紀衆之後更復改新言此名是禹所

爾雅注疏卷第七

爾雅注疏卷第八

釋草第十三 疏 草説文作艸隸變作艹七老切百卉也又曰象形草莽之形

説文別有草字自保切云草斗櫟實也一曰象斗子徐鉉曰今俗以此爲艸木之草別作皂字爲黑色之皂案櫟實可以染帛爲黑色故曰草通用爲草棧字然則此篇辨百卉之名見於經傳者當爲草木之草故云釋草

藿山韭茖山蔥勤山䪥蒚山蒜今山中多有此菜皆如人家所種者茖葱細莖大葉○藿音育韭音九茖音革蔥音忩勤巨盈切䪥音歷蒚力 疏 此辨四種菜生山中與人家所種者異名也韭説文云菜名一種而久者故謂之韭象形在一之上一地也生山中者名藿韓詩云六月食鬱及藿是也蔥説文云菜名生山中者名茖細莖大葉者是也䪥説文云菜也葉似韭生山中者名勤

𦶒説文云蘄草菜也一云菜之美
者雲夢之葍菜生山中者名薜

薜山蘄廣雅曰山蘄當歸當歸今似蘄而麤大○蘄音芹

疏說文云蘄草也生山中者
一名薜一名山蘄色白者名白蘄下文薜白蘄是也
生平地者名蘄○釋曰廣雅張揖撰以廣爾雅之闕漏也
曰山蘄當歸當歸者言即今藥草當歸案本草當歸不言
名薜及山蘄是即以時驗而言也故郭云今似蘄而
麤大言似平地
蘄而差麤大耳

椴木槿櫬木槿別二名也似李樹華朝生夕隕可食或呼曰日及亦曰王蒸○椴音段櫬音櫬

疏此別椴櫬是木槿之二名也某氏云別二名也其
樹如李其華朝生暮落與草同氣故在草中鄭風
云顏如舜華陸璣疏云舜一名木槿一名櫬一名椴
齊魯之閒謂之王蒸今朝生暮落者是也郭氏云可
食亦呼曰日及五月始華
故月令仲夏云木槿榮

朮山薊 本草云朮一名山薊今朮似薊而生山中○薊音計

楊枹薊 似薊而肥大今呼之馬薊○枹音孚 疏 此辨薊生山中及平地者名也生平地者即名薊生山中者一名朮本草云一名山薊一名山薑一名山連陶注云有兩種白朮葉大有毛而小膏赤朮葉細小苦而多膏是也其生平地而肥大於衆者名楊枹薊今呼之馬薊

箭王蔧 王帚也似藜其樹可以為掃蔧江東呼之曰落帚○箭音翦蔧音遂 疏 此即藜之科大為樹可以作埽蔧者一名箭一名王蔧一名王帚江東呼落帚

菉王芻 菉蓐也今呼鴟脚莎○菉音緑 疏 舍人云菉一名王芻某氏云菉鹿蓐也郭云蓐也今呼鴟脚莎詩衛風云瞻彼淇奥綠竹猗猗是也

拜蔏藋 蔏藋亦似藜蔏音商藋徒的切 疏 此亦似藜而葉大者名拜一名蔏藋莊子云藜藋柱字是也

蘩皤蒿蒿皤蒿菣今人呼青蒿香中炙啖者為菣

蔚牡菣無子者○蔚音尉菣去及切【疏】此辨蒿色及有子無子者之異名也詩召南云于以采蘩于沼于沚毛傳云蘩皤蒿也郭氏云白蒿然則皤猶白也本草云白蒿唐本注云此蒿葉麄於青蒿從初生至枯白於衆蒿欲似艾者所在有之又云葉似艾葉上有白毛麄澁俗呼蓬蒿可以為葅故詩箋云以豆薦蘩葅陸機云凡艾白色為皤蒿今白蒿春始生及秋香美可生食又可蒸一名游胡北海人謂之㫄勃故大戴禮夏小正傳曰蘩游胡游胡旁勃也是蒿一名菣詩小雅鹿鳴云食野之蒿陸機云蒿青蒿也荊豫之間汝南汝陰皆云菣孫炎云荊楚之間謂蒿為菣郭云今人呼青蒿香中炙啖者為菣是也蔚即蒿之雄無子者故云牡菣舍人曰蔚一名牡菣詩蓼莪云匪莪伊蔚陸機云牡蒿也三月始生七月華華似胡麻華而紫赤八月為角角似小豆角銳而長一名馬[illegible]蒿是也

齧彫蓬薦黍蓬 別蓬種 疏 此別蓬種類也說文云蓬蒿也草之不理者也種類非一種有齧彫蓬薦黍蓬詩召南騶虞云彼茁者蓬月令云藜莠蓬蒿並興是也

蔖鼠莞 亦莞屬也纖細似龍須可以為席蜀中出好者○蓮方寐切莞官 疏 莞屬也說文云莞草可以為席玉草一名鼠莞纖細似龍須亦可以為席蜀中出好者

葝鼠尾 可以染草 疏 可以染皂草也一名葝一名鼠尾本草有白華者有赤花者又一名長翹陶注云田野甚多人採作滋染本草是也

菥蓂大薺 薺葉細俗呼之曰老薺○菥音析蓂音覔 疏 菥蓂一名大薺而葉細本草又名蔑新一名太蕺一名馬辛是也

蒤虎杖 似紅草而粗大有細刺可以染赤○蒤音除 疏 蒤一名虎杖注云似紅草而麤大有細刺可

以染赤陶注本草云田野甚多
狀如大馬蓼鹿䕭而乘圓是也

孟狼尾 似茅今人（疏）草似茅者一名孟一名
亦以蓋屋 狼尾今人亦以蓋屋

瓠棲瓣 瓠中瓣也詩云齒如瓠犀（疏）瓣瓠中瓣也一名
棲○（瓠）戶故切 瓣方莧切 瓠棲人之齒美者
以之故詩衛風碩人美莊姜云
齒如瓠犀瓠棲是也今詩文作犀

茹藘茅蒐 今之蒨也可以染絳（疏）今染絳蒨也一
○（茹）音如 藘力居切 名茹藘一名茅
蒐詩鄭風云茹藘在阪陸璣云一名地血齊人
謂之茜徐州人謂之牛蔓即今之蒨草是也

果蓏之實栝樓 今齊人呼之為天瓜○（蓏）方果切（疏）果蓏之草其實名栝樓實
即子也故李巡云栝樓子名也郭云今齊人謂之天
瓜本草云栝樓葉似瓜葉形兩兩相值蔓延青黑色
六月華七月實
如瓜瓣是也

荼苦菜 詩曰誰謂荼苦其味可食 疏 此味苦可食之菜一名荼一名苦菜本草一名荼草一名選一名游冬案易緯通卦驗玄圖云苦菜生於寒秋經冬歷春乃成月令孟夏苦菜秀是也葉似苦苣而細斷之有白汁花黃似菊堪食但苦耳注云詩曰誰謂荼苦邶風谷風篇文也

萑蓷 今茺蔚也葉似荏方莖白華華生節間又名益母廣雅云○萑音隹蓷他回切 疏 萑一名蓷李巡曰臭穢草也郭云今茺蔚也廣雅名益母葉似荏方莖白華華生節間詩王風云中谷有蓷陸機云悉說及魏傳上齊陸周元明皆云菴閭是也韓詩及王蒼說悉云益母故曾子見益母而感案本草茺蔚一名益母故劉歆曰蓷臭穢即茺蔚也

鷊綬 小草有雜色似綬○鷊音逆 疏 鷊者雜色如綬文之草也詩陳風云邛有旨鷊陸機疏云鷊五色作綬故曰綬草是也

粢稷 今江東人呼粟爲粢 【疏】左傳云粢食不鑿粢者稷也曲禮云稷曰明粢是也郭云今江東人呼粟爲粢然則粢也稷也粟也正是一物而本草稷米在下品別有粟米在中品又似二物故先儒甚疑焉

衆秫 謂黏粟也○衆音終秫音述 【疏】衆一名秫謂黏粟也說文云秫稷之黏者也與穀相似米黏北人用之釀酒其莖稈似禾而麤大者是也

戎叔謂之荏菽 即胡豆也○菽音叔 【疏】戎叔一名荏菽孫炎云大豆也詩大雅生民篇云蓺之荏菽荏菽旆旆鄭箋亦以爲大豆樊光舍人李巡郭氏皆云今以爲胡豆郭又云春秋齊侯來獻戎捷穀梁傳曰戎菽也管子亦云北伐山戎出冬蔥及戎菽布之天下今之胡豆是也案北戎菽皆爲大豆注穀梁者亦以爲大豆也郭氏等以戎胡俱是夷名故以戎菽爲胡豆也

卉草 百草總名 【疏】別二名也百卉猶百草也詩小雅云百卉具腓是也

菟雀弁 未詳 蘥雀麥 即燕麥也○菟（疏）蘥一名雀
從轉切蘥音藥麥一名燕
麥本草云生故墟野林下苗似小麥而
弱實似穬麥而細在處亦有之是也
櫰烏蕵東蕘菟芰蘩菟菟奚 皆未詳 黃菟瓜 菟瓜似土瓜○
（櫰）戶𢙍切（蕵）音
孫（蕅）音練（菟）音免（荄）
音孩（芰）音芳（黃）音演
（疏）菟瓜一名黃菡及實似土
瓜土瓜者即王瓜也月令
王瓜生
是也
茢薽豕首 本草曰䓣蘆一名蟾蠩蘭今江東呼豨首
以燭蚤蝟○（茢）音列（薽）音其（豕）傷氏切
（疏）茢薽藥草名一名豕首一名䓣蘆名蟾蠩蘭一名
天名精一名麥句薑一名蝦蟇藍一名天門精一
名王門精別録一名大蕺蘅南人名為地菘味甘辛
故有薑蘅狀如藍故名蝦蟇藍香似蘭故名蟾蠩蘭
郭云江東呼之首可以燭
蚕蛹者王蒼云螪■也

荓馬帚 似蓍可以爲埽彗。荓音[redacted] 疏 荓草似蓍者今俗謂蓍荓可以爲埽彗故一名馬帚注似

蓍說文云蓍蒿屬也生千歲三百莖可以爲卜筮

白虎通云此天地之間壽考物也故問之是也

藱懷羊 未詳 茭牛蘄 令馬蘄葉細銳似芹亦可食。藱胡罪切 疏 似芹可食菜也而葉細銳一名茭一名牛蘄一名馬蘄子入藥用本草注云生水澤中苗似鬼鍼菾

菜等花青白色子黄黑色似防風子是也

葖蘆萉 萉宜爲菔蘆菔蕪菁屬紫花大根俗呼雹葖。葖他忽切蘆音羅萉蒲北切 疏 紫花菘也俗呼温菘似蕪菁大根一名葖俗呼雹葖一名蘆菔今謂之蘿蔔是也

蒮灌 未詳 茵芝 芝一歲三華瑞草。蒮音勑茵音囚 疏 瑞草名也一歲三華一名茵一名芝

論衡云芝生於土土氣和故芝草生

瑞命禮曰王者仁慈則芝草生是也

筍竹萌初生者【疏】孫炎曰竹初萌生謂之筍凡草木初生謂之萌筍則竹之初生者故曰筍竹萌也可以為菜殽詩大雅韓奕云其蔌維何維筍及蒲蔌則菜殽也

簜竹竹別名儀禮曰簜在建鼓之間謂簫管之屬。簜音湯【疏】簜則竹之別名李巡曰竹節相去一丈曰簜孫炎曰竹闊節者曰簜禹貢篠簜既敷孔安國云簜大竹郭氏曰云竹別名無大小之異故引禮經為證也[redacted]儀禮曰者大射禮文也案彼云樂人宿縣西階之西頌磬東西其南鑮皆南陳一建鼓在其南東鼓朔鼙在其北一建鼓在西階之東南面簜在建鼓之間鄭注云簜竹也謂笙簫之屬倚於堂以笙簫之屬因非大竹故郭氏引之也鄭又云建猶樹也以木貫而載之樹之跗也故謂之建鼓云謂簫管之屬者郭用鄭玄之說也

莪蘿今莪蒿也亦曰蘪蒿【疏】舍人云莪一名蘿郭云今莪蒿也[redacted]曰蘪蒿詩小雅云菁菁者莪陸

機云莪蒿也一名蘿蒿生澤田漸洳之處葉似邪蒿
而細科生三月中莖可生食又可蒸香美味頗似蔞
蒿是
也

苨菧苨 薺苨○苨音尼 菧音底

疏 苨一名菧苨郭云薺苨也本草薺苨陶注云根莖都似人
參而葉小異根味甜又別本注云
根似桔梗以无心為異者是也

絰履 未詳 莕接余其葉苻 叢生水中葉圓在莖端長短
隨水深淺江東食之亦呼為莕
○莕音杏
絰[redacted]節切

疏 莕一名接余其葉名苻郭云叢生
水中葉圓在莖端長短隨水深淺江
東食之亦呼為莕詩周南關雎云參差荇菜是也荇
與莕同陸機疏云接余白莖葉紫赤色正圓徑寸餘
浮在水上根在水底與水深淺等大如釵股上
青下白鬻其白莖以苦酒浸之[redacted]美可案酒

白華野菅 菅茅屬詩曰白華
菅兮○菅古顏切

疏 舍人云白華一名
野菅陸機云菅似

莖而滑澤亦毛根下五寸中有白粉者柔忍宜爲索
漚乃尤善[redacted]鄭云菅茅屬此白華亦是茅之類也漚
之柔韌異其名謂之爲菅因謂在[redacted]野[illegible]
者爲野菅詩小雅云白華菅兮是也

薜白蘄即上山蘄菲芴即土瓜也○菲音匪芴音物疏一名芴郭云土瓜也孫炎
曰葍類也詩谷風云采葑采菲陸璣云菲似葍莖麤
葉厚而長有毛三月中蒸鬻爲茹滑美可作羹幽州人
謂之芴爾雅又謂之蒠菜今河內人謂之宿菜案今
爾雅菲芴與蒠菜異郭注似是別草如陸之言又是
一物其孫炎注爾雅二處皆引谷風詩即菲也芴也蒠
菜也土瓜也宿菜也五者一物其狀似葍而非葍故
云葍類也

葍藑大葉白華根如指正白可啖○葍音福藑音富疏葍一名藑郭云大葉白華根如指正
白可啖詩小雅云我行其野言采其葍陸璣云幽州
人謂之燕葍其根正白可著熱灰中溫啖之饑荒之

歲可蒸以禦飢也

熒委萎藥草也葉似竹大者如箭竿有節葉狹而長表白裏青根大如指長三尺可啖○萎音威

疏藥草也一名熒一名委萎本草女萎之異一名熒是也葉似竹大者如箭竿有節葉狹而長表白裏青根大如指長三尺可啖

葋艼熒未詳竹萹蓄似小藜赤莖節好生道旁可食又殺蟲○葋音劬艼他丁切熒音迴萹匹善切

疏李巡曰一物二名也孫炎某氏引詩衛風云綠竹猗猗郭云似小藜赤莖節好生道旁可食又殺蟲案陶隱居本草注云處處有布地而生節間白華葉細綠人謂之萹竹煑汁與小兒飲療蛔蟲是也

葴寒漿今酸漿草江東呼曰苦葴○葴音針

疏葴一名寒漿郭云今酸漿草江東呼曰苦葴案本草酸漿一名醋漿陶注云處處人家多有葉亦可食子作房房中有子如梅李大皆黃赤色

薢茩芵茪芵明也。葉黃銳，赤華，實如山茱萸。或曰陵也。關西謂之薢茩。○薢音皆，茩音狗，芵音決，茪音光

疏藥草芵明也。一名芵光，一名英明。郭云葉黃銳，赤華，實如山茱萸。陶注本草云葉如茳芒子形，似馬蹄，呼爲馬蹄決明。廣雅謂之羊躑躅也。或曰者，案說文云蔆，楚曰芰，秦曰薢茩是也。

莁荑蔱蘠一名白蕢。○〔莁〕音巫〔荑〕音夷〔蔱〕音殺〔蘠〕音牆

疏莁荑一名蔱蘠。郭云一名白蕢。此草也。案本草，莁荑一名無姑，一名藙瑭。郭注云爾雅莁荑一名蔱蘠，今作藙瑭，字之誤也。而在木部，疑非是，或者海草同。○藙音殿〔瑭〕音唐

瓞瓝其紹瓞俗呼瓝瓜爲瓞。紹者，瓜蔓緒，亦著子，但小如瓝。○〔瓞〕大結切〔瓝〕蒲角切

疏名之小瓜也。紹，繼也。瓜之蔓紹緒先歲之瓜必小，亦名瓞〻，故其紹瓞。詩大雅云緜〻瓜瓞。舍人曰：瓞名瓝，小瓜也。紹繼謂瓞子。漢中小瓜曰瓞。孫炎曰：瓞，小瓜，子如瓝，其本子小，紹先歲之瓜曰瓞。然則瓜

之族類本有二種大者曰瓜小者曰瓞此則其種別也而瓜蔓近之本瓜必小於先歲之大瓜以其小如瓝故謂之瓞瓞是瓝之別名故郭云俗呼瓝為瓞緜緜者瓜蔓緒亦著子但小如瓝爾

苕鳧茈 生下田苗似龍須而細根如指頭黑色可食。苕戶了切 疏 苕一名鳧茈郭云生下田中苗似龍須而細根如指頭黑色可食今俗淪而鷥之者是也

薡蕫 似蒲而細。薡音頂蕫音董 疏 薡蕫一名薡蕫狀似蒲而細可為屩亦可為綯以為索

蕛苵 蕛似稗布地生穢草。蕛音帝苵大結切 疏 蕛一名苵似稗之穢草也布生於地莊子曰道在蕛稗是亦有米細小莊子又曰若蕛米之在太倉是也

鉤芺 大如拇指中空莖頭有臺似薊初生可食 疏 薊類也一名鉤一名芺郭云大如拇指中空莖頭有臺似薊初生可食說文云味苦江南食以下氣是也

䪥鴻薈 即䪥菜也○薈音會 疏 䪥菜似韭之菜也一名鴻薈本草謂之菜芝是也
蘇桂荏 蘇荏類故名桂荏 疏 蘇荏類之草也以其味辛似桂故一名桂荏陶注本草云蘇葉下紫色而氣甚香其無紫色不香似荏者名野蘇生池中者名水蘇一名雞蘇皆荏類也
薔虞蓼 虞蓼澤蓼○薔音色蓼音了 疏 薔一名虞蓼即蓼之生水澤者也周頌良耜云以薅荼蓼毛傳云蓼水草是也
蓧蓨 未詳 虋赤苗 今之赤粱粟 芑白苗 今之白粱粟皆好穀 秬黑黍 詩曰維秬維秠 秠一稃二米 此亦黑黍但中米異耳漢和帝時任城生黑黍或三四實實二米得黍三斛八斗是○蓧他凋切蓨音暢虋音門芑音起秠孚鄙切稃音敷 疏 案詩大雅生民云誕降嘉種維秬維秠維穈維芑故此釋之也虋與穈音義同虋即嘉穀赤苗者郭云今之赤粱粟芑即嘉穀白苗者郭云今

之白粱粟皆好穀也李巡曰黑黍一名秬黍秬即黑黍之大名也秠是黑黍之中一稃有二米者别名之爲秠若然秬秠皆黑黍矣而春官鬯人注云釀秬爲酒秬如黑黍一秠二米言如者以黑黍一米者多秬爲正稱二米則秬中之異故言如以明秬有二等也秬有二等則一米亦可爲酒鬯人之注必言二米者以宗廟之祭唯祭爲重二米嘉異之物鬯酒宜當用之故以二米解之其實秬是大名故云䵋秬爲酒此云秠一稃二米鬯人注云一秠二米文不同者鄭志荅張逸云秠即皮其稃亦皮也爾雅重言以曉人然則秠稃古今語之異故鄭引此文得以稃爲秠也漢和帝時任城縣生黑黍或三四實實二米得黍三斛八升是也

稌稻○稌音杜 今沛國呼稌 【疏】别二名也郭云今沛國呼稌詩周頌云豐年多黍多稌禮記內則云牛宜稌豳風七月云十月穫稻是一物也案說文云沛國謂稻爲糯秔稻屬也字林云糯黏稻也秔

稻不黏者本草以粳米稻米爲二物杭與粳古今字
然杭糯甚相類黏不黏爲異耳依說文稌稻即糯也
江東呼粳
乃孔切

葍藑茅 葍華有赤者爲藑藑葍一種耳亦猶蔆苕華黃白異名○藑音瓊

疏 葍與藑茅一草也華白者即名葍華赤者別名藑茅故郭云亦猶蔆苕華黃白異名也

臺夫須 鄭箋詩云臺可以爲禦雨笠○夫音扶

疏 舍人云臺一名夫須詩小雅云南山有臺毛傳云臺夫須莎草也可以爲衣笠都人士云臺笠緇撮是也箋者傳注之別名也以詩先有毛公作傳鄭公以釋其未備者字林云箋者表也識也鄭以毛學審備遵暢厥旨所以表明毛意記識其事故特稱箋也都人士箋云都人之士以臺皮爲笠此引其意非全文也

蘻蔨 未詳 **莔貝母** 根如小貝員而白華葉似韭○蘻音蹇蔨音氏莔音萌

疏藥草貝母一名茵郭云根如小貝員而白華葉似韭詩鄘風載馳云陟彼阿丘言采其蝱陸璣云蝱今藥草貝母也其葉如栝樓而細小其子在根下如芋子正白四方連累相著有分解也本草一名空草陶注云出近道形似聚貝子故云貝母是也

荍蚍衃今荊葵也似葵紫色謝氏云小草多華少葉葉又翹起○荍音翹蚍音毗衃音浮

疏舍人云荍一名蚍衃郭云今荊葵也似葵紫色謝氏云小草多華少葉葉又翹起詩陳風云視爾如荍毛傳云荍芘芣也陸璣云芘芣一名荊葵似蕪菁華紫綠色可食微苦是也

艾冰臺今艾蒿

疏艾一名冰臺郭云今艾蒿也詩王風云彼采艾兮是也

蕇亭歷實葉皆似芥一名狗薺廣雅云○蕇音典

疏蕇一名亭歷郭云實葉皆似芥廣雅又名狗薺本草一名丁歷一名大室一名大適陶注云今近道亦有母則公薺子細黃至苦是也

苻鬼目 今江東有鬼目草莖似葛葉圓而毛子如耳璫也赤色叢生

疏 苻一名鬼目郭云今江東有鬼目草莖似葛葉員而毛子如耳璫也赤色叢生

薜庾草 未詳

蔜䕯蔞 今蘩蔞也或曰鷄腸草○蔜五高切䕯音婺蔞音縷

疏 蔜一名䕯蔞一名蘩蔞一名鷄腸草本草云蘩蔞味辛陶注此菜人以作羮唐本注云此即鷄腸草也多生下濕坑渠之側人家園庭亦有此草是也

離南活莌 草生江南高丈許大葉莖中有瓤正白零陵人祖曰貫之為樹○莌音奪

疏 離南草也一名活莌山海經又名冦脫生江南高文許大葉而肥莖中有瓤正白者是也一零陵人丞曰貫之為也若祖且也貫事也言零陵郡人且曰事之使科大若樹然也郭又注山海經云零桂人人且曰貫之以為樹然所未詳

龍天蘥須葑蓯 未詳 蒡隱葱 似蘇有毛今江東呼為隱葱藏以為菹亦可瀹食也

【龍】音蘢【葑】方孔切【蓯】音總【蒡】音旁【疏】蒡蘇類菜也一名隱葱郭云似蘇有毛今江東呼為隱葱藏以為菹亦可瀹食者瀹煑也

蕕蔓于 草生水中一名軒于江東呼蕕○【蕕】音猶【疏】蕕水草也一名蔓于郭云一名軒于江東呼蕕

蓾蔖 作履苴草【蓾】音魯【蔖】才古切【疏】蓾說文云蓾草也可以束一名蔖即蒯類也中作履底字苑云蒯苴履底故云作履苴草也

柱夫搖車 蔓生細葉紫華可食今俗呼曰翹搖車○【柱】音主【夫】音扶【疏】柱夫可食之草也一名搖車俗呼翹搖車蔓生紫華華翹起搖動因名云

出隧蘧蔬 蘧蔬似土菌生菰草中今江東啖之甜滑音同氍毹○【隧】音遂【蘧】巨俱切【蔬】山俱切

菌類也一名出隧一名蘧蔬廣雅云朝生形如鼠

疏 蓋郭云似土菌生菰草中今江東啖之甜滑音氍

毹氍毹者說文云氍毹將也張

揖云氍毹毛席取其音同

蘄茝蘪蕪 香草葉小如萎狀淮南子蛇狀山海經曰臭如蘪蕪○茝昌改切

疏 芎藭苗也一名蘄茝一名蘪蕪本草一名薇蕪一名江離陶注云似蛇牀而香郭云香草葉小如萎狀者言如萎蒿之狀也淮南子云似蛇牀者案淮南子汜論篇云夫物之相類者世人之所乱惑也嫌疑肖像者衆人所眩耀也故狠者類知而非知也愚者類君子而非君子也戇者類勇而非勇也使人相去也若玉之與石也葵之與莧也則論人易矣夫乱人者若芎藭之與槀本蛇牀之與蘪蕪者許慎云此四者藥草臭味之相似浮治病則不同功是也云山海經曰臭如蘪蕪者案西山經云山有草曰䔄草麻葉而方莖赤華而黑實臭如蘪蕪可以止癘又天帝山有草其狀如葵其臭如蘪蕪曰杜衡可以走馬食之

已瘦是也臭香也言其香氣如蘼蕪也

茨蒺䔧 布地蔓生細葉子有三角刺人見詩 疏 茨一名蒺䔧郭云布地蔓生細葉子有三角刺人見詩者案詩小雅云楚楚者茨是也

蘮蒘竊衣 似芹可食子大如麥兩兩相合有毛著入衣○蘮音計蒘音如 疏 蘮蒘一名竊衣郭云似芹可食子大如麥兩兩相合有毛著人衣俗名鬼麥者也

髦顛蕀 細葉有刺蔓生一名商蕀廣雅云女木也○髦音毛蕀音棘 疏 髦一名顛蕀一名商蕀廣雅云女木也郭云細葉有刺蔓生

雚芄蘭 雚芄蔓生斷之有白汁可啖○雚音貫 疏 雚芄一名芄蘭郭云雚芄蔓生斷之有白汁可啖案如此注則以雚芄一名芄蘭或傳寫誤芄衍字詩衛風云芄蘭之支陸機云一名蘿摩幽州人謂

之省

瓠

蕁莸藩生山葉如韭一曰提母。蕁徒南切〔沇〕音沉[redacted]〔疏〕藥草知母也一名蕁一名莸藩郭云生山上葉如韭一曰提母案本草此名之外更有十餘名文多不載陶注云形似菖蒲而石榴葉至難死掘出隨生須燥乃上也

蕍蕮今澤蕮。〔蕍〕音俞蕮音昔〔疏〕蕍一名蕮即藥草澤蕮也本草作澤蕮一名水瀉一名及瀉一名芸芋一名禹孫陶注云葉狹長叢生諸淺水中

蔨鹿藿其實莥今鹿豆也葉似大豆根黃而香蔓延生。〔卷〕巨隕切〔藿〕音霍〔莥〕女之切[redacted]〔疏〕蔨一名鹿藿其實名莥郭云今鹿豆也葉似大豆根黃而香蔓延生本草云味苦唐本注云此草所在有之苗似豌豆有蔓而長大人取以為菜亦微有豆氣名為鹿豆也

薃侯莎其實媞夏小正曰薃也者莎隨媞者其實○薃音浩媞音提

疏薃即莎別名侯維也商語亂也其實別名提夏小正者大戴禮之篇名本夏后氏者十二月之候也漢九江太守戴禮記之謂之大戴禮記其正月云緹薃薃也者莎隨也緹也者其實也先言緹而後言薃何也緹先見者也何以謂之小正以著名也案廣雅云地毛莎隨以是薃即莎也故云莎隨

莞苻離其上蒚今西方人呼蒲爲莞蒲蒚謂其頭臺首也今江東謂之苻蘺西方亦名蒲中莖爲蒚用之爲席音羽雞

疏某氏曰本草云白蒲一名苻蘺楚謂之莞蒲其上臺別名蒚郭義具注詩小雅斯干云下莞上簟鄭箋云莞小蒲也者以莞蒲一草之名而司几筵有莞筵蒲筵則有大小之異爲席有精有麤故得爲兩種席也

荷芙蕖別名芙蓉江東呼荷其莖茄其葉蕸其本蔤莖下白蒻在泥

中者**其華菡萏**見詩**其實蓮**蓮謂房也**其根藕其中的**
的中薏中心苦

疏 李巡曰皆分別蓮莖葉華實之名芙渠其總名也別名芙蓉江東呼荷菡萏蓮華也的蓮實也薏中心也郭璞曰蔤莖下白蒻在泥中者今江東人呼荷華為芙蓉北方人便以藕為荷亦以蓮為荷蜀人以藕為茄或用其母為華名或用其子為母葉號此皆名相錯習俗傳誤失其正體者也陸璣疏云蓮青皮裏白子為的的中有青為薏味甚苦故里語云苦如薏是也 詩陳風云彼澤之陂有蒲與荷又曰有蒲與蓮又曰有蒲菡萏是也

紅蘢古其大者蘬俗呼紅草為蘢鼓語轉耳○蘬丘軌切

疏 舍人曰紅名蘢古其大者名蘬詩鄭風云隰有游龍毛云龍紅草也陸璣疏云一名馬蓼葉大而赤白色生水澤中高丈餘郭云俗呼紅草為蘢鼓語轉耳

蒫薺實 薺子味甘 蒫才何切 疏 本草云薺味甘人取其葉作菹及羹亦佳詩谷風云誰謂荼苦其甘如薺其子別名蒫

黂枲實 礼記曰苴麻之有蕡○黂扶分切 疏 枲麻也黂者即麻子名也故云黂枲實也○礼記曰苴麻之有蕡者儀礼喪服傳文也傳所以解經故亦謂之礼記也案喪服經云苴絰傳曰苴絰者麻之有黂者也是

枲麻 別二名 疏 麻一名枲故注云別二名禹貢青州云厥貢岱畎絲枲是也

須蕵蕪 蕵蕪似羊蹄葉細味酢可食 疏 案詩谷風云采葑采菲毛傳云葑須也先儒即以須葑蓯當之孫炎云須一名葑蓯今郭注上葑蓯云未詳注此云蕵蕪似羊蹄葉細味酢可食則郭意以上云葑須者謂此蕵蕪也坊記注云葑蔓菁也陳宋之間謂之葑陸璣云葑蕪菁幽州人或謂之芥方

言云豐且蕘羌青也陳楚謂之豐齊魯謂之蕘關西謂之蕪菁趙魏之部謂之大芥豐與葑字雖異音實同則葑也須也蕪菁也蔓菁也葑也蕪也蕘也芥也七者一物也

〇八卷下

菲息菜 菲草生下溼地似蕪菁華紫赤色可食〇菲音匪息音息 疏 菲一名息菜 案詩谷風云采葑采菲毛傳云菲芴郭注菲芴云土瓜也注此云菲草生下溼地似蕪菁華紫赤色可食則是芴與葸菜別草而某氏及陸璣以為一物非郭義也

蕢赤莧 蕢赤莧一名蕢今之莧菜之赤莖者也〇蕢音貴

蘠蘼虋冬 門冬一名滿冬本草云〇蘼音美 疏 蘼草也一名蘠蘼一名虋冬 案山海經云條谷山其草多芍藥虋冬郭注亦云本草一名滿冬今按本草有天門冬一名顛勒麥門冬一名秦名美

非蘩名蒡非蓫名馬非越名芋若自一名禹葭一名禹
餘糧元名蓫茨者蓋所見本異也○蒡門字異音同耳
萹苻止未詳濼貫衆葉員銳莖毛黑布地冬不死一名貫渠廣雅云貫節○萹音篇濼音樂
音終
疏萹草名也一名濼一名貫衆按本草云一名貫節一名貫渠一名百頭一名虎卷一名萹苻一名
伯萍一名藥藻此謂鴟頭陶注云葉如大蕨形色毛
芒全似老鴟頭因名之郭氏云葉員銳莖毛黑布地
冬不死一名貫
渠廣雅名貫節
莙牛藻似藻葉大江東呼為馬藻○莙具隕切藻音早
疏莙一名牛藻藻之葉大者也詩召南
云于以采藻左傳云蘋蘩薀藻之菜以此草好聚生
故言薀藻薀訓聚也毛傳云藻聚藻也陸機云藻水
草也生水底有二種其一種葉如雞蘇莖大如箸長
四五尺其一種莖大如釵股葉如蓬蒿謂之聚藻又
云扶風人謂之藻聚為發聲也此二藻皆可食煮熟挼
去腥氣米麪糝蒸為茹嘉美揚州人饑荒可以當穀食也

蓫薚馬尾 廣雅曰馬尾蔏陸本草云別名薚今關西亦呼爲薚江東爲當陸○蓫他六反薚他羊反

疏 藥草蔏陸也一名蓫薚一名馬尾郭云廣雅曰馬尾薚陸本草云別名薚今關西呼爲薚江東爲當陸案本草蔏陸一名葛根一名夜呼不同者所見本異也今注云一名白昌一名當陸是也

苹蓱 水中浮蓱江東謂之薸○蓱音平薸音瓢 其大者蘋 詩曰于以采蘋

疏 舍人曰苹一名蓱大者名蘋郭曰水中浮蓱江東謂之薸陸機毛詩義疏云今水上浮蓱是也其麤大者謂之蘋小者曰蓱季春始生可糝蒸爲茹又可苦酒淹以就酒詩曰于以采蘋召南采蘋篇文也

莃菟葵 頗似葵而小葉狀如藜有毛汋啖之滑○莃音希

疏 莃一名菟葵郭云頗似葵小葉狀如藜有毛汋啖之滑者汋煑也案本草唐本注云苗如石■葉光澤花白似梅莖紫色煑汁極滑堪噉尔雅釋一草名莃所在平澤皆有田間人多識之是也

芹楚葵今水中芹菜（疏）郭云今水中芹菜本草云水芹一名水英陶注云二月三月作英時可作葅及淪食之又有渣芹可爲生菜亦可生啖別本注云芹有兩種荻芹取根白色赤芹取莖葉並堪作葅及生菜是也○（渣）音樝

藬牛蘈今江東呼草爲牛蘈者高尺餘許方莖葉長而銳有穗穗閒有華華紫縹色可淋以爲飲○（藬）生回切（蘈）音頹（疏）藬一名牛蘈詩小雅云言采其蓫鄭箋云蓫牛蘈郭云今江東呼草爲牛蘈者高尺餘許方莖葉長而銳有穗穗閒有華華紫縹色可淋以爲飲者字林云縹青白色淋以水沃也

藚牛脣毛傳曰水藚也如藚斷寸寸有節拔之可復○（藚）音續（疏）李巡云別二名郭云如續斷寸寸有節陸璣以爲今澤蕮也郭氏所不取詩魏風汾沮洳云彼汾一曲言采其藚毛傳云藚水蕮是也

苹藾蕭今藾蒿也初生亦可食○（藾）音賴（疏）苹一名藾蕭郭云今藾蒿也初生亦可食詩小

粃云呦呦鹿鳴食野之苹陸機云葉青白色
莖似著而輕肥始生香可生食又可蒸食也

連異翹 一名連苕又名連草本草云 【疏】連一名異翹郭云一名連苕又名連草本草云者案
今本草連翹一名異翹一名蘭華一名折根一名軹
一名三廉不同者所見本異也唐本注云此物有兩
種大翹小翹大翹葉狹長如水蘇花黃可愛生下濕
地著子似椿實之未開者作房翹出衆草其小翹生
岡原之上葉花實皆似
大翹而小細耳是也

澤烏薞 即上蕵也 【疏】即上蕵生於水澤者然形所未詳

傅横目 一名結縷俗謂之鼓箏草 【疏】云傅一名横目草蔓延生郭云一名結縷俗謂之鼓箏
草是也

䕘蔓華 一名蒙華 音 【疏】䕘一名蔓華郭云一名蒙華

蔆蕨攈　蔆，今水中芰。○蔆音陵　攈音眉　〔疏〕蔆一名蕨攈。郭云：蔆，今水中芰。字林云：楚人名蔆曰芰，可食。國語曰屈到耆芰。俗云蔆角是也。

大菊蘧麥　一名麥句薑，即瞿麥。〔疏〕大菊一名蘧麥。郭云：一名麥句薑，即瞿麥。廣雅云：茈萎，麥句薑，蘧麥。案本草云：瞿麥一名巨句麥，一名大菊，一名大蘭。陶注云：今出近道，一莖生細葉，花紅紫赤可愛，子頗似麥，故名蘧麥。

薜牡贊　未詳

葥山莓　今之木莓也，實似藨莓而大，亦可食。○薜音百　贊音贊　葥音箭　莓音每　〔疏〕山莓一名葥。郭云：今之木莓也，實似藨莓而大，亦可食。藨莓說在下。

齧苦菫　今菫葵也，葉似柳，子如米，汋食之滑。〔疏〕齧一名苦菫，可食之菜也。郭云：今菫葵也，葉似柳，子如米，汋食之滑者。本草唐本注云：此菜野生，非人所種，俗謂之菫菜，葉似蕺，花紫色者。內則云菫荁

枌榆是也本草云味苦此云苦者
古人語倒猶苦草謂之大苦也

藫石衣 水苔也一名石髮江東食之或曰藫葉
似薤而大生水底亦可食○藫音潭

疏 藫一名石衣郭云水苔也一名石髮江東食之者
案本草有陟釐別本注云此即石髮也色類苔而
麤澀為異郭又云或曰藫葉似薤而大生水底亦可
食者即本草海藻一名藫陳藏器本草云大葉藻也
生深海中及新羅葉如水藻而大海人取之正在深
海底以繩繫青因沒水下刈得旋繫繩上五月已後
當有大魚傷
人不可取也

蘜治蘠 今之秋華菊○蘜音菊

疏 蘜一名治蘠郭云今之秋華
菊案月令季秋云菊有黃華
本草云菊華一名節華陶注云菊有兩種一種莖紫
氣香而味甘葉可作羹而食者為真一種莖青而作
蒿艾氣味苦不堪食
者名苦意非真也

唐蒙女蘿女蘿菟絲別四名詩云爰采唐矣

〔疏〕孫炎曰別三名郭云別四名則唐與蒙或并或別故三四異也詩經直言唐而傳云唐蒙也是以蒙解唐也則四名為得下云蒙王女郭云即唐也是又名王女然則唐也蒙也女蘿也菟絲也王女也凡五名詩頍弁云蔦與女蘿毛傳云女蘿菟絲陸璣云今菟絲蔓連草上生黃赤如金今合藥菟絲子是也 詩云爰采唐矣鄘風桑中篇文也

苗蓿未詳茥蒛葐覆葐也實似莓而小亦可食○〔音〕他周切〔茥〕音奎〔蒛〕音缺〔葐〕音盆

〔疏〕茥一名蒛葐郭云覆葐也實似莓而小亦可食案本草蓬虆一名覆盆一名陵虆一名陰虆其實名覆盆子今注云蓬虆是覆盆之苗也覆盆乃蓬虆之子也唐本注云然生處不同沃地則子大而甘瘠地則子細而酸者是也

芨，堇草。即烏頭也，江東呼為堇。○芨音急。堇音靳。【疏】芨一名堇草。郭云：即烏頭也，江東呼為堇。音靳。案詩大雅云：堇荼如飴。又晉語驪姬寘鴆於酒，寘堇於肉。賈逵曰：堇，烏頭也。然則堇者其烏頭苗也。樂讀為堇草之堇，故音之。

虃，百足。未詳。

菺，戎葵。今蜀葵也。似葵，華如木槿華。○虃音纖。菺音肩。【疏】菺一名戎葵。郭云：今蜀葵也。似葵，華如木槿華。戎蜀蓋其所自也，因以名之。

蘻，狗毒。樊光云：俗語苦如蘻。○蘻音計。【疏】蘻一名狗毒。樊光云：俗語苦如蘻。樊光者，京兆人，後漢中散大夫，注爾雅六卷，故郭氏取以為說一。

垂，比葉。未詳。

蕧，盜庚。旋蕧，似菊。○蕧音服。【疏】蕧一名盜庚。郭云：旋蕧，似菊。本草旋覆一名戴椹，一名金沸草，一名盛椹。陶注云：出近道下濕地，似菊花而大，是也。

芧，麻母。苴麻盛子者。○芧音序。疏 苴麻之盛子者也，一名芧，一名麻母。

瓝，九葉。今江東有草五葉共叢生一莖，俗因名爲五葉，即此類也。疏 此草九葉叢生一莖，故郭亦未詳其狀，但舉其類云：今江東有草五葉共叢生一莖，俗因名爲五葉，即此類也。

藐，茈草。可以染紫，一名茈英，廣雅云。〔藐〕亡角切。〔茈〕子尓切。疏 藐一名茈草，根可以染紫之草。廣雅一名茈英，本草一名紫丹，東今注云苗似蘭香，莖赤節青，花紫白色，而實白也。

倚商，活脫。即離南也。

蘵，黃蒢。蘵草葉似酸漿，華小而白，中心黃，江東以作菹食。○〔脫〕音奪。〔蘵〕音職。〔蒢〕音除。疏 蘵草一名黃蒢。郭云：蘵草葉似酸漿，華小而白，中心黃，江東以作菹食。

藒車，芞輿。藒車，香草，見離騷。○〔藒〕音朅。〔芞〕音乞。疏 香草也，一名藒車，一名芞輿。郭云藒車香草見離騷者，離騷經云：畦留夷與藒車兮，雜杜衡與芳芷，是也。

權黃華今謂牛芸草為黃華華黃葉似荍蓿疏權一名黃華郭云今謂牛芸草為黃華華
黃葉似荍蓿說文亦云芸草也似苜蓿淮南子說芸
草可以死復生月令注云芸香草也雜禮圖曰芸蒿
也葉似邪蒿香美可食然則牛芸者亦芸類也
郭以時驗而言之故云今謂牛芸草為黃華也

葞春草一名芒草本草云○葞音尾疏藥草也郭云一名芒草本草云者案本草莽草
一名葞一名春草陶注云今是處皆有葉青辛烈者
良今俗呼為菵草也郭云芒草者亦見本草異也

蔠葵蘩露承露也大莖小葉華紫黃色○蔠音終疏蔠葵一名蘩露郭云
承露也大莖小
葉華紫黃色

菋荎藸五味也蔓生子叢在莖頭○菋音未荎直貫切藸音除疏藥草也一名菋一名荎藸
郭云五味也蔓生子叢在莖頭案本草五味子一名
會及一名玄及唐本注云五味皮肉甘[redacted]核中辛苦

都有■味此則五味具也其葉似杏而
大蔓生木上子作房而落蔕大如嬰子

蒤委葉 詩云以茠蒤蓼○蒤音徒 疏 穢草也舍人曰蒤一名委蒤委葉釋曰蒤委葉穢草然
則蒤者原田蕪穢之草非苦菜也詩云以茠蒤蓼此
周頌良耜篇文茠除也今詩本茠作薅音義同

皇守田 似燕麥子如彫胡米可食生廢田中一名守田 疏 皇一名守■田郭云似燕麥子如彫湖
米可食生廢田中一名守氣彫胡即菰米也

鉤藈姑 鉤𤬁也一名王瓜實如瓝瓜正赤味苦○藈音圭 疏 鉤一名藈姑一云鉤𤬁也一名
王瓜實如瓝瓜正赤味苦本草云王瓜一名土瓜陶
注云即今土瓜生籬院亦有子熟時赤如彈丸根狀
唐本注云此物蔓生葉似栝樓圓无叉缺子如■
子生青熟赤但无稜尔根似葛細而多糝是也

望乘車 可以爲索長丈餘○乘音繩 疏 望一名乘車郭云可以爲索長丈餘

〔圖〕欔烏階 未詳 欔烏階即烏杷也子連相著狀如杷齒可以染皁○〔音〕欔音劫繂音綠欔音钁

〔疏〕欔一名烏階郭云即烏杷也子連相著者如杷齒可以染皁今俗謂之狼杷是也

杜土鹵 杜衡也似葵而香 〔疏〕香草也一名杜一名土鹵郭云杜衡也似葵而香本草唐本注云杜衡葉似葵形如馬蹄故俗云馬蹄香生山之陰水澤下濕地根似細辛白前等山海經云天帝山有草其狀如葵其臭如蘼蕪名曰杜衡可以走馬食之已癭是也

盱虺牀 蛇牀也一名馬牀廣雅云○〔音〕盱音吁 〔疏〕盱一名虺牀郭云蛇牀也一名馬牀廣雅云案本草蛇牀一名蛇米一名虺牀一名思益一名繩毒一名棗棘一名牆蘼陶注云近道田野墟落間甚多花葉正似蘼蕪

蘇蔜 未聞 赤枹薊 即上枹薊 菟奚顆涷 款凍也紫赤華生水中○〔音〕䔧音采蔽

五刀切
凍音東【疏】凍草也一名菟奚一名顆凍郭云款凍也紫赤華生水中案本草款凍一名橐吾一名顆東一名虎鬚一名菟奚陶注云形如宿蓴未舒其腹裏有絲其花乃似大菊花唐本注云葉似葵而大叢生花出根下是也

中馗菌地蕈也似蓋今江東名為土菌亦曰馗廚可啖之○馗音逵菌巨隕切

小者菌大小異名【疏】此辨菌大小之異名也大者名中馗小者即名菌郭云地蕈也似蓋今江東人名為土菌亦曰馗廚可啖之者說文云蕈桑薁也謂菌生木上者也今云地蕈即俗呼地菌者是也

菆小葉未聞

苕陵苕一名陵時本草云

黃華蔈白華茇苕華色異名亦不同[redacted]○菆音騶苕音調蔈音標茇音沛【疏】苕一名陵苕一名陵時舍人曰苕陵苕也黃華名蔈白華名茇別花色之名也陸機疏云一名鼠尾生下濕水中七八月中華紫似今紫草可

染皂者以沐髮即黑詩小雅云苕之華芸其黃矣鄭
箋云陵苕之華紫赤而繁陸機亦言其華紫色而此
云黃白者蓋就紫色之中有黃紫白紫爾及其將落
則全變爲黃故詩云芸其黃矣毛傳云將落則黃是也

蘻從水生 生於水中 ○蘻音眉 疏 草從水生者曰蘻故注云生於水中

薇垂水 生於水邊 疏 草生於水濱而枝葉垂於水者曰薇故注云生於水邊也

薜山麻 似人家麻生山中 疏 麻生山中者名薜故注云似人家麻上山中也

莽數節 竹類也節間促 桃枝四寸有節 今桃枝節間相去多四寸 ○數音朔

粼堅中 竹類也其中實 簢筡中 言其中空竹類 仲無笐 亦竹類未詳 箈箭萌 萌筍屬也周禮曰箈菹鴈醢 篠箭 別二名 ○簢音旻 筡音徒 笐音抗 [redacted] 箈音待

疏 此辨竹節希數及中空中實與萌篠之異名也凡竹節間促數者名莽相去四寸有節者名桃枝竹其中

堅實者名䈴其中空者名篔簹簝竹中仲無笐九注未詳

簩𥬔一名箭萌即筍也篠一名箭書曰篠簜既敷釋地

云會稽之竹箭是也 一云今桃枝節間相去多四寸

者郭以時驗而言也尚書顧命云敷重篾席孔安國

云篾桃枝竹周礼春官司几筵云加次席黼純鄭注

云次席桃枝席有次列成文是也 周礼曰簝筐道鴟

䈵者天官醢人職文也彼文作箈

鄭玄注云箈箭萌字雖異音義同

枹霍首素華軌鬷未詳 芏夫王芏草生海邊似莞藺今南越人采以爲席

〇枹音包 【疏】芏草一名夫王郭云芏草生海邊似莞藺今南方越人采以爲席

芏音杜

綦月爾即紫綦也似蕨可食〇綦音其 【疏】綦一名月爾可食之菜也郭云即紫綦也似蕨可食

葴馬藍今大葉冬藍也〇葴音針 【疏】葴一名馬藍郭云今大葉冬藍也今爲澱者是也

姚莖涂薺未詳 苄地黃一名地髓江東呼苄〇苄音戶 【疏】一云菜藥草也郭一名地

髓江東人呼芐案本草芐黃一名地髓一名芐
一名芑陶注云生渭城者乃有子實實如小麥

蒙王女 蒙即唐也女蘿別名 **拔龍葛** 似葛蔓生有節江東呼為龍尾亦謂之虎葛細葉赤
莖 疏 拔一名龍葛葛類也郭云似葛蔓生有節江東呼為龍尾亦謂之虎葛細葉赤莖

藗牡茅 白茅屬○藗音速 疏 茅之不實者也一名藗一名牡茅郭云白茅屬

卷耳苓耳 廣雅云枲耳也亦云胡枲江東呼為常枲或曰苓耳形似鼠耳叢生如盤
○卷音眷 疏 卷耳一名苓耳郭云廣雅云枲耳也亦云胡枲江東呼為常枲或曰苓耳形似鼠耳叢生
如盤詩周南云采采卷耳陸機疏云葉青白色似胡荽白華細莖蔓生可煮為茹滑而少味四月中生子如婦人耳璫幽州
謂之爵耳是也

蔜䕯蕪 廣雅云紫蘩非也初生無葉可食江西謂之蔜蕪○蔜音敖 疏 可食之菜也舍人曰蔜一

名綦郭云廣雅云紫綦非也初生無葉可食江西謂之綦菜詩召南云言采其蕨陸機疏云蕨山菜也初生似蒜莖紫黑色可食如葵是也

蕎邛鉅今藥草大戟也本草云

疏蕎一名邛鉅郭云今藥草大戟也本草云者案本草大戟一名邛鉅苗名澤漆陶注云今近道處處有生時摘葉有白汁故名澤漆也

蘩由胡未詳

芞杜榮今芒草似茅皮可以為繩索履屩也○芞音乞

疏芞一名杜榮郭云今芒草似茅皮可以為繩索履屩也者屩草屩也

稂童粱稂莠類也

疏舍人曰稂一名童粱郭云稂莠類也詩曹風云浸彼苞稂陸機疏云禾秀為穗而不成則嶷然謂之童粱今人謂之宿田翁或謂之守田也大田云不稂不莠外傳曰馬不過稂莠皆是也

藨麃　麃即莓也今江東呼為藨莓子似覆盆而大赤酢甜可啖○藨蒲苗切麃平表切

疏　藨一名麃郭云麃即莓也今江東人呼為藨莓子似覆盆而大酢甜可啖

的薂　即蓮實○薂音亦

疏　的又一名薂即上釋荷云其實蓮其中的也故郭云即蓮實

購蔏蔞　蔏蔞蔞蒿也生下田初出可啖江東用羹魚○購古豆切蔞力朱切

疏　釋曰購一名蔏蔞郭云蔏蔞之蒿也生下田初出可啖江東用羹魚詩周南漢廣云翹翹錯薪言刈其蔞陸璣疏云其葉似艾白色長數寸高丈餘好生水邊及澤中正月根牙生旁莖正白生食之香而脆美其葉又可蒸為茹是也

茢勃茢　一名石芸本草云○茢音列

疏　茢一名勃茢郭云一名石芸本草云者案本草石芸味甘一名螫烈一名顧喙是也

葽繞蕀蒬 今遠志也似麻黄赤華葉銳而黄其上謂之小草廣雅云○葽烏了切蒬音冤

疏 葽草也葽繞一名蕀蒬郭云今遠志也似麻黄赤華葉銳而黄其上謂之小草廣雅云者案本草遠志一名細葉其葉名小草陶注云小草狀似麻黄而青今注云遠志莖葉似大青而小廣雅云蕀蒬遠志也其上謂之小草是也

茦刺 草刺針也關西謂之刺燕北朝鮮之間曰茦見方言○茦音冊

疏 謂草針刺人也一名茦又名刺郭云草刺針也關西謂之刺燕北朝鮮之間曰茦見方言者案方言凡草木刺人北燕朝鮮之間謂之茦或謂之壯自關而東或謂之梗或謂之劌自關而西謂之刺江湖之間謂之棘是也

蕭萩 即蒿○萩音秋

疏 李巡云萩一名蕭陸璣云今人所謂萩蒿者是也或云牛尾蒿似白蒿白葉莖麤科生多者數十莖可作燭有香氣故祭祀以脂爇之為香許慎以為艾蒿非也郊特牲云既

奠然後爇蕭
合馨香是也

薚海藻藥草也一名海蘿如亂髮生海中本草云

疏 薚又名海藻郭云藥草也一名海蘿如亂髮生海中本草云者案本草一名落首一名薚陶注云生海島上黑色如亂髮而大少許葉大都似藻葉

長楚銚芅今羊桃也或曰鬼桃葉似桃華白子如小麥亦似桃○銚音姚芅音亦

疏 釋曰長楚一名銚芅本草云銚芅一名羊桃郭云今羊桃也或曰鬼桃葉似桃華白子如小麥亦似桃詩曹風隰有萇楚陸機疏云今羊桃是也葉長而狹華紫赤色其枝莖弱過一尺引蔓于草上今人以為汲灌重而善沒不如[redacted]也近下根刀切其皮著熱灰中脫之可韜筆管

蘦大苦今甘草也蔓延生葉似荷青黃莖赤有節節有枝相當或云蘦似地黃

疏 藥草也蘦一名大苦郭云今甘草也蔓延生葉似荷青黃莖赤亦有節節有枝相當或云蘦似地黃詩

唐風云采苓采苓首陽之巔
是也蓋與苓字雖異音義同
芣苢馬舄馬舄車前 今車前草大葉長穗好生道邊江東呼為蝦蟆衣○芣音浮苢音以
疏 釋草也別三名郭云今車前草大葉長穗好生道邊江東呼為蝦蟆衣詩周南云采采芣苢陸璣疏云馬舄一名車前一名當道喜在牛跡中生故曰車前當道也今藥中車前子是也幽州人謂之牛舌草可鬻作茹大滑其子治婦人難產王肅引周書王會云芣苢如李出於西戎王基駁云王會所記雜物奇獸皆四夷遠國各齎土地異物以為貢贄非周南婦人所得采是芣苢為馬舄之草非西戎之木也
綸似綸組似組東海有之 綸今有秩嗇夫所帶糾青絲綸組綬也海中草生彩理有象之者因以名云
帛似帛布似布華山有之 草葉有象布帛者因以名云生華山中

疏此辨草以綸組布帛者以其所以因名其草也綸是糾青絲繩也組綬也東海有草文理似之因名綸名組草華山有草葉似帛布者因名帛草布草也○案漢書百官公卿大夫表云十里一亭十亭一鄉鄉有三老有秩嗇夫有游徼三老掌教化嗇夫掌獄訟游徼掌禁盜賊故漢書云張敞以鄉有秩補太守卒史又云朱邑爲桐鄉嗇夫又續漢書百官表云鄉置有秩三老游徼有秩郡所置秩百戶其鄉小者縣所置嗇夫案此則有秩嗇夫職同但隨鄉大小故名異耳名雖異皆糾青絲爲綸以帶佩之則同至東晉尚然故郭云今也張華云綸如宛轉繩

荒東蘱蘱未詳縣馬羊齒草細葉葉羅生而毛有似羊齒今江東呼爲鴈齒繅者以取繭緒

疏縣馬一名羊齒郭云草細葉葉羅生而毛有似羊齒今江東人呼爲鴈齒繅者以取繭緒者說文云繅繹繭爲絲也緒絲耑也以此草似羊齒而毛故繅者用之以取繭緒也

萿，麋舌。今麋舌草，春生葉有似於舌。○[萿]古活切。[疏]萿草春生，葉似麋舌，故名萿，一名麋舌。郭云：「今麋舌草，春生葉有似於舌。」

搴，柜朐。未詳。蘩之醜，秋為蒿。醜，類也。春時各有種名，至秋老成，皆通呼為蒿。○[搴]居展切。[柜]音巨。[朐]音劬。[疏]醜，類也。此言蘩、蕭、莪之類，春始生，氣味既異，故其名不同，至秋老成，則皆蒿也。郭云：「醜，類也。春時各有種名，至秋老成，皆通呼為蒿也。」

芺，薊，其實荂。芺與薊莖頭皆有翁臺，名荂。荂即其實也。○芺音襖。荂音吁。[疏]芺、薊之類，其實名荂。郭云：「芺與薊莖頭皆有翁臺，名荂。荂即其實也。」

蔈、荂，荼。即芀。猋、藨，芀。皆芀、荼之別名，方俗異語，所未聞。○[蔈]方腰切。[猋]必遙切。[藨]方驕切。[芀]音調。[疏]此辨芀、荼之別名也。案鄭注《周禮·掌荼》及《詩》「有女如荼」皆云：「荼，茅秀也。」蔈也、荂也，其別名

荼即苕也苕又一名猋又名蔈皆雀芧之屬華之名猋蔈
也故注云皆芀荼之別名方俗異語所未聞言未聞
者謂未聞
其所出也

葦醜芀其類皆有芀秀　疏　葦即蘆之成者其
類皆有芀秀也

葭華即今蘆也蒹薕似萑而細高數尺江東呼
為蘼藡○蒹音兼薕音廉

葭蘆葦也菼薍似葦而小實中江東呼為烏蓲
○菼他敢切薍五患切蓲音丘

其萌虇今江東呼蘆筍為虇然則萑葦之
類其初生者皆名虇○虇丘阮切

疏　此辨蒹葭等生成之異名也葭一名華即今蘆也
葦之未成者蒹一名薕郭云似萑而細高數尺江
東呼為蘼藡詩秦風云蒹葭蒼蒼陸璣云蒹水草也
堅實牛食令牛肥彊青徐人謂之蒹兗州遼東通語
也葭一名蘆菼一名薍李巡曰分別葦類之異名郭
云蘆葦也菼似葦而小實中江東呼為烏蓲亦李巡

一云蘆亂其爲一草如郭云則蘆亂別草案詩大車傳云菼騅也蘆之初生則毛意亦以葭菼爲一草也案詩衞風碩人云葭菼揭揭陸機云亂或謂之荻至秋堅成則謂之萑其初生三月中其心挺出其下本大如箸上銳而細揚州人謂之馬尾以今語驗之則蘆亂別草也其萌名虇郭云今江東人呼蘆笋爲虇然則萑葦之類其初生者皆名虇[redacted]注音繾綣者大雅民勞云以謹繾綣昭二十五年左傳云繾綣從公无通外內此取虇與綣字音同不爲義也

蕍芛葟華榮　釋言云華皇也今俗呼草木華初生者爲芛音豬豬蕍猶敷蕍亦華之貌所未聞○蕍音俞芛羊捶切葟音皇

此別草木榮華之異名也蕍言華之敷貌芛華初生之名也葟華皃也所未聞云未聞者亦未聞所出也[redacted]音豬豬者釋獸云豬豬郭云俗呼小豶豬爲豬子此亦取芛與豬音同其義則異也

卷施草拔心不死宿莽也離騷云（疏）卷施草一名宿莽拔其心亦不死也案離

騷經云朝搴阰之木蘭兮夕攬洲之宿莽

王逸云草冬生不死者楚人名之曰宿莽

鉤芺今江東呼藈[redacted]猪如指空中可食者爲芺芺即此類○（芺）于闕切（芺）胡巧切

（疏）鉤一名芺謂草根可食者也亦芺類也非一種故郭氏舉類以曉人云今江東呼藈[redacted]猪如指空中

可食者爲芺芺即此類是也

茭根別二名俗呼韭根爲茭（疏）凡草根一名茭郭云別二名俗呼韭根爲茭此舉一隅也[redacted]

𡏖蘽令未詳華荂也今江東呼華爲荂○（荂）音敷華荂榮也轉相解木

謂之華草謂之榮不榮而實者謂之秀榮而

不實者謂之英

爾雅註疏卷第八

爾雅注疏卷第九

〇釋木第十四（疏）說文云木冒也冒地而生東方之行也白虎通云木觸也陽氣動觸觸地而出也種名雖多木爲總號此篇析別故云釋木也

梢山榎今之山楸〇（梢）音切（榎）音賈（疏）李巡云山榎一名梢郭云今之山楸秦風云終南何有有條有梅陸璣疏云梢今山楸也亦如王田楸耳皮葉白色亦白財理好宜爲車輞能溼又可爲棺木宜[redacted]只北[redacted]多有之

栲山樗栲山樗色小白生山中因名云亦類漆樹〇（樗）丑於切（疏）舍人曰栲名山樗郭云栲似樗色小白生山中因名云亦類漆樹俗語曰櫄樗栲漆相似如一詩唐風云山有栲陸璣疏云山樗與下田樗略無異葉似差狹耳吳人以其葉爲名方俗无名此爲栲者似誤也今所云爲栲者葉如櫟木皮厚數

寸可爲車輞或謂之曰櫟許慎正
以檽讀爲㮕今人言檽失其聲耳
柏椈 禮記曰鬯以椈○（椈）音匊 （疏）柏一名椈 禮記曰鬯以椈
以擣鬱也椈 者上雜記文也彼鄭注云所
柏也是也
髡梱 未詳 椵杝 白椵也樹似白楊○（髡）音坤 （疏）椵一名杝
詳（梱）五門切（椵）音賈（杝）音夷 郭云白椵
也樹似白楊其材能濕 禮記檀弓云杝椵
鄭注云所謂椑棺也即引此文證之是也
梅枏 似杏實酢○ （疏）孫炎云荊州曰梅揚州曰枏 郭
（枏）而占切 云似杏實酢 詩秦風終南云有
條有梅 陸機云梅枏皮葉似豫樟葉大如牛耳一頭
尖赤心華赤黃子青不可食 枏葉大可三四葉一叢
木理細緻於豫樟子赤者
材堅子白者材脆是也
柀煔 煔似松生江南可以爲船及棺材 （疏）柀一名煔俗
作柱埋之不腐○（柀）音彼（煔）音杉 作杉 郭云煔

似松生江南可以爲船
及棺材作柱埋之不腐

櫠椵 柚屬也子大如盂皮厚二三寸中似枳食之少味 櫠音廢椵音賈

疏 櫠一名椵郭云柚屬也

杻檍 似棣細葉葉新生可飼牛材中車輞關西呼杻子一名土橿 杻女九切檍音億

疏 杻一名檍郭云似棣細葉葉新生可飼牛材中車輞關西呼杻子一名土橿詩唐風云隰有杻陸機疏云葉似杏而尖白色皮正赤爲木多曲少直枝葉茂好二月中葉疏華如練而細蘂正白蓋樹今宮園種之正名曰萬歲既取名於億萬其葉又好故種之共汲山下人或謂之牛筋或謂之檍材可爲弓弩幹也

楙木瓜 實如小瓜酢可食○楙音茂

疏 木瓜一名楙郭云實如小瓜酢可食詩衛風投我以木瓜是也

椋即來 今椋材中車輞○椋音良

疏 椋一名即來郭云今椋材中車輞本草唐本注云葉似柿

兩葉相當子細圓如牛李子生青熟黑其
木堅重煮汁赤色爾雅云栜即來是也

栵栭 樹似槲樕而庳小子如細粟可食今江東亦呼爲栭栗○栵音例栭音而

疏 栵一名栭詩大雅皇矣云其灌其栵陸機疏云葉如榆也木理堅韌而赤可以爲車轅郭云樹似槲樕而庳小子如細粟可食今江東亦呼爲栭栗禮記內則云芝栭蔆椇是也

檴落 可以爲杯器素○檴音鑊

疏 檴一名落其上曰可作杯器皮[redacted]鏡物不解郭云可以爲杯器素素系康謂樸也小雅大東云无浸檴薪鄭箋云檴落木名陸璣疏云今櫟榆也其葉如榆其皮堅韌[redacted]之長數尺可爲絙索又可爲甑[redacted]其材可爲杯器是也

柚條 似橙實酢生江南

疏 柚一名條郭云似橙實酢生江南禹貢揚州云厥包[redacted]橘柚孔安国云小曰橘大曰柚呂氏春秋云果之美者有雲夢之柚本草唐本注云柚皮厚味甘不如橘皮味辛而苦其肉亦

如橘而酢有酸酸者如胡甘
今俗人或謂橙爲柚非也

時英梅 雀梅〔疏〕時一名英梅郭云雀梅而大者也

棧柜柳 未詳或曰柳當爲柳柜柳似柳皮可煮作飲。〔援〕音袁〔柜〕音巨〔疏〕援一名柜柳郭云未詳或
曰柳當爲柳柜柳似柳皮
可煮作飲次時驗而知也

栩杼 柞樹。〔栩〕香羽切〔杼〕省汝切〔疏〕栩一名杼郭云柞樹詩唐風
云集于苞栩陸機疏云今柞
櫟也徐州人謂櫟爲杼或謂之爲栩其子爲皁或言
皁斗其殼爲汁可以染皁今京洛及河內言杼斗謂
櫟爲杼五
方通語也

味荎著 釋草已有此名疑誤重出。〔荎〕直之切〔著〕音儲 樞荎 今之刺榆。〔樞〕音歐〔荎〕大結反
〔疏〕樞一名荎也郭云今之刺榆詩唐風云山有樞陸機
疏云其針刺如柘其葉如榆瀹爲茹美滑於白榆之

類有十種葉皆相似皮及木理異耳

杜甘棠今之杜棠疏杜一名甘棠郭云今之杜棠下云杜赤棠白者棠舍人曰杜赤色名赤棠白者亦名棠然則其白者名棠其赤者爲杜爲甘棠爲赤棠詩召南云蔽芾甘棠小雅云有杕之杜傳云杜赤棠是也

狄臧槔貢綦皆未詳

朹檕梅朹樹狀似梅子如指頭赤色似小㮈可食○槔音皋綦音其朹音求檕音計疏朹一名檕梅郭云朹樹狀似梅子如指頭赤色似小㮈可食

朻者聊未詳魄榽橀魄大木細葉似檀今河東多有之齊人諺曰上山斫檀榽橀先殫○朻音糾榽兮斜切橀許兮切疏魄一名榽橀郭云魄大木細葉似檀今河東多有之齊人諺曰上山斫檀榽橀先殫殫訓盡也

梫木桂今南人呼桂厚皮者爲木桂桂樹葉似枇杷而大白華華而不著子叢生巖嶺枝葉冬夏常青閒無雜木○梫音寢疏梫一名木桂郭云今南人呼桂厚皮者爲木桂桂樹葉似枇杷而大白華華而不著子叢生巖嶺枝葉冬夏常青閒無雜木本草謂之牡桂者是也

棆無疵棆楩屬似豫章○棆音倫疏棆木也無疵病因名之郭云棆楩屬似豫章案楩及豫章皆南方大木之名也

椐樻腫節可以爲杖○椐音袪樻丘愧切疏別二名也郭云腫節可以爲杖詩大雅皇矣云其檉其椐陸機疏云節中腫似扶老今人以爲馬鞭及杖弘農共北山甚有之

檉河柳今河旁赤莖小楊疏檉一名河柳郭云今河旁赤莖小楊陸機疏云生水旁皮正赤如絳一名雨師枝葉如松

旄澤柳生澤中者 疏 柳生澤中者別名旄郭云生澤中者

楊蒲柳可以爲箭左傳所謂董澤之蒲 疏 楊一名蒲柳生澤中可爲箭笴一云左傳所謂董澤之蒲者案左傳宣十二年晉楚戰于邲晉師敗績楚熊負羈囚知罃知莊子以其族反之[redacted]武子御下軍之士多從之每射抽矢菆納諸廚子怒曰非子之求而蒲之愛董澤之蒲可勝既乎杜注云董澤之蒲河東聞喜縣東北有董池陂既盡也是其事也

權黄英權輔皆未詳 杜赤棠白者棠棠色異異其名 疏 郭云棠色異異其名樊光云赤者爲杜白者爲棠陸機疏云赤棠與白棠同耳但子有赤白美惡子白色爲白棠甘棠也少酢滑美赤棠子澀而酢無味俗語云澀如杜是也赤棠木理韌亦可以作弓幹

諸慮山櫐今江東呼櫐爲藤似葛而麄大○櫐音壘 疏 諸慮一名山櫐郭云今江東呼櫐爲藤

藤似葛
麤大

欇虎櫐　今虎豆纏蔓林樹而生莢有毛刺今江東呼爲欇欇音涉

疏　欇一名虎櫐郭云今虎豆纏蔓林樹而生莢有毛刺今江東呼爲欇欇或曰𦾓類也子如菉豆而葉大

杞枸檵　今枸杞也　檵音計

疏　杞一名枸檵郭云今枸杞也詩小雅四牡云集于苞杞陸機疏云一名苦杞一名地骨春生羹茹微苦其莖似莓子秋熟正赤莖葉及子服之輕身益氣耳

杬魚毒　杬大木子似栗生南方皮厚汁赤中藏卵果

疏　杬一名魚毒

檓大椒　今椒樹叢生實大者名爲椒樹

疏　檓者大椒之別也郭云今椒樹叢生實大者名爲檓詩唐風云椒聊且陸機疏云椒樹似茱萸有針刺葉堅而滑澤蜀人作茶吳人作茗皆合煮其葉以爲香今成皋諸山間有椒謂之竹葉椒其樹亦如蜀椒少毒熱不中合藥也可著飲食中又用蒸雞豚最佳者

東海諸島上亦有椒樹枝葉皆相似子長而不圓甚香其味似橘皮島上獐鹿食此椒葉其肉自然作椒橘香

楰鼠梓楸屬也今江東有虎梓○楰音庾　疏李巡曰鼠梓一名楰郭云楸屬也今江東有虎梓詩小雅云北山有楰陸璣疏云其樹葉木理如楸山楸之異者今人謂之苦楸是也

楓欇欇楓樹似白楊葉圓而岐有脂而香今之楓香是○欇音涉　疏說文云楓木厚葉弱枝善搖一名欇欇郭云楓樹似白楊葉圓而岐有脂而香今之楓香是案本草唐本注云樹高大葉三角商洛之間多有之是也又山海經云有宋山者木生山上名曰楓木楓木蚩尤所棄其桎梏是謂楓木注云即今楓香樹也

寓木宛童寄生樹一名蔦○寓魚具切　疏寓木一名宛童李云寄生樹一名蔦詩小雅頍弁云蔦與女蘿陸璣疏云蔦一名寄生葉似當盧子如覆盆子黑甜美是也

無姑其實夷　無姑姑榆也生山中葉員而厚剝
取皮合漬之其味辛香所謂無夷
疏　無姑一名姑榆其實名夷郭云無姑姑榆也生山
中葉員而厚剝取皮合漬之其味辛香所謂無夷
云所謂本草無
夷一名無姑也
櫟其實梂　有梂彙自裹
○梂音求　疏　櫟似樗之木也梂盛實
之房也孫炎曰櫟實橡
也郭云有梂彙自裹詩秦風云山有苞櫟陸機疏云
秦人謂柞櫟為櫟河內人謂木蓼為櫟椒樧之屬也
其子房生為梂木蓼子亦房生故說者或曰柞櫟或
曰木蓼機以為此秦詩也宜從其方土之言柞櫟是也
檖蘿　今楊州檖也實似梨而
小酢可食○檖音遂　疏　檖一名蘿郭云今楊
州檖也實似梨而小酢
可食詩秦風云隰有樹檖陸機疏云檖一名赤蘿一
名山梨也今人謂之楊檖實如梨但小耳一名鹿梨
一名鼠梨今人亦種之極
有肥美者亦如梨之美者

楔荆桃今櫻桃 旄冬桃子冬熟 榹桃山桃實如桃而小不解核○楔音戛榹音斯【疏】別桃類也楔一名荆桃郭云今櫻桃廣雅云櫻桃含桃也月令仲夏云羞以含桃是也桃子冬熟者名旄生山中者名榹桃郭云實如桃而小不解核

休無實李一名趙李 痤接慮李今之麥李 駁赤李子赤【疏】別李屬也李之無實者名休郭云一名趙李痤接慮李郭云今之麥李與麥同熟因名云李之子赤者名駁

棗壺棗今江東呼棗大而銳上者爲壺壺猶瓠也

邊要棗子細要今謂之鹿盧棗 櫅白棗即今棗子白熟○要音腰

樲酸棗樹小實酢孟子曰養其樲棗○樲音二 楊徹齊棗未詳

遵羊棗實小而員紫黑色今俗呼之爲羊矢棗孟子曰曾晳嗜羊棗

洗棗今河東猗氏縣出大棗子如雞卵　煑填棗未詳　蹶泄苦棗子味苦

晳無實棗不著子者　還味棯棗還味短味○洗屑典切填音田洩音屑還音旋棯稔

疏別棗類也云棗者目諸棗也壺棗者棗形似壺也郭云今江東呼棗大而銳上者爲壺壺猶瓠也邊大而要細者名邊要棗郭云子細要今謂之鹿盧棗櫅白棗子白熟者名櫅實小而味酢者名樲棗楊徹齊棗注未詳遵一名羊棗郭云實小而員紫黑色今俗呼之爲羊矢棗洗最大之棗名也郭云今河東猗氏縣出大棗子如雞卵者煑填棗注未詳蹶泄者味苦之棗名也晳者無實之棗名也還味者短味也名棯棗云孟子曰養其樲棗者一案孟子曰人之於身也躰有貴賤有小大無以小害大無以賤害貴養其小者爲小人養其大者爲大人今有場師舍其梧檟養其樲棗賤場師焉趙岐注云樲棗所謂酸棗是也一云孟子曰曾晳嗜羊棗羊棗者孟子云曾晳嗜羊棗而曾子不忍食羊棗公孫丑問曰膾炙與羊棗孰美孟子曰膾

炙哉公孫丑曰然則曾子何爲食膾炙而不食羊棗曰膾炙所同也羊棗所獨也是其事

櫬梧今梧桐

疏 櫬一名梧郭云今梧桐詩大雅云梧桐生矣于彼朝陽是也

樸抱者樸屬叢生者爲抱詩所謂樕樸抱樕○樸音卜

疏 樸屬抱樕皆木叢生之名也郭云樸屬叢生者爲抱一樕樸者詩大雅云芃芃棫樸薪之槱之是也抱樕者秦風云山有苞櫟隰有六駁是也

謂櫬采薪采薪即薪指解今樵薪

疏 郭云指解今樵薪一名櫬一名采薪一名即薪公羊謂之薪采左傳云不推樹史記云樵蘇後爨師不宿飽注云樵取薪蘇取草皆謂取草爲薪也

棪槤其棪實似柰赤可食

疏 棪一名槤其郭云棪實似柰赤可食山海經云堂庭之山多棪木注云子似柰而赤可食是也

劉劉杙劉子生山中實如梨酢甜核堅出交趾

疏 劉一名劉杙其子可食郭云劉子生山中

實如棃酢甜核堅出交阯

櫰槐大葉而黑槐樹葉大色黑者名爲櫰櫰苦回切（疏）櫰槐一也大葉而黑名櫰不爾者即名槐郭云槐樹葉大色黑者名爲櫰

守宮槐葉晝聶宵炕槐葉晝日聶合而夜炕布者名爲守宮槐。聶音輒炕吁郎切（疏）此亦槐也聶合也炕張也言其葉晝合夜開者別名守宮槐郭云槐葉晝日聶合而夜炕布者名爲守宮槐

槐小葉曰榎槐當爲楸楸細葉者爲榎大而皵楸老而皮麤皵者爲楸小而皵榎小而皮麤皵者爲榎左傳曰使擇美榎（疏）別楸榎之名也楸之小葉者名榎樊光云大者老也皵借皮也謂樹老而皮麤皵者爲楸小少也樹少而皮麤皵者爲榎一云左傳曰使擇美榎者一案

襄二年夏齊胥姜甍初穆姜使擇美檟以自爲櫬與頌琴季文子取以葬是其事也

椅梓 即楸○[椅]於寄切 [疏]別二名也郭云即楸詩鄘風云椅桐梓漆陸機疏云梓者楸之疏理白色而生子者爲梓梓實桐皮曰椅則大類同而小別也

桋赤楝白者楝 赤楝樹葉細而岐銳皮理錯戾好叢生山中中爲車輞白楝葉員而岐爲大木○[楝]山泥切 [疏]楝赤者名桋白者即名楝其某氏曰其色雖異爲名即同郭云赤楝樹葉細而岐銳皮理錯戾好叢生山中中爲車輞白楝葉員而岐爲大木也詩小雅云隰有杞桋陸機疏云楝葉如柞皮薄而白其木理赤者爲赤楝一名桋白者爲楝其木皆堅韌今人以爲車轂

終牛棘 即馬棘也其刺麤而長 [疏]終一名牛棘之針刺麤長者因名牛棘馬棘也

灌木叢木 詩曰集于灌木 [疏]灌木者即叢生之木也下云木族生爲灌郭云族叢也是灌木

爲叢木也詩周南云黄
鳥于飛集于灌木是也

瘣木苻婁 謂木病尫傴癭腫无枝條○瘣胡罪切 疏某氏云詩云譬彼瘣木疾用无枝苻婁尫傴内疾瘣磊故疾用无枝郭云謂木病尫傴癭腫无枝條舍人曰苻婁尫傴下句獨爲異也

蕡藹 樹實繁茂菴藹 疏蕡亦樹實名又名藹郭云樹實繁茂菴藹

抱遒木魁瘣 謂樹木叢生根枝節目盤結磈磊[redacted]遒祖内切 疏木叢攢遒而生者名抱遒木魁瘣讀若磈磊謂根節盤結也郭云謂樹木叢生根枝節目盤結磈磊

棫白桵 桵小木叢生有刺實如耳當紫赤可啖 棫音域桵人隹切 疏棫一名白桵郭云桵小木叢生有刺實如耳當紫赤可啖詩大雅云芃芃棫樸陸機云三蒼説棫即柞也其材理全白無赤心者爲白桵直理易破可爲犢車輻又可爲矛戟矜今人謂之白梂或曰柘此二説不同未知孰是

梨，山樆。即今梨樹。○樆音离。【疏】梨生山中者名樆。郭云即今梨樹。言其在山之名則曰樆，人植之曰梨。

桑辨有葚，梔。辨，半也。○辨音片。【疏】說文云葚，桑實也。郭云辨，半也。舍人云桑樹一半有葚半无葚爲梔。

女桑，桋桑。今俗呼桑樹小而條長者爲女桑樹。【疏】女桑一名桋桑。郭云今俗呼桑樹小而條長者爲女桑樹。詩豳風七月云猗彼女桑是也。

榆白，枌。枌榆先生葉，却著莢，皮色白。【疏】榆之皮色白名枌。郭云枌榆先生葉，即著莢，皮色白。詩陳風云東門之枌是也。

唐棣，栘。似白楊，江東呼夫栘。○栘音移。【疏】舍人曰唐棣一名栘。郭云似白楊，江東呼夫栘。詩召

疏云唐棣之華陸機云奥李也一名雀梅亦曰車下李所在山皆有其華或白或赤六月中熟大如李子可食

常棣棣 今山中有棣樹子如櫻桃可食 疏 舍人曰常棣一名棣郭云今山中有棣樹子如櫻桃可食詩小雅云棠棣之華陸機疏云許慎曰白棣樹也如李而小如櫻桃二曰今宮園種之又有赤棣樹亦似白棣葉如刺榆葉而微員子正赤如郁李而小五月始熟自關西天水隴西多有之

檟苦荼 樹小如梔子冬生葉可煑作羹飲今呼早采者爲荼晚取者爲茗一名荈蜀人名之苦荼

疏 檟一名苦荼郭云樹小似梔子冬生葉可煑作羹飲今呼早采者爲荼晚采者爲茗一名荈蜀人名之苦荼

樕樸心 槲樕別名 疏 樸樕一名心某氏曰樸樕槲樕也有心能濕江河間以作柱是樸樕爲木名也故郭云槲樕別名詩召南云林有樸樕毗此作樕樸文雖別其實一也或者傳寫誤

榮桐木（注）即梧桐（疏）桐木一名榮郭云即梧桐與上櫬梧一也

棧木干木（注）僵木也江東呼木觡（疏）棧木一名干郭云僵木也江東呼木觡

檿桑山桑（注）似桑材中作弓及車轅（疏）山桑一名檿桑郭云似桑材中作弓及車轅冬官考工記云弓人取幹柘爲上檿桑次之是也

木自獘柛（注）獘踣 立死椔（注）不獘頓 蔽者翳（注）樹蔭翳覆地者詩云其椔其翳

（音）柛音伸（音）椔側吏切（音）棤音錯（音）皵音舄（音）梢音朔（音）擢音濁

木相磨槸（注）樹枝相切磨 棤皵（注）謂木皮甲錯 梢梢擢（注）謂木無枝柯梢擢長而殺者○（疏）此別死頓相磨皮甲梢擢之異名也云木者總在下之稱也自獘踣者名柛立死不獘頓者名椔枝葉蔽蔭覆地者名翳木兩枝相切磨名槸木皮甲麤錯者名棤亦名皵木无枝柯長而殺者名梢一名梢擢小爾雅曰拔根曰擢○詩其椔其翳

詩大雅皇矣篇文也毛傳云木立死曰菑自斃爲翳
說者引李巡曰以當害生曰菑斃死死也然則以立死
之木妨他木生長爲木之害故曰菑也自斃者生木
自倒枝葉覆地爲陰翳故曰翳也尒雅直云斃者詩
傳以其非人斃之故曰自斃其
文與此不同者所見本異也

樅松葉柏身 今大廟梁材用此木尸子所謂松柏之鼠不知堂密之有美樅○樅七容反

檜柏葉松身 詩曰檜楫松舟

疏 此辨樅檜之異名也松葉柏身者名樅柏葉松身者名檜郭云今大廟梁材用此木者以時驗而言也云尸子所謂已下者綽子篇文也云詩曰檜楫松舟者鄘風竹竿篇文也毛傳云楫所以櫂舟是也

句如羽喬 枝樹曲卷似鳥毛羽 下句曰朻上句曰喬如木楸曰喬 楸樹性具上竦 如竹箭曰苞 篠竹性叢生 如松柏曰茂 枝葉婆娑 如

槐曰茂言扶疎茂盛　疏　此別木之曲直叢生茂盛之異名也句曲也樹枝曲卷似鳥毛羽名喬樹枝下垂而曲名朻詩周南云有樛木是也木枝上竦而曲卷者亦名喬如木楸上竦者亦曰喬郭云楸樹注上竦詩周南云南有喬木是也凡木如竹箭叢生者曰苞禹貢曰草木漸苞是也凡木枝葉婆娑者曰茂詩小雅云如松柏之茂是也枝葉扶疎茂盛如槐者亦曰茂祝州木髦柔英未詳

○九卷下

槐棘醜喬枝皆翹竦桑柳醜條阿那垂條椒榝醜莍莍萸子聚生成房貌今江東亦呼莍榝似茱萸而小赤色○榝音殺

桃李醜核子中有核人　疏　此辨木之枝條子實形狀之異醜類也喬高也槐棘之類枝皆翹竦桑柳之類皆阿那垂條莍若實之房也椒榝之類實皆有莍彙自裹李巡曰椒茱萸皆有房故

因蒙乗實也郭云羨叓子聚生成類貌今江東亦呼蔂紙似桼叓而小赤色桃李之類皆子中有核人曲札云其有核者懐其核

瓜曰華之桃曰膽之棗李曰疐之樝棃曰鑽之皆噉食治擇之名樝似棃而酢澁見禮記（郤）此辨噉食治擇瓜

○（華）朝化切（疐）音啼鑽子管切（疏）果之名也云瓜曰華之者此爲国君削瓜之禮也華謂半破也降於天子故破而不四析也亦横斷之而中以綌也云桃曰膽之者桃多毛拭治去毛令色青滑如膽也或曰膽謂杏桃有苦如膽者擇去之云棗李曰疐之者謂治棗李皆去其疐疐者柢也云樝棃曰鑽之者恐有蟲故一一鑽看其蟲孔也一案鄭注礼記内則云柤棃之不藏者今之所謂樝子者是也注云見礼記者案曲礼云爲天子削瓜者副之巾以絺爲国君者華之巾以綌入内則云棗曰新之栗曰撰之桃曰膽之柤棃曰鑽之鄭注云皆治擇之名也文雖小異大意則同

小枝上繚爲喬 謂細枝皆翹繚上句者名爲喬。木鐐音了 疏 此即上句曰喬嫌不了故重出之言小枝上繚翹繚者名爲喬木也

無枝爲檄 檄擢直上。檄音亦 疏 此即上文揹梢擢也擢身擢也謂木无枝檄擢直上長而殺者也

木族生爲灌 族叢 疏 族叢也木叢生者爲灌即上樌木叢木也

釋蟲第十五

疏 案說文蟲者裸毛羽鱗介之總稱也此篇廣釋諸蟲之名狀故曰釋蟲

螜天螻 螻蛄也夏小正曰螜則鳴螜[redacted]音觳 疏 螜一名天螻一名碩鼠即今之螻蛄也夏小正者大戴禮之篇名以歲爲章本正十二月之節候起於夏后氏故曰夏小正其三月云螜則鳴螜大

蟻足

也

蜚，蠦蜰。蜰即負盤，臭蟲。〔蜚〕音費〔蠦〕音盧〔蜰〕音肥〔疏〕案洪範五行傳云蜚負蠜夷狄之物越之所生其爲蟲臭惡南方淫氣之所生也本草曰蜚蠊蟲也然則蜚是臭惡之蟲害人衣物故春秋左氏傳曰有蜚不爲災亦不書也春秋經傳皆云有蜚則此蟲名蜚一名蠦蜰而舍人李巡皆云蜚蠦一名蜰非也此蟲一名負盤漢書及左傳注多作負蠜者以此下有草蟲負蠜故相涉誤耳

螾衘，入耳。蚰蜒。〔螾〕音引〔衘〕音演〔疏〕此蟲象吳公黃色而細長呼爲吐古案方言云蚰蜒自關而東謂之螾衘或謂之入耳或謂之蜒蚰趙魏之間或謂之蚨虷北燕謂之蛆蚭江東人呼蛩今蚰蜒喜入耳者也。〔蚰〕音由〔蜒〕音延〔蠷〕音蠷〔蚨〕音扶〔虷〕音于〔蚵〕奴六切〔蚭〕音泥〔蛩〕音鞏

蜩，蜋蜩，夏小正傳曰蜋蜩者五彩具。〔蜩〕音凋

螗蜩 夏小正傳曰螗蜩者蝘俗呼為胡蟬江南謂之螗蛦○蛦音庚

蚻蜻蜻 如蟬而小方言云有文者謂之蜻蜻夏小正曰鳴蚻虎懸

蠽茅蜩 江東呼為茅蠽似蟬而小青色○蚻音札蠽音節

蝒馬蜩 蜩中最大者為馬蟬

蜺寒蜩 寒螿也似蟬而小青色月令曰寒蟬鳴

蜓蚞螇螰 即蝭蟧也一名蟪蛄齊人呼螇螰○蜓音廷蚞音木

疏 此辨蟬之大小及言不同之名也云蜩者自諸蜩也蜋蜩五彩具者也螗蜩俗呼曰蟬似蟬而小鳴聲清亮者也蚻一名蜻蜻如蟬而小有文者也蠽一名茅蜩似蟬而小青色者也蝒名馬蜩蟬之最大者也蜺一名寒蜩又名寒螿似蟬而小青赤色者也關東謂蟪蛄為蜓蚞齊謂之螇螰也云夏小正者在五月記時也云螗蜩者瘂者亦在五月舍人曰皆蟬也方語不同三輔以西為蜩梁宋以東謂蜩為蝘陸機云蟬一名蝘蜩字林切或作

嘹也青徐人謂之螇螰然則蟪蛄亦皆蟬也大雅蕩
篇云如蜩如螗是也舍人曰小蟬也青青者案方
言云蟬楚謂之蜩宋衛之間謂之螗蜩陳鄭之間謂
之蜋蜩秦晉之間謂之蟬海岱之間謂之■其小者
謂之麥蚻有文者謂之螓螓是也詩人頌人云螓首蛾
眉鄭玄螓謂蜻蜻也頌廣而且方故以比婦人之
首也某氏解此云蚻蜻州者也云夏小正曰者在四
月故云鳴蚻二者虎懸心鳴而後知故先鳴而後蚻
是也月令曰寒蟬鳴者在七月鄭注云寒蟬寒蜩謂
蜺是也方言云蛥蚗齊謂之螇螰楚謂之蟪蛄或
云蟪蛄鳴兮啾啾是也或謂之蛉蛄秦謂之蛥蚗自
關而東謂之虭蟧或謂之蝭蟧或謂之蜓蚞然則亦
皆蟬之別名耳。蛥音敓逝折蚗
蛉音零虭蟧貂料二音蝭蟧音帝
吉蜣羌蜋良黑甲蟲噉糞土。
虫虫虫蛣起吉切蜣音羌
疏 蛣蜣一名蛣蜋黑甲翅在甲下噉糞
土喜取糞作丸而轉之莊子
蛣蜣之智在於轉丸是也

蝎蛣𧌑木中蠹蟲。○【蝎】音曷【𧌑】音屈【疏】木中蠹蟲解在下

蠰齧桑似天牛角長體有白點喜齧桑樹作孔入其中江東呼爲齧髮。○【蠰】音餉

【疏】蠰一名齧桑江東呼齧髮形似天牛長角體有白點喜齧桑樹作孔入其中因名云

諸慮奚相未詳

蜉蝣渠略似蛣蜣身狹而長有角黃黑色叢生糞土中朝生暮死豬好啖之。○【蜉】音浮【蝣】音游【疏】舍人曰蜉蝣一名渠略南陽以東曰蜉蝣梁宋之閒曰渠略似蛣蜣身狹而長有角黃色叢生糞土中朝生暮死豬好啖之夏小正曰蜉蝣渠略也朝生而暮死詩曹風云蜉蝣之羽陸機疏云蜉蝣方土語也通謂之渠略似甲蟲有角大如指長三四寸甲下有翅能飛夏月陰雨時地中出今人燒炙噉之美如蟬也樊光謂之糞中蝎蟲隨陰雨時爲之朝生而夕死

蛂蟥蛢甲蟲也大如虎豆綠色今江東[illegible]黃蛢。○【蛂】步結切【蟥】音黃【蛢】音瓶

〔[illegible]〕蛢一名黃蛢甲蟲也形大如虎豆綠色

蠸輿父守瓜 今瓜中黃甲小蟲喜食瓜葉故曰守瓜〇〔蠸〕音灌〔父〕音甫 〔疏〕蠸輿父一名守瓜黃甲小虫喜食瓜葉因名守瓜

蝚蛖螻 螻之蛄類〇〔蝚〕音柔〔蛖〕武江切 〔疏〕案方言云蛄詣謂之杜䗁螻螲謂之螻蛄或謂之蟓蛉南楚謂之杜狗或謂之蛞螻然則此言柔及蛖螻者亦螻蛄之異名耳〇〔䗁〕音格〔螲〕音空〔蟓〕音象〔蛉〕音令

不蜩王蚥 未詳

蛄䗐強蛘 今米穀中蠹小黑蟲是也建平人呼爲蛘子〇〔䗐〕丁刮切〔蛘〕弥羊切 〔疏〕方言云蛄䗐謂之強蛘今米穀中小黑蟲也江東謂之䗐音加建平人呼蛘子音楚姓芊之芊

不過蟷蠰蟷蠰蜡蜋別名其子蜱蛸一名蟳蛑蟷蠰卵也○（蟷）于郎切（蠰）音相（蜱）音

毗（蛸）音消（疏）不過一名蟷蠰一名唐蜋母也其子一名

蜱蛸一名蟳蛑一名票蛸當蠰卵也方言

云譚魯以南謂之蟷蠰三河之域謂之螳蜋燕趙之

際謂之食疣齊杞以東謂之馬谷其子同名票蛸也

月令仲夏云螳蜋生是也

蒺蔾即且似蝗而大腹長角能食蛇[illegible]（疏）蒺蔾一名蝍

蝍蛆腦○（蝍）音即（蛆）子余切　蛆廣雅云即

蛆蜈蚣也郭云似皇而大腹長角能食蛇一

腦則非蜈蚣也莊子云即蛆甘[illegible]是也一

蝝蝮蜪蝗子未有翅者外傳曰虫舍蚳蝝○（蝝）音緣（蝮）孚福切（蜪）音淘（疏）蝝一名蝮蜪蝗子未有翅

者春秋宣十五年冬蝝生是也○外傳曰虫舍蚳蝝

者此魯語里革諫宣公之辭也韋氏解曰蚳蟻子也

可以爲醢蝝蝮蜪

也可食今不取也

四五四

蟋蟀蛬 今促織也亦名青𧒂○蛬音拱【疏】蟋蟀一名蛬今促織也亦名青𧒂詩唐風云蟋蟀在
堂歲聿其莫陸機疏云蟋蟀似蝗而小正黑有光澤
如漆有角翅一名蛬一名青𧒂楚人謂之王孫幽州
人謂之趨織里語曰
趨織鳴嬾婦驚是也

蟼蟆 蛙類○蟼音警【疏】此自一種蝦蟆也

蛝馬䗃 馬蠲蚐俗呼馬蝝○蛝音閑䗃音棧【疏】蛝虫一名馬䗃一名馬蠲蚐俗呼馬蝝方言云
馬蚿北燕謂之蛆蟝其大者謂之馬
蚰是也○蚿音弦蛆子余切蚰音逐

蛗螽 詩曰趯趯蛗螽○蛗音阜螽音終

草螽負蠜 詩云喓喓草虫謂常羊也○蠜音凡

蜤螽蜙蝑 蜙蝑也俗呼蝽蜙○蜤音斯蜙音嵩蝑音胥

蟿螽螇蚸 今俗呼似蜙蝑
而細長飛翅作聲者為
奚○蟿音契蚸音歷

土螽蠰谿 似蝗而小今謂之土蝶○蠰音攘

疏曰阜螽之族厥类寔煩此辨之也阜螽一名蠜李巡曰蝗子也陸機疏云今人謂皇子爲螽子兖州人謂之螣許慎云皇螽也蔡邕云螽皇也明是一物草虫一名負凡一名常羊陸機云小大長短如皇也奇音青色好在茅草中又一名草虫詩云喓喓草虫趯趯阜螽是也蜇螽周南作螽斯七月作斯螽惟字異文到其實一也一名松蝑一名松從一名舂黍陸機云幽州人謂之舂箕舂箕即舂黍皇类也長而青角長股股鳴者也或謂似皇而小班黑其股似瑇瑁又五月中以兩股相切作声聞數十步者是也蟿螽一名𧒂蚸形似松從而細長飛翅作声者是也土螽一名蠰谿今謂之土蝶江南呼蚱蜢又名蚱蜢似皇細小善跳者是也○詩云喓喓草虫趯趯阜螽者召南草虫篇文

螼蚓又蜸蚕 蚓羊引切 蜸苦显切 蚕他典切 即蛩䗴也江東呼寒蚓○螼

疏 螼蚓一名蜸蚕即蛩蟺也廣雅云蛩蟺蚯蚓也月令四月蚯蚓出十一月蚯蚓結是也江東呼寒蚓郭云蚯蚓上精無心

之蟲與阜螽交者也

莫貈螳蜋蛑 螗蜋有斧蟲江東呼為石蜋孫叔然以方言說此義亦不了○貈音鶴蛑音謀

疏 莫貈 一名螗蜋一名蛑即日不過也俌蟬而食有臂若斧奮之當轍不避莊子云螳蜋之怒臂以當車轍是也江東呼為石蜋又名齕肬孫叔然以方言說此義亦不了方言曰螳蜋謂之髦或謂之馸或謂之芊芊孫炎取此方言之文以虰上屬為議案說文以虰蛵負勞為一則方言之說既失其指孫氏引之為說是亦不了也

虰蛵負勞 或曰即蜻蛉也江東呼狐黎所未聞○虰音丁蛵音馨

疏 即蜻蛉六足四翼蟲也一名虰蛵一名負勞江東呼狐黎方言云蜻蛉謂之蝍蛉淮南人又呼蠊蛜字林云一名蟧狼陶注本草云一名蜻蜓是也 云所未聞者雖有或人之說但經典未聞所出亦其無質故云所未聞

蛓毛蠹即載○蛓尸戚切 疏 蛓一名毛蠹即載也說文云蛓毛蟲今俗呼為毛蛓有毒螫人楚辭云載緣兮我裳是也

螺蛅蟖蛓屬也今青州人呼載為蛅蟖孫叔然云入角螫蟲失之○螺音墨蛅而占切蟖音斯 疏 螺一名蛅蟖即載類也青州人呼蛅蟖云孫叔然云入角螫蟲失之者此即毛蟲何止入角故云失之蠚猶螫也字林云蛓行毒也

蟠鼠負瓮器底蟲○蟠音煩 疏 此與下蛜威委黍是一故下注委黍云舊說鼠婦別名則此蟲一名蟠一名鼠負負或作婦本草作婦一名蛜威一名委黍也陸機云在壁根下瓮器底土中生似白魚者是也陶注本草云多在鼠坎中鼠背負之然與鼠婦及鼠婦則似乖詩東山云蛜威在室是也

蟫白魚衣書中蟲一名蛃魚○蟫音淫 疏 此衣書中蟲也一名蟫一名白魚一名蛃魚本草謂

之衣魚是也

蛾羅 蠶蛾○蛾音俄 【疏】此即蠶蛹所變者也說文云蛾羅是也

螒天雞 小虫黑身赤頭一名莎雞又曰樗雞○螒音汗 【疏】此黑身赤頭小虫也一名螒一名天雞一名莎雞又曰樗雞李巡曰一名酸雞詩豳風七月云六月莎雞振羽陸機疏云如蝗而班色毛翅數重其翅正赤六月中飛而振羽索索作聲幽州人謂之蒲錯是也

傅負版 未詳

強蚚 即強醜捋○蚚音祈 【疏】強虫名也一名蚚好自摩捋者蓋蠅類

蛶螪何 未詳

螝蛹 蠶蛹○蛶音育劣螪音商螝音龜 【疏】即蠶所變者一名螝又名蛹

蜆縊女 小黑虫赤頭喜自經死故曰縊女○蜆音演 【疏】蜆小黑虫也赤頭喜自縊故又名縊女說文云蜆爲蝶是也經即縊也晉語申生使猛足辭於狐突乃雉經於新城廟僖四年左氏傳云十二

月戊申螽於新城是謂螽爲蝗也

蚍蜉大螘（俗呼爲馬蚍蜉）小者螘（齊人呼蟻爲蛘）蠪朾螘（赤駁蚍蜉）螱飛螘（有翅）其子蚳（蚳，蟻卵。周禮曰：蜃蚳醬。）○蠪音龍　朾直耕切　螱音尉　蚳音池　蛘魚綺切

疏　此辨衆螘及其子名也。螘，通名也。其大者別名蚍蜉，俗呼馬蚍蜉。小者即名螘，齊人呼螘爲蛘。方言云：蚍蜉，齊魯之間謂之蚼蟓，西南梁益之間謂之玄蚼，燕謂之蛾蛘。其場謂之坻，或謂之垤是也。其大而赤斑駁者名蠪，一名朾螘。有翅而飛者名螱，即飛螘也。其子在卵者名蚳，可以作醢。案周禮醢人職曰：饋食之豆，其實蜃蚳醢。則醬之有肉者，故此云蚳醬也。○蚼音鉤　蟓音象　蛾音蟻　蛘音養

次䖹鼅鼄鼅鼄鼄蝥（今江東呼蝃蝥，音掇）○䖹音次　鼅音知　鼄音誅　蝃音拙　蝥音謀

土鼅鼄（在地中布網者）草鼅鼄（絡幕草上者）

疏　此辨鼅鼄及在草上之名。方言

迠蠹即鼅鼄別名也又一名鼄蝥今江東呼蝃蝥[illegible]文謂之鼄蝥作鼅鼄也方言云自關而西秦晉之閒謂之鼄蝥自關而東趙魏之郊謂之鼅鼄或謂之蠾蝓北燕朝鮮冽水之間謂之蝳蜍郭又云齊人又呼社公亦言周公具在地上布網者名土鼅鼄其作網絡幕草上者名草鼅鼄也○(蠾)音燭(蝓)音臾(蝳)音毒(蜍)音余

土蠭今江東大蠭在地中作房者爲土蠭啖其子即馬蠭今荆巴間呼爲蟺○(蟺)音蟬

木蠭似土蠭而小在樹上作房江東亦呼爲木蠭又食其子(蠭)音蜂

(疏)此辨蠭在土木之異也說文云蠭飛蟲螫人者其形大在地中作房而啖其子者名土蠭又名馬蠭今荆巴間呼爲蟺其形差小在樹土作房者名木蠭亦食其子蟺讀爲蛩蟺之蟺故音之

蟦蠐螬在糞土中蝤蠐蝎在木中今雖通名爲蝎所[illegible]江異○(蟦)音費(蝤)音囚

疏此辨蝎在土在木之異名也其在糞土中者名蟦
蠐又名蠐螬其在木中者方言云關東謂之蝤蠐
梁益之間謂之蝎上文以蝎蛣蝠郭云木中蠹下文蝎
桑蠹郭云即蛣蝠然則蟦蠐也蠐螬也蝤蠐也蛣蝠也
桑蠹也蝎也一蟲而六名也以在木中者白而長
故詩人以比婦人之頸衛風云領如蝤蠐是也

蛜威委黍舊說鼠婦別名然所未詳○蛜音伊

蠨蛸長踦小鼅鼄長腳者俗呼為喜子○蠨音肅蛸所交切踦巨綺切　疏此小鼅鼄長腳
者一名蠨蛸一名長踦俗呼為喜子詩東山云蠨蛸
在戶陸璣疏云一名長腳荊州河內人謂之喜母此
[illegible]來著人衣當有親客至有喜也幽州人
謂之親客亦如蜘蛛為網羅居之者也

蛭蝚至掌未詳

國貉蟲蠁今呼蛹蟲為蠁廣雅云土蛹蠁蟲○蛭音直反

疏此蛹蟲也今俗呼為蠁一名國貉一名蟲蠁
說文云知聲蟲也廣雅云土蛹蠁蟲是也

蠖蚇蠖今即蝛○蠖於郭切蚇音尺【疏】蠖一名蚇蠖郭云今蝍蝛方言云蚇蠖謂之蚇蠖郭云又呼步屈說文云蠖尺蠖屈伸虫也易係辭云蚇蠖之屈以求信者是也○蝍音即蝛音戚

果蠃蒲盧即細腰蟲也俗呼為蠮螉

螟蛉桑蟲俗謂之桑蟃亦曰戎女○螟音冥蛉音令【疏】案詩小雅小宛云螟蛉有子果蠃負之果蠃一名蒲盧即細腰蟲也俗呼為蠮螉方言云蠭燕趙之間謂之蠓翁其小者謂之蠮翁即注中庸以蒲盧為土蜂說文云細腰土蜂也天地之性小腰純雄无子螟蛉一名桑蟲一名桑蟃一名戎女陸璣云螟蛉者桑上小青蟲也似步屈其色青而細小或在草萊上果蠃土蜂也似蜂而小腰取桑蟲附之於木空中七日而化為子法言云螟蛉之子差而逢果蠃祝之曰類我類我久則肖之是也

蠋桑繭即吉蛹

熒火即炤夜飛腹下有火○炤音照【疏】熒火一名即炤夜飛腹下

有火虫也本草一名𧉅光一名熠燿月令季夏腐草
爲螢腐草此時得暑溼之氣故爲螢至秋而天沉陰
螢雨螢火夜飛之時也詩
東山云熠燿宵行是也
密[redacted]蠋英詳禾蚅烏蠋【疏】大虫如指似蚕見韓子[redacted]【疏】蚅一名烏蠋形似蚕
[redacted]大如指詩大雅亠卄亦爻二云蠶革金蚅毛亦云蚅烏蠋
大如指似蚕見韓・丁○案韓子内儲說上七術其三
[redacted]云亶似蛇蚕似蠋人見蛇則驚駭見蠋
[redacted]而婦人拾蚕而漁者握亶利之所在則忘
[redacted]爲也
[redacted]也
蠓蠛小虫似蜹乱飛○【疏】小虫似蜹乱飛者也
蠓蒙莫孔切蠛亡結切【疏】名蠓又名蠛蠓列子
云生朽壤之上因雨而生得陽而死一名盞主孟子
云孔子與老聃語出告顏回曰丘之於道也其猶盞
圭與郭象云盍十卄
醬甕中蠛蠓是一也

螲蛈蜴即螲蟷，似蜘蛛，在穴中，有蓋。今河北人呼蛈蝪。○蛈，大結切。蝪，音湯。【疏】此蛈蝪一蟲也。一名螲蟷，穴居，布网穴口，有蓋。河北人呼蛈蝪者是也。

蟓桑繭食桑葉作繭者，即今蠶。雔由樗繭食樗葉。○蟓，音象。雔，音讎。棘繭食棘葉。欒繭食欒葉。蚢蕭繭食蕭葉。皆蠶類。○蚢，音杭。【疏】此皆蠶類作繭者，因所食葉而異其名也。食桑葉作繭者名蟓，即今蠶也。食樗葉、棘葉、欒葉者名雔由。食蕭葉作繭者名蚢也。

翥醜罅剖母背而生。螽醜奮好奮迅作聲。○翥，者庶切。罅，呼嫁切。強醜捋以腳自摩捋。蜂醜螸垂其腹。○螸，音俞。蠅醜扇好搖翅。【疏】此辨蟲屬所生及所好之狀不同者也。翥，飛也。醜，類也。蟲類能飛翥者謂蟬屬，皆剖拆母以爲孔穿

而生螽蚔之類好以脚
自摩捎螽類好坐其腹以伏息說文云螽垂腹也䖭
即腹下也青蠅之
類好搓翅自𠛶

食苗心螟食葉䘌食節賊食根蟊分别虫蝝食禾所在之名耳皆見詩

○䘌音特
蟊音謀

疏此分别虫所啖食禾所在之名也李巡曰食禾心
爲螟言其姦冥冥難知也食禾葉者言假貸無厭
故曰貸也食禾節者言貪狠故曰賊也食禾根者言
其稅取萬民財貨故云蟊也孫炎皆據貪所致因以
爲名也郭璞云皆以虫之所在爲名而李巡孫炎並因
託惡政則災由政起雖以食所在爲名而所在之名
緣政所致理爲兼通也陸機疏云螟似妢而頭不
赤䘌蝗也賊桃李中蠹蟲赤頭身長而細耳或說云
蟊螻蛄食苗根爲人患許慎云吏冥冥犯法即生螟
吏乞貸則生䘌吏抵冒取民財則生蟊舊說云螟䘌

蟊賊一種蟲也然言蟊賊究內外言之尔故揵爲文學曰此四種蟲皆蝗也實不同故分別釋之詩小雅大田云去其螟螣及其蟊賊無害我田穉是也

有足謂之蟲無足謂之豸【疏】此對文尔散言則無足亦曰蟲月令春曰其蟲鱗鄭注云龍蛇之屬是也

爾雅注疏卷第

爾雅注疏卷第十

○釋魚第十六 【疏】案說文云魚水蟲也此篇釋其見於經傳者是以不盡名魚名至於龜蚌貝鱉鼀之類以其皆有鱗甲亦魚之類故揔曰釋魚也

鯉 今赤鯉魚 【疏】鯉赤鯉魚詩云豈其食魚必河之鯉是也

鱣 鱣大魚似鱏而短鼻口在頷下體有邪行甲無鱗肉黃大者長二三丈今江東呼為黃魚○鱣張連切 【疏】鱣郭義具注陸機云鱣出江海三月中從河下頭來上鱣身形似龍銳頭口在頷下背上腹下皆有甲縱廣四五尺今於盟津東石磧上釣取之大者千餘斤可蒸為腥又可為鮓魚子可為醬詩衞風碩人云鱣鮪發發是也

鰋 今鰋額白魚○鰋音偃 【疏】今鰋額白魚郭以目驗言之也詩頌云鰷鱨鰋鯉是也

鮎 別名鯷江東通呼鮎爲鮧 【疏】郭氏云別名鯷江東通呼鮎爲鮧案此經鯉鱣鰋鮎舍人曰鯉一名鱣孫炎曰鱣一名鮎則是舍人以鯉鱣爲一魚孫炎以鰋鮎爲一魚郭氏以爲四魚者如陸璣之言又以丂語驗之則鯉鮪鱣鮎皆異魚也故郭氏云先儒及毛詩訓傳皆謂此魚有四名今此魚種類形狀有殊无緣強合之爲一物是郭氏所以爲異也

鱧 鮦也 【疏】鱧今鱧魚也鮦與鱧音義同又詩小雅云魚麗于罶魴鱧是也

鯇 今鯶魚似鱒而大○〔鯇〕華板切 【疏】舍人云鱧一名鯇郭氏所不取也

鯊鮀 今吹沙小魚體員而有點文○〔鮀〕音陀 【疏】鯊一名鮀詩小雅云魚麗于罶鱨鯊陸璣云魚狹而小常張口吹沙故郭氏云今吹沙小魚也

鮂黑鰦 即白鯈魚江東呼爲鮂○〔鮂〕音囚〔鰦〕音茲 【疏】鮂一名黑鰦郭氏云即白鯈江東呼爲

鯬者以時篸而言之也詩頌曰鰷鱨鰋鯉是也

鰼鰌今泥鰌○[鰼]音習[鰌]音秋[疏]鰼一名鰌即今泥鰌也穴於泥中因以名云

鰹大鮦小者鮵今青州呼小鱺為鮵○[鰹]音堅[鮦]音同[鮵]音奪[疏]此即上文鱧也其大者名鰹小者名鮵故注云今青州呼小鱺為鮵鱺與鱧音義同

魾大鱯小者鮡鱯似鮎而大白色○[魾]音皮[鱯]音畫[鮡]音兆[疏]鱯魚名似鮎而大白色鱯之大者別名魾小者別名鮡也

鰝大鰕鰕大者出海中長二三丈鬚長數尺今青州呼鰕魚為鰝○[鰕]音叚[鰝]音鄗[疏]鰕之大者長二三丈鬚長數尺若此之類者名鰝

鯤魚子凡魚之子揔名鯤[疏]凡魚之子揔名鯤詩云其魚魴鰥鄭云鰥魚子鯤鰥字異

蓋古字通用也。魯語云：宣公夏濫於泗淵，里革斷其罟而弃之，曰：魯禁鯤鮞，鳥翼鷇卵，蕃庶物也。是亦以鯤爲魚子也。

鱀是鱁鱀，䱶屬也。體似鱏，尾如䲉魚，大腹，喙小，鋭而長，齒羅生上下相銜，鼻在額上，能作聲，少肉多膏，胎生，健啖細魚。大者長丈餘，江中多有之。○鱀音忌。【疏】鱀，一名是鱁。郭云䱶屬也。云體似鱏者，字林云：鱏，長鼻魚也，重千斤。虞云伯牙鼓琴，鱏魚出聽是也。鱀魚之體似之也。云尾如䲉魚者，説文云：䲉魚名，出樂浪潘國，一曰䲉魚出江東，有兩乳。今鱀魚之尾如䲉魚之尾，故云尾如䲉魚也。云大腹以下若時驗而言也。

鱦，小魚家語曰：其小者鱦魚也。今江東亦呼魚子未成者爲鱦。○鱦，繩。【疏】案家語，宓子賤仕魯爲單父宰，孔子使巫馬期往觀政焉。期陰免衣弊裘入界，見漁得魚輒捨之。期問焉，曰：凡漁者爲得

魚也何以得魚部捨之曰魚之大者名爲鱒鱒吾大夫愛之其小者名鯞吾大夫欲長之是以得二者輒捨之是也引之謟

鮥是小魚之名也

鮥叔鮪 鮪鱣屬也大者名王鮪小者名叔鮪今宜都郡自京門以上江中通出鱏鱣之魚有一魚狀似鱣而小建平人呼鮥子即此魚也鮥音洛鱏音淫鮪音偉 郭義具注陸機云鮪魚形似鱣而青黑頭小而尖似鐵兜鍪口亦在頷下其可以爲鹽大者不過七八尺益州人謂之鱣鮪大者爲王鮪小者爲叔鮪一名鮥肉色白味不如鱣也今東萊遼東人謂之尉魚或謂之仲明仲明者樂浪尉也溺死海中化爲此魚又曰河南鞏縣東北崖上山腹有穴舊說云此穴與江湖通鮪從此穴而來北入河西上龍門入漆沮故張衡賦云王鮪岫居山穴爲岫謂此穴也[illegible]今季春薦鮪於寢廟天[illegible]漁人春薦王鮪是也

鮥當魱 海魚也似鯿而大鱗肥美多鯁今江東呼其最大長三尺者為當魱○鮥很救切 魱音胡

【疏】鮥一名當魱海魚也○云似鯿而大鱗者案鯿似魴而大腹細而長今鮥魚似之但鱗大耳云肥美以下者時驗而知也

鮤鱴刀 今之鮆魚也亦呼為魛魚○鮤音列 鱴音滅

【疏】鮤一名鱴刀郭氏云今之鮆魚也亦呼為魛魚說文云鮆飲而不食刀魚也九江有之亦呼為魛魚是則此魚一名鮤魚一名鱴刀一名魛魚一名鮆魚也

鱊鮬鱖鯞 小魚也似鮒子而黑俗呼為魚婢江東呼為妾魚○鱊音聿 鮬音步 鱖[illegible] 鯞音酉切

【疏】郭云小魚也似鮒子而黑廣雅云鮒鰿也此魚似其小者故云鮒子而黑色為異也江東呼為妾魚說文云鱴魚也樂浪潘國是也

魚有力者鰴 強大多力○鰴音毁

【疏】凡魚之強大多力異於群輩者名鰴

魵鰕 出穢邪頭国見呂氏字林○魵音墳 （疏）魵魚一名鰕郭云出穢邪頭国見呂氏字林案說文亦云

鮅鱒 似鯶子赤眼○鮅音必鱒禾損切 （疏）鮅一名鱒詩云九罭之魚鱒魴陸機云鱒似鯶魚而鱗細於鯶赤眼是也

魴魾 江東呼魴魚為鯿一名魾○魴音房魾音毗 （疏）魴為鯿魾陸機云魴今伊洛[illegible]頓魴魚比當肉細鱗魚之美者遼東梁水魴特肥国魴故其鄉語曰居就粮梁水魴是也

鯬鯠 未詳

蜎蠉 井中水蛣蟨赤蟲一名孑孓鯬音黎鯠音來蜎狂兖切蠉香兖

蛭蟣 今江東呼水中蛭蟲入人肉者為蟣○蟣音祈 （疏）此水中蟲善嚙人者江東呼為

本草謂之水䵷一名馬蜞一名馬耆即
王食蟆蒩得而吞之能去結積者是也

科斗活東蝦蟆子 疏 郭云蝦蟆子此蟲一名科斗一名活東頭圓大而尾細古文似之故孔安國云皆科斗文字是也

魁陸本草云魁狀如海蛤員而厚外有理縱橫即今之蚶也 疏 即魁蛤也見本草■案本草蟲魚部云魁蛤一名魁陸生東海正圓兩頭空表有文■隱居注云形似紡軠小狹長外有縱橫文理云是老蝙蝠化為者是也即今之蚶也若案字書云蚶蛤也出會稽可食是也然則又一名蚶也

蜪蚅未詳

鼁䵷蟾諸似蝦蟆居陸地淮南謂之去蚥 在水者黽耿黽也似青蛙大腹一名上黽○鼀音去䵷音秋蟾音占黽音猛 疏 此有多種鼁䵷一名蟾諸郭云似蝦蟆居陸地淮南謂之去蚥然蟾諸非蝦蟆俱相似耳案本草蝦蟆陶注云此是腹大皮上多痱磊者也蟾諸亦

類此抱朴子曰蟾諸壽三千歲者頭上有角頷下有丹書八字玄中記云蟾諸生角者食之壽千歲是也其居水者名黽一名耿黽一名土鴨狀似青蛙而腹大為異陶注本草云大而青脊者俗名土鴨其鳴甚壯即此黽也陶又云一種小形善鳴喚名爲蛙者即郭云青蛙者也

蜌螷 今江東呼蚌長而狹者為螷〇蜌音陛螷蒲猛切 [疏]蜌一名螷蚌屬也說文云脩為螷圜為蠇郭云今江東呼蚌長而狹者為螷其肉可為醢周禮醢人職饋食之豆其實螷醢是也

蚌含漿 蚌即蜃也 [疏]說文云蜃屬郭云即蜃也蜃謂老蚌生珠者也一名蚌一名含漿周禮謂之貍物

鼈三足能龜三足賁 山海經曰從山多三足鼈大苦山多三足龜今吳興郡陽羨縣君山上有池池中出三足鼈又有六眼龜 [疏]鼈龜皆四足三足者異故異其名鼈之三足者名能

龜之三足者名賁也一案中山經云游戲山東南二十里曰從山從水出焉其上多其下其中多三足鼈食之無蠱疾是從山多三足鼈也又云被阜山東五十里曰大苦山陽狂水出焉西南流伊水中多三足龜食者無大疾可以已腫是大苦山多三足龜也云吳興郡以下者以時驗而言也

蚹蠃螔蝓 即蝸牛也○〔蚹〕音附〔蠃〕音[redacted]〔螔〕音移蝓音俞

疏 蚹蠃一名螔蝓郭云即蝸牛也案本草蝸牛陶注云生山中及人家頭形似蛞蝓但背負殼爾海邊又一種正相似以火炙殼使走出食之益顏色名寄居亦可作醢周禮饋食之豆其實葵菹蠃醢是也

蠃小者蜬 螺大者如斗出日南漲海中可以爲酒杯○〔蜬〕音含

疏 蠃與螺音義同

貝小者

名蜬

螖蠌小者蟧 螺[redacted]見埤蒼或曰即蟚螖也似[redacted]而小○〔螖〕音滑〔蠌〕音澤〔蟧〕音勞

疏 蟚即彭蜞也似[redacted]而小一名螹其小者別名[redacted]案埤蒼即云[redacted]郭云兩從之

蠯小者珧 珧玉珧即小蚌○珧音遥 疏 蠯大蛤也月令云孟冬之月雉入大水為蜃其小者名珧一名云珧可飾佩刃削詩傳云天子玉琫而珧珌是也山海經曰嶧皋之山皋水出焉東注激女水其中多蜃珧

龜俯者靈 行頭低 仰者謝 行頭仰 前弇諸果 甲前長 後弇諸獵 甲後長 左倪不類 行頭左庳今江東所謂左食者以甲卜審 右倪不若 行頭右庳為右食甲形皆尔○倪五計切 疏 此辨龜之俯仰前後左右其形不同其名亦異也云龜者目諸龜也云俯者靈者謂行時頭低周礼天龜曰靈屬是也云仰者謝者謂行時頭仰周礼地龜曰繹屬是也云前弇諸果者諸謂甲也謂甲前長弇覆者名果周礼東龜曰果屬是也云後弇諸獵者諸亦謂甲也謂甲後長弇覆者名獵周礼南龜曰獵屬是也云左倪不類者倪庳也不發聲也謂行頭左邊庳下者名類周礼

西龜曰靁屬是也云右倪不若者不亦發聲也謂行時頭右邊庳下者名若周礼北龜曰若屬是也周礼又云各以其方之色与其體辨之郭注云靁屬言非一也色謂天龜玄地龜黃東龜青西龜白南龜赤北龜黑俯者靈仰者繹前弇果後弇獵左倪靁右倪若是其躰也東龜南龜長前後在陽象經也西龜北龜長左右在陰象緯也天龜俯地龜仰東龜前南龜卻西龜左北龜右各從其耦也是周礼先有成文故此釋之鄭取此文為說具言正同惟郭氏与諸家頗小異耳其義亦同　案賈公彥疏周礼以倪為睥睨則左倪右倪是左顧右顧也郭氏以庳為頭睥睨及云今江東所謂左食者皆以時驗而言也云以甲卜審言用此龜之甲以卜吉凶審諦也

貝居陸贆在水者蜬水陸異名也貝中肉如蝌斗但有頭尾耳○贆音標大者魧書大傳曰大貝如車渠車渠謂車輞即魧屬○魧音杭小者鰿今細貝亦有紫色者出日南

[redacted]玄貝貽貝黑色貝也餘貾黃白文以黃為質白為文點○貾音池餘

泉白黃文以白為質黃為文點今紫貝以紫為質黑為文點蚆愽而頯頯者中央廣兩

頭銳○蚆音巴頯虛就切蜠大而險險者謂汚薄名蜠求隕切蟦小而橢即上小貝

橢謂狹而長此皆說貝之形容○蟦音責橢他果切䟽此辨貝居陸居水大小文彩不同之名也云貝

者貝諸貝也說文云貝為介蟲也取其甲以飾器物

古者貨貝周有泉貝至秦毋貝行錢居陸者名贆在水

者名蜬至大者名魧至小者名鰿黑色之貝名貽貝

黃為質白為文點者〻餘貾白為質黃為文點者名

餘泉中央廣兩頭銳者名蚆大而汚薄名蜠小而狹

長者名蟦[redacted]大傳云西伯既戡黎紂囚之羑里散宜

生之江淮之浦取大貝大如大車之渠以贖其皐是

也考工記謂車輞為渠故云渠謂車輞其貝形曲及

大小如車輞故比之也引之以證此經魧是其大如

車輞者故云如魧蜀[redacted]舍人云貝水中蟲也李巡曰

餘貾貝甲黃為質白為文彩餘泉貝甲白為質黃為文彩陸璣疏云貝水中介蟲也龜鼈之屬其文彩小大之殊甚衆古者貨貝是也餘貾黃為質以白為文餘泉白為質黃為文又有紫貝白質如玉紫點為文皆行列相當其貝大者當至一尺六七寸者皆今九眞交趾以為杯盤寶物也是先儒相傳為然但解紫貝與郭氏少異陸璣以白為質紫為文郭氏以紫為質黑為文是其異也書云文貝仍凡詩云成是貝錦山海經陰山濁洛水出焉南流注蕃澤其中多文貝皆謂此餘貾餘泉中小貝蜻如者以同名蟦也云蜻謂狹而長者詩云墮山喬嶽如鋅云南北[redacted]蜻其猶幾何皆是蜻為狹長之名也蜻

蠑螈蜥蜴蝘蜓守宮也○轉相解傳異語別四名也○蠑音榮螈音原蜥音昔蜴音亦蝘音掩蜓徒典切【疏】詩小雅正月胡為虺蜴謂此也蠑螈蜥蜴蝘蜓守宮一物形狀相類而四名也字林云蠑螈蛇醫也說文云在草曰蜥蜴在壁曰蝘蜓方言云秦晉西夏謂之守宮或謂之蠦

蠑螈蝘蜓两音或謂之蜥蜴南陽呼蝘蜓其在澤中謂之蜥蜴南楚謂之蛇醫或謂之蠑螈[redacted]又東方朔云非守宫即蜥蜴案此諸文則在草澤中者名蠑螈蜥蜴在壁名蝘蜓守宫也博物志云以器養之食以真朱躰尽赤重七斤擣万杵以點女人躰終身不滅若則落故號守宫陸璣疏云青緑色大如指形可惡也

蛈蝁 蝮屬大眼最有毒今淮南人呼蝁子○蛈音迭蝁烏洛切 疏 蛇也蝮虺之屬大眼有毒一名蛈又名蝁淮南人呼蝁子者是也

螣螣蛇 龍類也能興雲霧而遊其中淮南云蟒蛇○螣一音朕下音騰 疏 蛇似龍者也名螣一名螣蛇能興雲霧而遊其中也蟒當爲奔案淮南子覧冥篇說女媧云功烈上際九天下契黄壚名声被後世光輝熏万物乘雷車服應龍驂青虯援絶瑞席蘿圖雲黄路前白螭後奔蛇許慎云奔蛇馳蛇是也或曰曰淮南人呼此螣爲蟒螣義亦通

蟒王蛇蟒蛇最大者故曰王蛇。〔蟒〕音莽〔疏〕此蛇之最大者也名蟒又名王蛇與上螣蛇異

蝮虺博三寸首大如擘身廣三寸頭大如人擘指此自一種蛇名為蝮虺〔擘〕音舶

〔疏〕蝮虺博廣也首頭也擘拇指也此自一種毒蛇名蝮虺身廣三寸其頭大如人拇指[redacted]案郭注三蒼云擘大指也蒼頡篇以為巨大指皆得名擘故注云頭大如人擘指又名拇指孫炎云頭如拇指是也案舍人曰蝮一名虺江淮以南曰蝮江淮以北曰虺孫炎曰江淮以南謂虺為蝮廣三寸頭如拇指有牙最毒郭曰此自一種蛇人自名為蝮虺今蛇細頸大頭色如文綬文文間有毛似猪鬣鼻上有針大者長七八寸名反鼻如虺類足以明此自一種蛇如郭意此蛇人自名蝮虺非南北之異蛇實是蟲以有鱗故在釋魚且魚亦蟲之屬乎

鯢大者謂之鰕今鯢魚似鮎四腳前似獮猴後似狗聲如小兒啼大者長八九尺別名鰕[redacted]

〔疏〕鯢䲦鯨也大者長八九尺別名鰕

魚枕謂之丁 枕在魚頭骨中形似篆書丁字可作印

魚腸謂之乙魚尾謂之丙 此皆以篆書字因以名焉禮記曰魚去乙然則魚之骨體盡似丙丁之屬因形名之〔疏〕此釋魚之骨體腸尾之名也其魚頭中骨爲枕其骨形似篆書丁字故因謂之丁其腸似篆書乙字尾似篆書丙字亦因名之也○禮記曰魚去乙此禮記內則文也鄭玄注云乙魚體中害人者名也今東海鰫魚有骨名乙在目旁狀如篆乙食之鯁人不可出若與此經違非郭義也

一曰神龜 龜之最神明

二曰靈龜 涪陵郡出大龜甲可以卜緣中文似瑇瑁俗呼爲靈龜即今觜蠵龜一名靈蠵能鳴

三曰攝龜 小龜也腰甲曲折解能自張閉好食蛇江東呼爲陵龜○〔攝〕音涉

四曰寶龜書曰遺我大寶龜五曰文龜甲有文彩者河圖曰靈龜負書丹甲青玄

六曰筮龜常在蓍叢下潛■伏見龜策傳

七曰山龜八曰澤龜九曰水龜十曰火龜此皆說龜生之處所

火龜猶火鼠耳物有含火氣者〔疏〕易損卦六五爻辭不可以常理推然亦無所怪一云十朋之龜者先達馬鄭皆取此文解之則此經十龜所以釋易也神龜者龜之最神明者也禮統曰神龜之象上員法天下方法地背上盤法丘山玄文交錯以成列宿長尺二寸明吉凶不言而信者是也靈龜龜之有靈次神龜者雒書曰靈龜者玄文五色神靈之精也攝龜龜之小者腰甲曲折能自張閉者也寶龜傳國所宝者春秋經曰盜竊寶玉大弓公羊傳云寶者何龜青純何休云謂之寶者言世世保用之辭是也文龜甲有文彩者筮龜在蓍叢下者山龜生山中者澤龜生澤中者水龜生水中者火龜生火中者■書曰遺我大

寶龜此周書大誥文也　河圖至書有文引之以證龜甲有文彩也其實河圖洛書龜也非小經之寸龜取其一邊耳　云常在至龜策傳者龜策傳云傳曰上有擣蓍下有神龜又云聞蓍滿百莖者其下必有神龜守之其上常有青雲覆之傳曰天下和平王道得而蓍莖長丈其叢生滿百是也　云火龜猶火鼠耳者鼠龜不生於火故以火鼠論之也郭注山海經云今去天南東方理有蒼梧山海渡五千里許有火山國其山雖霖雨火常燃火中白鼠時出山邊求食人捕得之以毛作布名之火浣布是也

○釋鳥第十七　疏 說文云鳥者羽禽之揔名象形字左傳曰少皡氏以鳥名官之類此篇廣釋其名也

隹其鳺鴀　今鵓鳩　○鳺方扶切　鴀方浮切　疏 舍人曰隹一名夫不李巡曰今楚鳩也某氏引春秋云祝鳩氏司徒祝鳩即隹其夫不孝故爲司徒也郭云今鵓鳩詩曰翩翩者隹毛傳云隹夫不也

宿之鳥鄭箋云一宿者一意於所宿之木又云鳥之
雝雝者人皆愛之此是謹愨孝順之鳥也陸機云今
小鳩也一名鶉鳩幽州人或謂之鶻
鵃梁宋之間謂之隹揚州人亦然

鶌鳩鶻鵃 似山鵲而小短尾青黑色多聲今江東亦呼為鶻鵃○鶌居物切鶻音骨[redacted]音嘲

疏 春秋左氏傳云鶻鳩氏司事也杜注云鶻鳩鶻鵃
也春來秋去故為司事即此鶌鳩也舍人曰鶌鳩
一名鶻鵃今之斑鳩孫炎曰鶌一名鶻鳩月令云
鳴鳩拂其羽鄭玄云似山鵲而小短尾青黑色多聲今
江東亦呼為鶻鵃案舊說
及廣雅皆云斑鳩非也

鳲鳩鴶鵴 今之布穀也江東呼為獲穀○鳲音尸鴶古八切鵴音菊

疏 左傳云鳲鳩氏司空也詩召南云維鵲有巢維鳩
居之皆謂此也郭云今之布穀江東呼為獲穀案
春秋云鳲鳩戴勝謝氏云布穀類也陸機疏云
今梁宋之間謂布穀為鴶鵴一名擊穀一名桑鳩案

戴勝自生穴中不巢生而方言云戴勝非也

鸔烏鸔小黑鳥鳴自呼江東名為烏鸔○（鸔）音及（鸔）於封悲切【疏】鸔鳩一名鸔鵨郭云小黑鳥鳴自呼江東名為烏鸔

鵙鳩王鵙鵰類今江東呼之為鶚好在江渚山邊食魚毛詩傳曰鳥摯而有別○（鵙）七余切【疏】李巡曰王鵙一名鵙鳩郭云鵰類今江東呼之為鶚好在江渚山邊食魚詩周南云關關鵙鳩陸璣疏云鵙鳩大小如鴟深目目上骨露幽州謂之鷲而揚雄許慎皆曰白鷢似鷹尾上白[redacted]傳曰鳥摯而有別此即關雎傳文也摯與至通謂鳥中雌雄情意至厚而猶能有別故以興后妃說樂君子之情深猶能不淫其絕

鵅鵋䳢今江東呼鵂鶹為鵋䳢亦謂之鴝鵒○（鵅）音格（鵋）音忌（䳢）音欺【疏】鵅一名鵋䳢郭云今江東呼鵂鶹為鵋䳢亦謂之鴝鵒

鶹鵵軌 未詳 鴗天狗 小鳥也青似翠食魚江東呼為水狗○鵵音兔鴗音立 【疏】鴗一名天狗

鷚天鸙 鳥大如鷃雀色似鶉好高飛作聲今江東名之天鷚音謬○（鷚）亡侯切（鸙）音藥 【疏】鷚一名天鸙郭云大如鷃雀色似鶉好高飛作聲今江東名之曰天鷚音謬者詩豳風云綢繆牖戶取其音同故讀從之

鵱鷜鵞 今之野鵞○鵱音六（鷜）力于切 【疏】鵱鷜者野鵞之別名故郭云今之野鵞

鶬麋鴰 今呼鶬鴰○（鴰）古活切 【疏】鶬一名麋鴰郭云今呼鶬鴰

鸔烏鸔 水鳥也似鶂而短頸腹翅紫白背上綠色江東呼鸔音駁○（鸔）音洛鵅音剝 【疏】鸔一名鸔郭云水鳥也似鶂而短頸腹翅紫白背上綠色江東呼烏鸔

舒鴈鵞 江東呼鴚○（鴚）古[illegible]加 謂曰出如舒似鴈今 【疏】鵞一名舒鴈今江東呼鴚某氏云在

鵱鷜鵝今之野鵝李巡曰野曰鴈家曰鵝禮記

曰出如舒鴈[redacted]亂記文也案彼云私覿愉愉焉出如

舒鴈鄭注云威儀翔

然而有行列是也

舒鳧鶩鴨也〇鶩音木 疏 鶩鴨也一名舒鳧李巡曰野曰鳧家曰鶩禮記內則辨鳥之不

可食者云

舒鳧翠

鳽鵁鶄似鳧脚高毛冠江東人家養之以厭火災〇鳽音肩鵁音交鶄音精 疏 鳽鵁鶄一名鳽

鵜鴮鸅今之鵜鶘也好羣飛沈水食魚故名洿澤俗呼之為淘河〇鴮音鸅

鵜鶘音胡鴮音烏鸅音澤 疏 舍人曰鵜一名鴮鸅郭云今之鵜鶘也好羣飛沈水食魚故名洿澤

俗呼之淘河詩曹風云維鵜在梁陸機疏云鵜水鳥

形如鶚而極大喙長尺餘直而廣口中正赤頷下胡

大如數升囊若小澤中有魚便羣共抒水滿其胡

而棄之令水竭盡魚在陸地乃共食之故曰淘河

鶾，天雞。鶾雞赤羽。逸周書曰：文鶾若彩雞，成王時蜀人獻之。○鶾音汗。疏 鶾一名天雞，赤羽之鳥也。云逸周書曰者，雞是周書，篇不在尚書百篇內，故曰逸周書，今所謂及冢周書也。云文鶾若彩雞者，王會篇中文也。案彼云蜀人以文鶾，文鶾者若皐雞。孔晁注云：鳥有文彩者是也。云成王時蜀人獻之者，案彼孔晁注又云王城既成，大會諸侯及四夷，故知當成王時蜀人獻之也。

○十卷六

鷽，山鵲。似鵲而有文彩，長尾，觜腳赤。○鷽音握。疏 山鵲一名鷽。說文云：知來事鳥也。

鷣，負雀。鷣，鷂也。江東呼之為鷣，善捉雀，因名云。○鷣音淫。疏 鷣一名負雀。

齧齒，艾。未詳。鶨，鶟老。鳻鶨也，俗呼為癡鳥。○鶨丑絹切，鶟音突切。

疏 鶨一名鶟老。字林云：句喙鳥。

鳸鴳雀○鳸音戶鴳音晏
【疏】別二一名也郭云今鴳雀案舍人李巡孫炎郭氏皆斷老上屬鳸爲
下鳸解云鴳一名鴳老鴳一名鳸鳸雀也唯樊光斷
鴳鴳為句以老下屬注云春秋傳云九扈為九農正九
扈者春扈夏扈秋扈冬扈棘扈行扈宵扈桑扈老扈是
以老為下屬唯鴳不重耳杜預仍云老扈鴳鴳非郭義
桑鳸竊脂俗謂之青雀觜曲食肉好盜脂膏因名云【疏】桑鳸一名竊脂郭云俗謂之青
雀觜曲食肉好盜脂膏因名云鄭玄詩箋云竊脂肉
食陸璣毛詩疏云竊脂青雀也好竊人脯肉脂及筩
中膏故以為名竊脂也諸儒說竊脂皆謂盜脂膏即如
下云竊玄竊黃者豈亦為盜竊玄黃乎案下篇釋獸云
虎竊毛謂之虦貓如小熊竊毛而黃竊毛皆謂淺
毛竊即古之淺字但此鳥其色不純竊玄淺黑也竊
藍青也竊黃淺黃也竊丹淺赤也四色皆具則竊脂
為淺白也而諸儒以為盜竊脂膏者以此經下別云
桑鳸與竊玄竊黃等并列則為淺白者也春秋九扈
是也此自別一種青雀好竊脂肉目驗而然詩小雅

交交桑扈是也且鄭玄郭璞陸機皆當世名儒元容
不知竊脂為淺義脂為白色而待後人刊正也後人不
達此旨妄說
異端非也

鳲鳩剖葦 好剖葦皮食其中蟲因名云江東呼蘆虎似雀青斑長尾○鷯力周切

疏 鳲鷯一名剖葦郭云好剖葦皮食其中蟲因名云江東呼蘆虎似雀青斑長尾

桃蟲鷦其雌鴱 鷦䳂桃雀也俗呼為巧婦○鴱音艾

疏 舍人曰桃蟲名鷦其雌名鴱郭云鷦䳂桃雀也俗呼為巧婦此鷦鷯小鳥而生鵰鶚者也詩周頌云肇允彼桃蟲拚飛維鳥毛傳云桃蟲鷦也鳥之始小終大者陸機疏云今鷦鷯是也微小於黃雀其雛化而為鵰故俗語鷦鷯生鵰鄭詩箋云鷦之所為鳥題肩也或曰鴞皆惡聲之鳥其義未詳方言說巧婦之名自關而東謂之工爵或謂之過鸁或謂之女鴎自關而東謂之鸋鴂自關而西謂之桑飛或謂之懱爵是也

鶠鳳其雌皇 瑞應鳥雞頭蛇頸燕頷龜背魚尾五彩色高六尺許 [鶠] 鳳一名鶠郭云

瑞應鳥雞頭蛇頸燕頷龜背魚尾五彩色高六尺許

說文云神鳥也天老曰鳳像麟前鹿後蛇頸魚尾龍文龜背燕頷雞喙五色備舉出於東方君子之國翱翔四海之外過崑崙飲砥柱濯羽弱水莫宿丹穴見則天下大安寧字從鳥凡聲鳳飛群鳥從以萬數故鳳古作朋字山海經曰丹穴之山有鳥焉其狀如鶴五彩而文名曰鳳首文曰德翼文曰順背文曰義膺文曰仁腹文曰信是鳥也飲食自歌自舞見則天下大安寧京房易傳曰鳳皇高丈二漢時鳳皇數至漢書云高五六尺是說鳳皇之狀也

䳭鴒雝渠 雀屬也飛則鳴行則搖 [疏] 䳭鴒一名雝渠水鳥也即今鶺鴒 郭云雀屬也飛則鳴行則搖詩小雅云脊令在原陸璣疏云大如鷃雀長腳長尾尖喙背上青灰色腹下白頸下黑如連錢故杜陽人謂之連錢是也

鸒斯鵯鶋　雅烏也小而多群腹下白江東亦呼為鵯烏○鸒音預　鵯音匹

疏　鸒斯一名鵯鶋郭云雅烏也小而多群腹下白江東亦呼為鵯烏詩小雅云弁彼鸒斯毛傳云鸒鵯鶋然則此烏名鸒而云斯者語辭猶蓼彼蕭斯之類也小爾雅云小而腹下白不反哺者謂之雅烏說文字林皆云楚烏是也

燕白脰烏　脰頸○脰音豆

疏　脰頸也小爾雅云白項而群飛者謂之燕烏燕烏白脰烏是也

鴽鴾母　鵪也青州呼鴾母○鴽音如　鴾音謀

疏　李巡云鴽鴾一名鵪郭云鵪也青州呼鴾母田鼠所化者也月令季春田鼠化為鴽是也

密肌繫英　[illegible]釋名字誤重以有此

雟周　子雟鳥出蜀中○雟音攜

疏　子雟鳥也出蜀川說文云蜀王望帝化為子雟今謂之子規是也

燕燕乙詩云燕燕于飛一名玄鳥齊人呼鳦鳦音乙

疏燕燕又名鳦郭云一名玄鳥齊人呼鳦此燕燕取今之燕古人重言之詩云燕燕于飛漢書童謡云燕燕尾涎涎是也孫炎舍人以雟周燕燕鳦鳥一物三名郭所不取也詩云燕燕于飛者邶風衛莊姜送歸妾之詩也云一名玄鳥者月令仲春之月玄鳥至以其色玄故謂之玄鳥是也云齊人呼鳦者案商本紀云簡狄行浴玄鳥墮其卵取而吞之因孕生契諸緯候皆言簡狄吞鳦卵而生契是玄鳥又名鳦也

鴟鴞鸋鴂鴟類○鴟尺之切鴞音囂鸋音寧鴂音決

疏舍人云鴟鴞一名鸋鴂郭云鴟類詩豳風云鴟鴞鴟鴞毛傳云鴟鴞鸋鴂陸機疏云鴟鴞似黃雀而小其喙尖如錐取茅莠為巢以麻紩之如刺韈然縣著樹枝或一房或二房幽州人謂之鸋鴂或曰巧婦或曰女匠關東謂之過蠃關西謂之桑飛或謂之韈雀或曰巧女先儒皆以為今之巧婦郭注此云鴟類又注方言云鸋鴂鴟屬非此小雀明矣

是與先儒意異也今爾雅
以郭氏爲宗且依郭氏
狂茅鴟今鶴鴟也似鷹而白怪鴟即鴟鵂也見廣雅今江東通呼此屬爲怪鳥梟
鴟士梟○梟音驕
疏此別鴟類也茅鴟一名狂廣雅云茅鴟
鶴也郭云今鶴鴟也似鷹而白怪鴟廣
雅謂之鴟鵂郭云今江東通呼此屬爲怪鳥梟一名
鴟郭云士梟說文云梟食母不孝之鳥故冬至捕梟
磔之字從鳥首在木上詩陳風云墓門有梅有鴞萃
止毛傳云惡聲之鳥也一名鴟一名梟一名鴞大雅
瞻卬云爲梟爲鴟陸機云鴞大如斑鳩綠色惡聲之
鳥也入人家凶賈誼所賦鵩鳥是也其肉甚美可爲
羹臛又可爲炙漢供御物各隨其
時爲冬夏常施之以其美故也
鶅劉疾未詳生哺鷇鳥子須母食之生噣雛皆自食○釋音鷇古候切噣
音啄雛仕俱切
疏辨鳥子之異名也鳥子生須母哺而食名
鷇謂燕雀之屬也史記趙武靈王探雀鷇

而食之是也鳥生子而能自啄食者名雛謂鷄雛之屬也礼記内則云雛尾不及四握弗食是也

爰居雜縣國語曰海鳥爰居漢元帝時琅邪有大鳥如馬駒時人謂之爰居

疏爰居海鳥也大如馬駒一名雜縣漢元帝時琅邪有之國語曰海鳥爰居者案魯語云海鳥曰爰居止於魯東門之外三日臧文仲命國人祭之展禽曰越哉臧孫之爲政也夫祀國之大節也節政之所成也故制祭祀以爲國典今无故而加典非政之宜也今海鳥至已不知而祀之以爲國典難以言仁且知矣无功而祀之非仁也弗知而弗問非知也今茲海其有災乎夫廣川之鳥獸皆知辟其災是歲海多大風冬煖是其事也

春鳸鳻鶞夏鳸竊玄秋鳸竊藍冬鳸竊黃桑鳸竊脂棘鳸竊丹行鳸唶唶宵鳸嘖嘖諸鳸皆因其毛色音聲以爲名竊藍青色

○〔鳻〕音汾〔鶞〕勑倫切〔䳑〕音即〔嘖〕音責〔疏〕李巡云諸鳸別春夏秋冬四時之名皆常嘖嘖鳥聲貌也郭云諸鳸皆因其毛色音聲以爲名竊藍青色案昭十七年左傳云九扈爲九農正以此八鳸并上鳸鷃爲九賈逵注云春鳸鳻鶞趣民耕種者也夏鳸竊玄趣民耘苗者也秋鳸竊藍趣民收斂者也冬鳸竊黃趣民蓋藏者也棘鳸竊丹爲果驅鳥者也行鳸唶唶晝爲民驅鳥者也宵鳸嘖嘖夜爲農驅獸者也桑鳸竊脂爲蠶驅雀者也老扈鷃鷃趣民收麥令不得晏起者也舍人樊光注尒雅其言亦與賈同其意皆謂以鳸爲官還令依此諸鳸而勑作也然則趣民耕耘及收斂蓋藏其事可得召民使聚而懲沉於之其爲果驅鳥爲蠶驅雀豈得多置官方使之就果樹入蠶室爲民驅之哉及晝驅鳥夜驅獸不可竟日通宵常任田野專天之下何以可周且其言不經難可據信也故郭氏及杜預皆不從也

鵖鴔戴鵀 鵀即頭上勝今亦呼爲戴勝鵖鴔猶鶝鵖語聲轉耳○〔鵖〕彼及切〔鴔〕皮及切〔鵀〕音賃

疏 李巡云戴勝一名鵖鴔郭云鵀即頭上勝今亦呼為戴勝鵖鴔猶鶝鶔語聲轉耳月令季春云戴勝降于桑方言云燕之東北朝鮮洌水之間謂之鶝鵖自關而東謂之戴鵀或謂之戴鳻或謂之戴勝東齊吳楊之間謂之鵖鴔自關而西謂西謂之服鶝或謂之鶝鶔

鶭澤虞 今婟澤鳥似水鴞蒼黑色常在澤中見人輒鳴喚不去有象主守之官因名云俗呼為護田鳥 ○鶭 孚往切 疏 澤虞一名鶭郭云今婟澤鳥似水鴞蒼黑色常在澤中見人輒鳴喚不去有象王守之官因名云俗呼為護田鳥說文云婟嫪也聲類云婟嫪戀惜也以此鳥恋惜池澤見人不去因名婟澤鳥也

鷀鷧 即鸕鷀也觜頭曲如鉤食魚 ○鷀音慈鷧於計切 疏 別二名也字林云似鶂而黑郭云即鸕鷀也

鷯鶉其雄鶛牝痺 鶉鷂屬○（疏）李巡曰別雄雌異

方之言鶉一名鷯其雄名鶛其牝名痺郭云鶉鷂屬鷂即上云

鴽鵪母田鼠所化者鶉舊云蝦蟇所化者也

鸍沈鳧 似鴨而小長尾背上有文今江東亦呼為鸍○鸍音施 （疏）鸍一名沈鳧郭云似鴨而

小長尾背上有文今江東亦呼為鸍陸機云大小如

鴨青色卑脚短喙水鳥之謹愿者也大雅云鳧鷖在涇

鴢頭鵁 似鳧脚近尾畧不能行江東謂之魚鵁音髐箭○（鴢）音幽（鵁）許交切

（疏）鴢一名頭鵁郭云似鳧脚近尾畧不能行江東謂

之魚鵁音髐箭讀為鵁鶄之鵁故音山海經云

青要山吟水出焉北注河其中有鳥名鴢

狀如鳧青身朱目赤尾食之宜子是也

鵽鳩寇雉 鵽大如鴿似雌雉鼠脚無後指岐尾為鳥

憨急羣飛出北方沙漠地○（鵽）丁刮切

（疏）寇雉一名鵽鳩郭云鵽大如鴿似雌雉鼠脚無後

指岐尾為鳥憨急羣飛出北方沙漠地又謂之涣

洪下云鷃雉

洪洪是也

萑老鵵木兔也似鴟鵂而小兔頭有角毛腳夜飛好食雞○萑音丸（疏）老鵵一名萑郭云木兔也似鴟鵂而小兔頭有角毛腳夜飛好食雞

鶟鶘鳥似雉青身白頭○鶟音突鶘音胡（疏）鶟鶘鳥名也郭云似雉青白頭

狂䴈鳥狂鳥五色有冠見山海經（疏）䴈鳥一名狂五采之鳥也山海經者案大荒西經云栗廣之野有五采之鳥有冠名曰狂鳥是也

皇黃鳥俗呼黃離留亦名摶黍（疏）舍人曰皇名黃鳥郭云俗呼黃離留亦名摶黍詩周南云黃鳥于飛陸機疏云黃鳥黃鸝留也或謂之黃栗留幽州人謂之黃鸎一名倉庚一名商庚一名鵹黃一名楚雀齊人謂之摶黍常葚熟時來在桑間故里語曰黃栗留看我麥黃葚熟亦是應節趨時之鳥

也自此以下諸言倉庚商庚鶩黄楚雀倉庚黧黄之文與此一也

翠鷸似燕紺色生鬱林○鷸音聿 (疏)李巡曰鷸一名為翠其羽可以為飾樊光云青州出交川郭云似燕紺色生鬱林說文云翠青羽雀也案漢書尉佗獻文帝翠鳥毛然則鷸羽可以飾器物故僖二十四年左氏傳鄭二臧好聚鷸冠是也

鶌山烏似烏而小赤觜穴乳出西方○鶌音屈 (疏)山烏名鶌

蝙蝠服翼齊人呼為蟙蠼或謂之仙鼠 (疏)蝙蝠一名服翼郭云齊人呼為蟙蠼或謂之仙鼠方言云蝙蝠自關而東謂之服翼或謂之老鼠自關而西秦隴之間謂之蝙蝠北燕謂之蟙蠼

晨風鸇鶚屬詩曰鴥彼晨風○鸇之然切 (疏)舍人曰晨風一名鸇鸇摯鳥也郭云鷂屬陸機云鸇似鷂黄色燕頷勾喙嚮風搖翅乃因風飛急疾擊鳩鴿燕雀食之鴥彼晨風詩秦風晨風篇文也

鸉白鷢○似鷹尾上白○鷢巨月切疏鸉鳥一名白鷢郭云似鷹尾上白

寇雉泆泆即鴳鳩也鳭鷣母似烏鷐而大黃白雜文鳴如鴿聲今江東呼為蚊母俗說此鳥常吐蚊因以名云○鳭音田鷣音文疏鳭鷣一名鷣母鷣蚊音義同

鷉須鸁鷉鷿鷈似鳧而小膏中瑩刀○鷉音梯鸁音螺疏鷉一名須鸁郭云鷉鷿鷈似鳧而小膏中瑩刀

鼯鼠夷由狀如小狐似蝙蝠肉翅翅尾項脅毛紫赤色背上蒼艾色腹下黃喙頷雜白脚短爪長毛三尺許飛且乳亦謂之飛生聲如人呼食火烟能從高赴下不能從下上高○鼯音吾疏鼯鼠一名夷由

倉庚商庚即鶩黃也鴩餔敊未詳鷹鶆鳩鶆當為鷞字之誤耳左傳作鷞鳩是也○鶆大結切餔音步敊音豉疏樊光曰來鳩鷞鳩也春秋曰鷞鳩氏司寇鷹鷙鳥故為司寇

郭云鳺當爲鶌字之誤耳左傳曰鶌鳩是也案昭十
七年左傳郯子曰少皥氏以鳥名官爽鳩氏司寇也
杜注云爽鳩鷹也鷙故
爲司寇主盜賊是也

鶼鶼比翼 記已在上 疏 鶼鶼比翼鳥名也說在釋地篇故注云說已在上

鵹黃楚雀 即倉庚也 ○鵹音離

鴷斲木 口如錐長數寸常斲樹食蟲因名云 ○鴷列

疏 斲木鳥一名鴷郭云口如錐長數寸常斲樹食蟲因名云

鷔鸍鶻 似鳧蒼白色 鸍激鶻音唐鶻音徒 ○鷔音 疏 鷔一名鸍鶻郭云似鳧蒼白色

鸍諸雉 未詳或云即今雉

路鷺春鉏 白鷺也頭翅背上皆有長翰毛今江東人取以爲睫擁名之曰白鷺纕 ○鉏音鋤 疏 鷺云名春鉏郭云白鷺也詩陳風云值其鷺羽陸機疏云鷺水鳥也好而絜白故謂之白鳥齊魯之間謂之春鉏遼東樂浪吳楊人皆謂之白鷺青脚高尺七八寸

尾如鵲尾喙長三寸頭上有長毛十數枚長尺餘毿
毿然與衆毛異好欲取魚時則弭之今吳人亦養焉
是威王時有朱鷺合沓飛翔而來舞則復有赤者
舊鼓吹朱鷺曲是也然則鳥名白鷺赤者少耳
鷂雉青質五采○鷂音曜鷮雉即鷮雞也長尾走且鳴○鷮音驕鳪雉黃色鳴自
呼○鳪音卜鷩雉似山雞而小冠背毛黃腹下赤項綠色鮮明秩秩海雉如雉而
黑在海中山上鸐山雞長尾者○鸐音狄鶾雉鵫雉今白鵫也江東呼白鵫亦
名白雉○鶾音汗鵫丁卓切雉絕有力奮最健鬬伊洛而南素質
五彩皆備成章曰翬翬亦雉屬言其毛色光鮮○翬音暉江淮而南
青質五采皆備成章曰鷂即鷂雉也南方曰𠷣東方曰
鶅北方曰鵗西方曰鷷說四方雉之名○𠷣音疇鶅音甾鵗音希鷷音尊

别諸雉之名也鷂雉者郭云青質五采即下文江淮而南者是也云鷮雉者郭云即鷮雞也長尾走且鳴說文云鷮長尾雉走鳴乘輿以尾為防釳著馬頭上詩小雅云有集維鷮陸機疏云鷮微小於翟也走而且鳴曰鷮鷮其尾長肉甚美故林木山下人語曰四足之美有麃兩足之美有鷮麃者似鹿而小是也山海經云尸山其鳥多白鷮云鳪雉者雉之黄色自呼者名鳪云鷩雉者案山海經北山之上鳥多赤鷩郭注云即鷩雉也尚書謂之華蟲周礼春官司服職云鷩冕七章之服也畫此鷩雉郭云似山雞而小冠背毛黄腹下赤項緑色鮮明云秩秩海雉者海雉一名秩秩郭云如雉而黑在海中山上云鸐山雉者山雉一名鸐郭云尾長者今俗呼山雞是也云雗雉鵫雉者别一名雗郭云今白鵫也江東呼白雗亦名白雉云雉絶有力奮者雉之壯大有力能鬬者名奮郭云最健鬬云伊洛而南素質五采皆備成章曰翬者李巡曰素質五采備具文章鮮明曰翬孫炎曰翬雉白質五色為文也郭云翬亦雉屬言其毛色光

鮮王后之服以為飾案周禮內司服云王后之六服褘衣鄭注云王后之服則繒為之形而采畫之綴於衣以為文章褘衣畫翬者是也云江淮而南青質五采皆備成章曰鷂者有雉青質五采備具而成文章名曰鷂雉郭云即鷂雉也亦王后之服以為飾周禮云揄狄鄭注云揄狄畫搖者是也搖與鷂音義同云南方[redacted]東方曰鶅北方曰鵗西方曰鷷者郭云說四方雉之名左傳曰五雉為五工正杜預取四方之雉并上翬雉以為五也必取翬雉者伊洛土之中區故與四方之雉為五也樊光賈逵以此五雉分屬五工無所憑據不可采
用故畧而不言

鳥鼠同穴其鳥為鵌其鼠為鼵鼵如人家鼠而短尾鵌似鵽而小黃黑色穴入地三四尺鼠在內鳥在外今在隴西首陽縣鳥鼠同穴山中孔氏尚書傳云共為雌雄張氏地理記云不為牝牡○鵌音徒鼵音突

疏尚書禹貢云導渭自鳥鼠同穴不言鳥獸之名故此釋之也李

巡云鵌鷂鳥鼠之名其處一亢天性然也孔氏尚書
傳云共為雌雄張氏地理記云不為牝牡郭氏並載
此言未知誰
得其實也

鸛鷒鶝鶔如鵲短尾射之銜矢射人或説曰鸛鷒鶝鶔一名墮婁羿○鸛音歡鷒音團鶝音福鶔音柔射食亦切疏鸛鷒一名鶝鶔郭云或曰鸛鷒鶝鶔一名墮婁羿案字書一墮婁古以為羿精字羿古之善射者此言鳥捷勁雖羿之善射亦觧惰不敢射也故以名云郭璞讃云鸛鷒之鳥一名墮婁羿厖弦銜鏑矢不著地逢蒙縮手養由不睨

鶌鳭醜其飛也翪竦翅上下○翪音宗疏鳭伯勞也翪竦也醜類也鶌鳭之類不能翱翔遠飛但竦翅上下而已

鳶烏醜其飛也翔布翅翱翔○鳶音玄疏鳶鴟也烏烏之類其飛也布翅翱翔

鸃隼醜其飛也翬鼓翅翬翬然疾 疏 舍人曰謂隼鷂之屬也翬翬其飛疾羽聲也郭云鼓翅翬翬然疾是急疾之鳥也說文云隼鷙鳥也陸機云隼鷂屬出齊人謂之擊征或謂之題肩或謂之雀鷹化爲布穀者是也

鳧鴈醜其足蹼脚指間有幕蹼屬相著○蹼音卜其踵企飛卽伸其脚跟企 疏 鳧水鳥也鴈陽鳥也蹼猶蹼屬相著之謂也踵脚跟也鳧鴈之類脚指間有幕蹼屬相著飛則伸其脚跟企直也

烏鵲醜其掌縮飛縮脚腹下 疏 掌足也烏鵲之類飛時縮足於其腹下

亢鳥嚨嚨謂喉嚨亢卽咽其粻嗉嗉者受食之處別名嗉今江東呼粻○亢戶郎切嗉音素 疏 別鳥咽嗉之名也亢者鳥喉嚨也其受粻處名嗉郭云嚨謂侯嚨亢卽咽也嗉者受食之

鴽別名嗉今江東呼粸

鶉子鳼鴽子鸋 別鵪鶉雛之名○鳼音文 疏 別鵪鶉鴽之名也鶉之子雛名鳼鴽之子雛名鸋

雉之暮子爲鷚 晚生者今呼少雉爲鷚○鷚力救切 疏 鷚是雉晚生者今呼少雉爲鷚

鳥之雌雄不可別者以翼右掩左雄左掩右雌

疏 鄭詩箋云陰陽相下之義也

鳥少美長醜爲鶹鷅 鶹鷅猶留離詩所謂留離之子○長丁丈切鶹音留鷅栗

疏 鳥之少爲子者美長食母而醜其名爲鶹鷅郭云鶹鷅猶留離詩之子者詩邶風云瑣兮尾兮流離

離之子陸機疏云流離梟也自關而西謂梟為流離
其子適長大還食其母故張奐云鶹鷅食母許慎云
梟不孝鳥是
也流與鶹同

二足而羽謂之禽四足而毛謂之獸〔疏〕別禽獸之異也凡語有通別別而言之羽則曰禽毛則曰獸所以然者禽者擒也言鳥力小可擒捉而取之獸者守也言其力多不易可擒先須圍守然後乃獲故曰獸也通而為說鳥亦可曰獸獸亦可曰禽故曲禮鸚鵡不曰獸而猩猩通曰禽也易云王用三驅失前禽則驅走者亦曰禽也又周禮司馬職云大獸公之小禽私之以此而言則禽未必皆鳥也又鄭玄注周禮云凡鳥獸未孕曰禽周禮又云禽作六贄卿羔大夫鴈白虎通云禽者鳥獸之總名以其小獸可擒故得通名禽也

鶪伯勞也似鶷鶡而大左傳曰伯趙是○〔鶪〕工役切〔疏〕李巡云伯勞一名鶪樊光曰春

秋傳曰少皡氏以鳥名官伯趙氏司至伯趙鵙也以夏至來冬至去郭云似鶷鶡而大陳思王惡鳥論曰伯勞以五月鳴應陰氣之動陽氣為仁養陰為殺殘賊伯勞蓋賊害之鳥也其聲鵙鵙故以其音名云月令仲夏之月鵙始鳴是也云似鶷鶡而大者字林云鶷鶡似伯勞而小故也云左傳伯趙氏者案昭十七年云伯趙氏司至者也杜注云伯趙伯勞也以夏至鳴冬至止是也

倉庚鵹黄也 其色鵹黑而黄因以名云○鵹力知切

疏 即上鵹黄也郭云其色鵹黑而黄因以名云

爾雅注疏卷第十

爾雅注疏卷第十一

◯釋獸第十八 疏 釋鳥曰四足而毛謂之獸說文云獸守備也此篇釋其名狀故曰釋獸

麋牡麔牝麎其子䴢國語曰獸長麑䴢其跡躔脚所踐處絕有力狄◯麔音咎麎音辰䴢於兆切 疏 此釋麋之種類也說文云麋鹿屬也冬至解其角春秋莊十七年冬多麋麋揔名也其牡者名麔其牝者名麎詩吉日云其麀麎孔有是也其所生之子名䴢其脚跡所踐之處名躔其絕異壯大有力者名狄也◯國語曰獸長麑䴢者此魯語文也魯宣公夏濫於泗淵里革斷其罟而棄之曰且夫山不槎蘖澤不伐夭魚禁鯤鮞獸長麑䴢鳥翼鷇卵蟲舍蚳蝝蕃庶物也古之訓也今魚方別孕不教魚長又行網罟貪無藝也韋昭云鹿子曰麑麋子曰䴢是其事也

鹿牡麚牝麀其子麛其跡速絕有力麉麚音加麀於牛切麛音迷麉音堅【疏】此辨鹿之種類也說文云鹿解角獸也羣粹善走者也其牡名麚其牝名麀詩小雅云麀鹿麌麌其跡名速絕有力者名麉

麕牡麌詩曰麀鹿麌麌鄭康成解即謂此牝但重言耳○麕音君麌魚矩切

牝麜其子麆其跡解絕有力豣麜栗麆助五見切【疏】辨麕之類說文云麕麞也麕其摠名也牡名麌牝名麜其子名麆其跡名解絕有力名豣○詩曰者小雅吉日篇文也鄭箋云麕牡曰麌麌復麌麌言多也是鄭康成解即謂此也云但重言耳者謂再言麌麌也

狼牡獾牝狼其子獥絕有力迅獥音亦【疏】此辨狼之種類也舍人曰狼牡名獾牝名狼其子名獥絕有力者名迅孫炎曰迅疾也詩齊風云並驅從兩狼兮陸機疏

云其鳴能小能大善爲小兒啼聲以誘人去數十步其猛健者雖善用兵者不能免也其膏可煎和皮可爲裘故禮記狼臅膏又曰君之右虎裘厥左狼裘是也

兔子嬎俗呼曰䨲其跡迒絕有力欣嬎芳萬切迒音剛

疏此辨兔之種類也崔豹古今注云兔有九孔論衡曰兔舐毫而孕及其生子從口而出其子名嬎郭云俗呼曰䨲其跡名迒字林云迒兔道也絕有力名欣

豕子豬今亦曰彘江東呼豨皆通名𧳜豶俗呼小豶豬爲豬子○𧳜音偉豶音墳幺幼最後生者俗呼爲幺豚○幺音腰奏者豱今豱豬短頭皮理腠蹙○奏腠豱溫豕生三豵二師一特豬生子常多以別其少者之名○豵音宗所寢橧橧其所臥蓐○橧音繒四豴皆白豥詩云有豕白蹢蹢蹄也○豴音滴豥音亥其跡刻絕有力

豟即豕高五尺者○豟音厄牝豝詩云壹發五豝○豝音巴[疏]此辨豕之種類也其子名豬郭云今亦曰彘江東呼豨音通名也說文云豬豕而三毛叢居者字林云豕後蹄發謂之豝小爾雅云彘豬也其子曰豚大者謂之豝方言云北燕朝鮮之間謂之豭關東西或謂之彘或謂之豕南楚謂之豬其子或謂之豚或謂之豯吳揚之間謂之豬子云豬豯者今人曰豝一名豯郭云俗呼小豶豬為豬子謂豶豯豬也云幺幼者豕之最後生者名也郭云最後生者俗呼為幺豚云奏者豱者謂皮理腠蹙者名豱郭云今豱豬短頭皮理腠蹙云豕生三豵二師一特者郭云豬生子常多故別其少者之名詩召南云一發五豵鄭箋云豕生三曰豵張逸問曰豕生三曰豵不知母豕也豚也豯曰豚也過三以孔猶謂之豵以其三以上更無名也故知過三亦為豵其生子二者為師一者為特云所寢檜者郭云檜其所臥蓐方言云其檜又蓐曰檜是也舍人曰豕所寢草名為檜其氏曰臨淮人謂野豬所寢為[illegible]李巡曰豬臥處名[illegible]

猶是所居之處云四蹢皆白豥者蹢蹄也豕四蹄皆白名豥其跡名刻絕有力名豜即下篇豕高五尺者也云豜肥者豕之壯者名豜云有豕白蹢者小雅漸漸之石篇文也案詩箋云白蹢不云豥則豥不知幾蹄白自兩鄭氏引之者以爾雅主謂釋詩中豕白蹢唯此而已故知本以訓此也鄭箋以豥為豜者蹢疾之言也豜與豣字異義同云一發五豝者召南騶虞篇文也毛傳云豕牝曰豝虞人翼五豝以待公之發鄭箋云君射一發而翼五豝者戰禽獸之命必戰之者仁心之至是也

虎竊毛謂之虦貓 竊淺也詩曰有貓有虎

【疏】竊淺也虎之淺毛者別名虦貓云詩曰有貓有虎者詩大雅韓奕篇文也

貘白豹 似熊小頭庳腳黑白駁能舐食銅鐵及竹骨骨節強直中實少髓皮辟濕或曰豹白色者別名貘音陌

【疏】貘一名白豹字林云似熊而白黃出蜀郡一曰白豹

彪白虎漢宣帝時南郡獲白虎獻其皮骨爪牙○彪音舍[宋]白虎一名彪

虪黑虎漢永嘉四年建平秭歸縣檻得之狀如小虎而黑毛深者爲斑山海經云幽都山多玄虎玄豹也○[說]黑虎一名[虪]山海經云幽都山多玄[虪]式六切虎玄豹者案海內經云北海之內有山名曰幽都之山黑水出焉其上有玄鳥玄蛇玄豹玄虎是也

貀無[redacted]足晉太康七年召陵扶夷縣檻得一獸似狗豹立有角無[redacted]即以種類也或說貀似虎而黑無兩足[貀]切[餘]字林云獸无前足似虎而黑者名貀

鼨鼠身長須而賊秦人謂之小驢鼨似鼠而馬蹄一歲千斤爲物[redacted][說]鼨獸名也身如鼠有長須而賊害於物秦人呼爲小驢

熊虎醜其子狗絕有力麙律曰捕虎一購錢三千其狗半之○[麙]音嫌

【疏】䝙類也熊虎之類其子名狗絶有力名麙郭云律曰捕虎一購錢三千其狗半之此當時之律也引之以證虎子名狗之義也

貍子隸 今亦或呼豾貍 ○【音義】隸音肆 【疏】字林云貍伏獸似貙其子名隸郭云今或呼豾貍者字林云豾貍也

貈子貆 其雌者名㹢今江東呼貉爲㹢狚 ○【音義】㹢乎各切狚丁旦切 【疏】字林云貈似狐善睡其子名貆郭云其雌者名㹢今江東呼貉爲㹢狚字林云㹢貍類㹢謂之㹢廣雅云㹢貈然則皆貈之通名也

貒子貗 貒豚也一名貛 ○【音義】貒音端貗其禹切 【疏】字林云貒獸似豕而肥其子名貗

貔白狐其子豰 一名執夷虎豹之屬 ○【音義】貔音毗豰火卜切 【疏】字林云貔豹屬一名白狐其子名豰郭云一名執夷虎豹之屬詩大雅云獻其貔皮陸機疏云貔似虎或曰似熊一名執夷一名白

狐貉遼東人謂之白羆

麔父麢足 腳似麢有香 ○父音甫 疏 字林云小鹿有香其足似麞故云麢足

豺狗足 腳似狗 疏 說文云豺狼屬狗聲郭云腳似狗貪殘之獸左傳云戎狄豺狼不可厭也

貙獌似貍 今山民呼貙虎之大者為貙豻 ○貙音樞獌音万豻音岸 疏 字林云貙似貍而大一名獌郭云今山民呼貙虎之大者為貙豻字林云豻胡地野狗似狐黑喙皆貙之類故又呼貙豻

羆如熊黃白文 似熊而長頭高腳猛憨多力能拔樹木關西呼曰貑羆 疏 舍人曰羆如熊色黃白也郭云似熊而長頭高腳猛憨多力能拔樹木關西呼曰貑羆詩大雅韓奕云赤豹黃羆陸璣疏云羆有黃羆有赤羆大於熊其脂如熊白而粗理不如熊白美也

麢大羊 麢羊似羊而大角員銳好在山崖間 ○麢音鈴 疏 羊之大者名麢郭云麢羊似羊

五二二

而大角貟銳好在山崖間陶注本草云今出建平宜都諸蠻中及西域多兩角有一角者爲勝角甚多節蹙蹙貟繞別有山羊角極長唯一邊有節節亦疎大而不入用羌夷云只此名麢羊

麐麕身牛尾一角漢武帝郊雍得一角獸若麃然謂之麟者此是也麃即麞○麐音京麃音砲

疏麐麕麞也大麕牛尾一角者名麐即所謂麟也郭云漢武帝郊雍得一角獸若麃然謂之麟者此是也案漢書郊祀志文也

麔大麕旄毛狗足旄毛獵長○麔音九旄音[illegible]

疏麔麕亦麞也旄毛濃長毛也大麕毛長狗足名麔山海經云女几山其獸多麖麂

貔如小熊竊毛而黃今建平山中有此獸狀如熊而小毛麤淺赤黃色俗呼爲赤熊貔音[illegible]

疏竊淺也獸如小熊淺毛而黃者名曰貔

貏貐類貙，虎爪，食人，迅走。迅，疾。○貏，烏八切；貐，羊主切。

疏 迅，疾也。貏貐之獸，其狀類貙，而虎爪，食人，疾走。山海經云：少咸山有獸焉，其狀如牛而赤身、人面、馬足，名曰窫窳，其音如嬰兒，食人。其名與此同，其狀與此異。

狻麑如虦貓，食虎豹。即師子也，出西域。漢順帝時疏勒王來獻犎牛及師子。穆天子傳曰：狻猊日走五百里。

疏 即師子也，出[illegible]虎豹者也。或其狀如虦貓，食虎豹。一云漢順帝時疏勒王來獻犎牛及師子。案後漢帝紀云：孝順帝諱保，安帝之子也。陽嘉二年六月，疏勒國獻師子、封牛。封牛注別有[illegible]。東觀記曰：疏勒王盤遣使文時詣闕獻師子，似虎，正黃，有[illegible]耏毛，端茸毛大如斗。封牛，其領上肉隆起若封然，因以名之，即今之峯牛是也。云穆天子傳曰狻猊日走五百里者，案穆天子傳云：柏夭曰：名獸使足走千里，狻猊野馬走五百里是也。

驨如馬一角不角者騏元康八年九真郡獵得一獸大如馬一角角如鹿茸此驨也今深山中人時或見之亦有無角者○驨胡圭切疏驨獸名也狀如馬一角不角者名騏

羱如羊羱羊似吳羊而大角角橢出西方羱音元疏字林云野羊大角者也郭云羱羊似吳羊而大角角橢出西方橢謂狹而長

麐麕身牛尾一角角頭有肉公羊傳曰有麐而角○麐音鄰疏李巡曰麐瑞應獸名孫炎曰靈獸也京房易傳曰麐麕身牛尾狼額馬蹄有五采腹下黄高丈二詩周南云麟之趾毛傳云麟信而應禮以足至者也鄭箋云麟角之末有肉示有武而不用陸璣疏云麟麕身牛尾馬足黄色員蹄一角角端有肉音中鍾呂行中規矩遊必擇地詳而後處不履生蟲不踐生草不羣居不侶行不入陷阱不罹羅網王者至仁則出今并州界有麟大小如鹿非瑞麟也故司馬相如賦曰射麋腳麟謂此麟也

一云公羊傳者案春秋哀十四年春西狩獲麟公羊傳云有以告者[redacted]有麕而角者孔子曰孰謂來哉孰謂來哉是其事也

猶如麂善登木 健上樹 麂音几 疏 說文云猶玃屬也其狀如麂爲獸捷健善能上樹

貄脩毫 毫毛長 貄音四 疏 脩長也廣雅云貄毛謂之毫言貄獸身多長毛

貙[redacted]貍 今貙虎也大如狗文如貍 疏 貙與大文如貍

兕似牛 一角青色重千斤 疏 郭璞云一角青色重千斤說文云兕如野牛青毛其皮堅厚可制鎧交州記曰兕出九德有角角長三尺餘形如馬鞭柄

犀似豕 形似水牛猪頭大腹痺脚脚有三蹄黑色三角一在頂上一在頭上一在鼻上鼻上者即食角也小而不惰好食棘亦有一角者 ○ 惰音墮 疏 劉歆期交州記曰犀出九德毛如豕蹄有甲頭

似馬吳錄地理志云武陵阮南縣皆以南有犀

彙毛刺 今蝟狀似鼠○（彙）音謂刺音次 疏 彙即蝟也其毛如劍

狒狒如人被髮迅走食人 梟羊也山海經曰其狀如人面長脣黑身有毛反踵見人則笑交廣及南康郡山中亦有此物大者長丈許俗呼之曰山都○（狒）音費（被）音備

疏 狒狒獸名狀如人被髮疾走食人山海經謂之梟羊文謂之顫周書王會云州靡謂之吐嘍一云山𤢖經曰若海内南經文也案彼文云梟羊在北朐之西其狀人面長脣有毛反踵見人笑亦笑左手操管又海內經云笑則脣蔽其面因可逃也故郭讚云狒狒之怪萌被髮操竹獲人則笑脣蔽其目終亦號咷反為我戮彼是也一云反踵者踵跟反向也大傳一云周成王時州靡國獻之也○（顫）音感

貍狐貒貈醜其足蹯 皆有掌蹯○（蹯）音煩 **其跡内** 内指頭處○（内）音𨀁

疏 說文云■掌也此四獸之類皆有掌蹯宣二年左傳云宰夫胹熊蹯是其類也其指頭著地處名㕙

蒙頌猱狀 即蒙貴也狀如蜼而小紫黑色可畜健捕鼠勝於貓九真日南皆出之猱亦獼猴之類○猱奴刀切 疏 蒙頌一名蒙貴狀似猱故曰猱狀

猱蝯善援 便攀援○蝯音袁 疏 猱一名蝯善攀援郭云便攀援者便謂便捷也

玃父善顧 貑玃也似獼猴而大色蒼黑能攫持人如顧盼○玃音矍父音甫 疏 大猨也能攫持人又善顧盼因名云

威夷長脊而泥 泥少才力 疏 泥弱也威夷之獸長脊而劣弱少才力也

麐麐短脰 脰項 疏 脰項也麐麐之獸首短項

贙有力 出西海大秦國有養者似狗多力獷惡○贙音鉉 疏 贙似犬之獸名也

豦，迅頭。今建平山中有豦，大如狗，似獼猴，黃黑色，多髯鬣，好奮迅其頭，能舉石擿人，玃類也。○（豦）音據。

蜼，卬鼻而長尾。蜼似獼猴而大，黃黑色，尾長數尺，似獺，尾末有歧，鼻露向上，雨即自縣於樹，以尾塞鼻，或以兩指。江東人亦取養之，為物捷健。○（蜼）音誄。【疏】蜼亦猴類之獸，鼻卬而尾長大。山海經曰：鬲山多蜼是也。

時，善乘領。好登山峯。○（乘）音承。【疏】好登山峯之一人也。

猩猩小而好啼。山海經曰：人面豕身，能言語。今交阯封谿縣出猩猩，狀如獾㹠，聲似小兒啼。【疏】能言獸也。曲禮曰：猩猩能言。周書王會曰：都郭狌狌欺羽，狌狌若黃狗，人面能言。注云：山海經若海內南經文也。

闕洩，多狃。說者云：脚饒指，未詳。○（闕）其月切，（狃）音紐。【疏】舊說以為闕洩獸名，其脚多狃。

狃也然其形所未詳聞

寓屬

疏 寓寄也言此上獸屬多寄寓木上故題云寓屬

鼢鼠 地中行者○鼢音墳 鼸鼠 以頰裏藏食○鼸胡忝切 鼷鼠 有螫毒者○鼷音奚 鼶鼠 夏小正曰鼶鼬則穴○鼶音斯 鼬鼠 今鼬似鼦赤黃色大尾啖鼠江東呼為鼪○鼬音右鼪音生 鼩鼠 小鼱鼩也亦名䶉鼩○鼩音劬 鼭鼠 未詳 鼣鼠 山海經說獸云狀如鼣鼠然形則未詳○鼭音時鼣音吠 鼫鼠 形大如鼠頭似兔尾有毛青黃色好在田中食粟豆關西呼為鼩鼠見廣雅○鼫音石鼩音瞿 鼤鼠 鼨鼠 皆未詳○鼤音文鼨音終 豹文鼮鼠 鼠文彩如豹者漢武帝時得此鼠孝廉郎終軍知之賜絹百匹○鼮音廷 鼰鼠 今江東山中有鼰鼠狀如鼠而大蒼色在樹木上音巫覡○鼰胡見切

疏 此別鼠屬也云鼢鼠者郭云地中行者鼢

文云地中行鼠伯勞所作也一黄雅云鼹鼠也方言鼢
名犂鼠即此鼠也謂起地若犂因名云云鼢鼠者大
戴礼云田鼠者鼹鼠也鼹是煩重褁藏食之名鼠若此
者因名鼹鼠者李巡曰鼮鼩鼠郭云有螫毒者是如
今鼠狼春秋成七年食郊牛角者是也博物志云鼠
之最小者或謂之鼷鼠何休亦云鼷鼠者鼠中之微
者云鼶鼠者似鼬之鼠也郭云夏小正曰鼶鼬則穴
者在九月云鼩鼠者字林云如鼠赤黄而文郭云今
鼬似鼶赤黄色大尾啖鼠江東呼為鼪即莊子云
騏驥驊騮捕鼠不如狸狌是也一鼩鼠者鼱鼩小鼠也
本云一名鼷鼠郭云小鼱鼩也亦名鼷鼩云鼫鼠者
孫炎曰五技鼠許慎云鼫鼠五技能飛不能上屋能
游不能渡谷能緣不能窮木能走不能先人能穴不
能覆身此之謂五技蔡邕以此為螻蛄郭云形大如
鼠頭似兔尾有毛青黄色好在田中食粟豆關西呼
為鼩鼠見廣雅鼩音瞿今本作鼩誤也案詩魏風云
碩鼠碩鼠陸璣疏云今河東有大鼠能人立交前兩
脚於頸上跳舞善鳴食人禾苗人逐則走入樹空中

亦有枝或謂之雀鼠案此與郭氏所説同云豹文鼮
鼠者郭云鼠文彩如豹者漢武帝時得此鼠孝廉郎
終軍知之賜絹百匹者案漢書云終軍字子雲濟南
人也少好學以辯博能屬文初入關棄繻而去至長
安上書拜為謁者給事中使南越為呂嘉所殺死時
年二十餘故世謂之終童武帝嘗得豹文鼠終軍以
爾雅辨其名故受賜也鼲鼠者鼲鼠名也郭云今江
東山中有鼲鼠狀如鼠而大蒼色在樹木上山海
經説獸云狀如鼲鼠者案中山經云倚帝之山其上多
玉下多金有獸焉狀如鼣鼠白耳白喙名狙如見則其國
有大兵是

鼠屬

（疏）言此上皆鼠之屬類也鼠小獸
也亦四足而毛故於此釋之案
字林云鼸鼠即鼬鼠也今郭氏分為二又
説文云鼨豹文鼠也今郭氏以豹文下屬
未知孰是
故略言之

牛曰齝食之已久復出嚼齝之○齝丑之切羊曰齥今江東呼齝為齥○齥音泄麋鹿曰齸江東名咽為齸齸者䶍食之所在依名云○齸音益鳥曰嗉咽中裹食處寓鼠曰嗛頰裏貯食處寓謂獼猴之類寄寓木上

疏此別鳥獸嚼食之名也牛名曰齝郭云食之已久復出嚼之羊名曰齥郭云今江東呼齝為齥麋鹿名曰齸郭云江東名咽為齸齸者䶍食之所在依名云鳥名曰嗉郭云咽中裹食也即上篇其粻嗉也寓木之獸及鼠皆曰嗛郭云嗛頰裏貯食處寓謂獼猴之類寄寓木上此屬皆咽中藏食復出嚼之故題云齸屬

齸屬

獸曰釁自奮迅動作名釁人曰撟頻伸夭撟撟紀小切魚曰須鼓鰓須息鳥曰狊張兩翅皆[illegible][illegible]所須○狊古闃切

疏此辨人魚鳥獸氣[illegible]所須之名也獸之自奮迅

動作名釁人之罷倦頻伸夭矯舒展屈伸所名嶠魚之鼓動兩頰若人之欠頗噓其氣息者名須鳥之張兩翅狊狊然搖動者名狊此皆氣倦躰罷所須若此故題云須屬也

須屬

○釋畜第十九 疏 釋曰字林畜作嘼說文云嘼也人之所畜養者也所以與釋獸異者以其畜是畜養之名獸是惣號故此篇唯論馬牛羊豕雞狗則通釋曰獸之名所以異也

騊駼馬 山海經云北海有獸狀如馬名騊駼色青○騊音陶駼音徒 疏 良馬名騊駼字林云北狄良馬也一曰野馬瑞應圖云幽隱之獸有明王在位即至是也云山海經者海外北經文也青色二字郭氏語也

野馬 如馬而小出塞外 疏 如馬而小出塞外者案穆天子傳云野馬日走五百里是也

駮如馬倨牙食虎豹山海經云有獸名駮如白馬黑尾倨牙音如鼓食虎豹也倨音鋸

疏駮亦野馬名也其狀如馬其牙倨曲而食虎豹也詩秦風云隰有六駮傳引此文以釋之是也▌云山海經者案西山經云中曲山有獸如馬而身黑二尾一角虎牙爪音如鼓名曰駮食虎豹可以禦兵言雖小異正謂此也

騉蹄趼善陞甗甗山形似甑上大下小騉蹄蹄如趼而健上山秦時有騉蹄苑○騉音昆

音趼五見切甗言蹇切

疏舍人云騉蹄者滑蹄也趼平也謂蹄平正善陞甗者登山隒也一云甗者阪也言騉善登高歷險上下於阪秦時有騉蹄苑是也李云騉者其蹄正堅而平似趼也甗云山嶺曰甗郭云甗山形似甑上大下小騉蹄蹄似趼而健上山秦時有騉蹄苑者取此駿馬以名其苑也

騉駼枝蹄趼善陞甗騉駼亦似馬而牛蹄

疏騉駼馬名李巡曰騉駼其蹄枝

平以𨀝亦能登高歷危險也孫炎云騉駼之馬枝蹄如牛而不平郭云騉駼亦似馬而牛蹄也

小領盜驪 穆天子傳曰天子之駿盜驪綠耳又曰右服盜驪盜驪千里馬

疏 領頸也盜驪駿馬名也駿馬小頸名曰[redacted]導夫天子傳諸案穆天子傳云丙寅天子屬官效器乃命正公郊父受敕憲用中八駿之乘以飲于枝洔之中積石之南可天子之駿赤驥盜驪白義渠黃華騮綠耳郭注云盜驪者為馬細頸驪黑色也綠耳首紀年曰北唐之君來見驪馬是生綠耳魏時西望賦千里馬白色而兩耳黃因名之為黃耳即此類也云又曰右服盜驪者案彼云癸酉天子命駕八駿之乘右服盜驪而左綠耳右驂赤驥而左白義天子主車造父為御是也

絕有力駥 即馬高八尺 ○駥音戎

疏 馬絕有力者名駥 下云 即馬高八尺者即下文馬八尺為駥者也

膝上皆白惟馵。四骹皆白驓，骹，膝下也。○馵音注，骹音敲，驓音繒。四蹢皆白首，俗呼為踏雪馬。前足皆白騱，後足皆白翑，前右足白啓，左前足白啓服。○騱音奚，翑音劬。○左白踦，前左脚白。○踦音欺。後右足白驤，左白馵，後左脚白，易曰震為馵足。○驤音相。駵馬白腹騵，駵，赤色黑鬣。○駵音留，騵五官切。驪馬白跨驈，驪，黑色。跨，髀間。○驈音聿。白州驠，州，竅。○驠音宴。尾本白騴，尾株白。騴音晏。尾白駺，但尾毛白。○駺音郎。馰顙白顛，戴星馬也。○馰音的。白達素縣，素，鼻莖也。俗所謂漫顱徹齒。○縣音玄。面顙皆白惟駹，顙，額。○駹音尨。

【疏】此辨馬白色所在之異名也。馬之膝上皆白者惟名馵。骹，膝下也。四膝下皆白色名驓。蹢，蹄也。四蹄皆白名首，俗呼為踏雪馬，言蹄白似踏雪也。前兩足皆白名騱，後二足皆白名翑，前右足白名啓，前左足白

名蹄後右足白名驤後左足白名馵騂馬赤色黑髦鬣
馬也若驪馬後下白者別名驔詩大雅云四驪彭彭
是也孫炎云驪黑也白跨股脚白也郭璞云驪黑色跨
髀間也爾黑馬髀間白名驈詩魯頌云有驈有皇是
也州竅也謂馬之白尻者名驠本根株也馬尾株白
者名騴但尾毛白者名騴的顙者舍人曰的白也顙
頟也額有白毛今之戴星馬也易震為的顙素皇丞
也其白自額下連鼻者名駹今所謂漫臚䮼齒其
面額皆白者惟駹馬[illegible]云左車七路服者案昭二十
九年公至自乾侯處下鄉衛侯來獻其乘馬曰啓服
桓頭二云啓服馬名是也易曰震為
馬足說卦文也取其動而見也

回毛在膺宜乘樊光云俗呼之官府馬伯樂相馬
法旋毛在腹下如乳者千里馬
在肘後減陽在幹弗方幹背○減古湛切在背闋廣音旋毛所在
之名○闋音　（）此別馬旋毛所在之名也回旋也膺胷
狹[illegible]音光　胷也旋毛在膺者名宜乘樊光云俗

呼之官府馬伯樂相馬法旋毛在腹下如乳者千里馬也旋毛在肘後者名減陽前脅也旋毛在脅者名弗方旋毛在背者名闕廣

逆毛居馳　馬毛逆刺　○逆音迎　疏　字林名馬逆毛也

騋牝驪牡　詩云騋牝三千馬七尺以上爲騋見周礼　疏　云詩云騋牝三千者鄘風定之方中篇文也云七尺已上爲騋者見周礼廋人文也案鄭玄注礼記檀弓引此文騋牝驪牡玄謂七尺曰騋牝者名驪牡者色玄與鄭異也

玄駒褭驂　玄駒小馬別名褭驂耳或曰此即騕褭古之良馬名　○褭奴了切　驂音參

疏　此郭氏兩解一云玄駒小馬別名褭驂耳猶謂今馬駒也一云或曰此即騕褭古之良馬名是言玄駒褭驂即騕褭也

牡曰騭今江東呼駁馬為騭○騭音質牝曰騇草馬名○騇音舍【疏】別馬牝牡之異名也郭云今江東呼駁馬為騭騇即草馬之名也

駵白駁黃白騜詩曰騜駁其馬駵馬黃脊騝驪馬黃脊騽皆背脊毛黃○騝音虔騽音習青驪駽今之鐵驄○駽呼縣切青驪驎驒色有深淺班駁隱粼今之連錢驄○驎良刃切驒音陀青驪繁鬣騥禮記曰周人黃馬繁鬣○繁鬣兩被毛或云美髦鬣○騥音柔驪白雜毛駂今之烏驄○駂音保黃白雜毛駓今之桃華馬○駓音丕陰白雜毛駰陰淺黑今之泥驄○駰乙巾切蒼白雜毛騅詩曰有騅有駓彤白雜毛騢即今之赭白馬彤赤○騢音遐白馬黑鬣駱禮記曰夏后氏駱馬黑鬣白馬黑脣駩黑喙騧今之淺黃色者為騧馬○

騧音瓜 一目白瞯 二目白魚似魚目也詩曰有驔有魚○瞯音閑

疏此別馬毛色不■之異名也孫炎曰駵赤色也謂
馬有駵處有白處者曰駁有黃處有白處者曰駓
騽馬脊毛黃者名騽驪馬脊毛黃者名騧青驪駽合
人曰青驪馬今名駽馬也孫炎曰色青之間青毛黑
毛相雜者名騥今之鐵驄也青驪驎驒孫炎曰色有
淺深似魚鱗郭云色有深淺班駁隱粼名驒今之連
錢驄說文云馬文如鼉魚詩云有驒有駱是也毛色青
黑而髦鬣繁多者名驎毛色白　白而復有雜毛相錯
者名䮝詩云叔于田乘乘䮝是也今謂之烏驄毛色
黃白而復有雜毛者名駓今謂之桃華馬陰淺黑色
也毛淺黑而白兼雜毛者名駰今謂之泥驄詩云有
駰有騢是也■淺青也毛有淺青及白兼雜毛者名
騅彤赤也毛赤白兼雜毛者名騢說文云即今之赭
白馬也鬣鬣也白馬黑鬣者名駱白馬黑脣者名駩
喙口也黑喙者名騧說文云黃馬黑喙曰騧郭云今
之淺黃色者為騧馬詩云騧驪是驂是也一目白者

名驓一曰白者名魚言似魚目也詩曰驒駁其馬者
𨇨風東山篇文也云周人黃馬繁鬣者明堂位文
也云繁鬣兩被毛者郭氏釋之也言繁鬣者分其毛
鬣兩鄉被之也云或云美髦鬣者又引或人以爲一
說言其髦鬣繁多而美也今禮記本繁作蕃則或說
爲得　詩曰有騅有駓又詩曰有驔有魚皆魯頌駉
篇文也　禮記曰夏后氏
駱馬黑鬣亦明堂位文也
既差我馬差擇也宗廟齊毫純〇差音叉戎事齊力尚強田
獵齊足尚疾【疏】云既差我馬者此詩小雅吉日篇文也作者引之然後作釋云差擇也者訓差
爲擇擇亦義也云宗廟齊毫戎事齊力田獵齊足者
此遂言擇馬之事也李巡曰祭於宗廟當加謹敬取
其同色也其次曰戎事謂兵革戰伐之事當齊其力
以載干戈之屬舍人曰田獵取牲於苑囿之中追飛
逐走取其疾而已郭云尚純尚強尚疾者此毛傳文
也案詩小雅車攻云我馬既同毛傳引此文則每增

二字以解之云宗廟齊毫尚純也戎事齊力尚強也田獵齊足尚疾此言齊其毫毛尚純色齊其馬力尚強壯齊其爲足尚迅疾義與此合故郭氏取以爲說也

馬屬 自■駼已下雖畋異毛色不同皆爲之屬類故以屬之此下倣此

犂牛 出巴中重千斤○犂音麻

犪牛 即封牛也領上肉犦胅起高二尺許狀如橐駝肉鞍一邊健行者日三百餘里今交州合浦徐聞縣出此牛○犪音饒

犤牛 犤牛卑小今之㹀牛也又呼果下牛出廣州高凉郡○犤音罷

犩牛 即犪牛也如牛而大肉數千斤出蜀中山海經曰岷山多犪牛○犩音危

犣牛 旄牛也髀膝尾皆有長毛○犣音獵

犝牛 今無角○犝音童

犑牛 未詳○犑音臭■見如

角一俯一仰觭 牛角低仰○觭音欺

皆踊觢

今豎角牛 ○觢音誓

黑脣犉 毛詩傳曰黃牛黑脣此宜通謂黑脣牛○犉閏句切 **黑眥牰** 眼眥黑○眥才細切牰音袖 **黑耳犚黑腹牧黑腳犈** 此別牛黑所在之名○犚音尉犈音拳

其子犢 今青州呼犢為㸬 **體長牬** 長丈若牬音貝○ **絕有力欣犌** 犌音加

疏 此別牛屬也云犘牛名也郭云出巴中重千斤犦牛領上肉犦胅起之牛也郭云即犎牛也若即上注云漢順帝時疏勒王來獻犎牛是也云領上肉犦胅起高二尺許者領上肉䐹胅起也云狀如橐駝肉鞍一邊者山海經云虢山獸多橐駝彼注云有肉鞍善行流沙中日行三百里負千斤知水泉所在是也橐駝肉鞍胅起有二此牛一肉胅起唯一故云一邊云健行者日一白餘里今交州合浦徐

閒野出此牛犤牛名也郭云犤牛庳小今之㹓牛也
又呼果下出廣州高涼郡案其庳小可行果樹下故
又呼果下牛犩牛亦牛名也郭云即犪牛也如牛而大
肉數千斤出蜀中山海經曰岷山多犪牛案中山經
云岷山其獸多犀象犪牛故注云今蜀中有大牛重
數千斤名為犪牛晉大興元年此牛出上庸郡人弩
射殺得之三十擔肉即爾雅釋犩牛是也犣牛名也
郭云旄牛也髀膝尾皆有長毛案山海經潘侯山有
獸狀如牛而四節生毛名曰旄牛彼注云今旄牛背
膝及胡尾皆有長毛是也犝牛無角牛者也易云童
牛之牿是也犄低也凡牛角一低一仰者名觭言傾欹
也觢豎也牛兩角豎者名觢牛黑脣者名犉眥目匡
也牛之目匡黑者名牰黑耳者名犚黑腹者名牧黑
腳者名犈郭云皆別牛黑所在之名其牛所生之子
名犢郭云今青州呼犢為㹀犤身比凡牛之身長者
名犤絕有力壯大者名欣犌詩小雅无羊篇云誰謂
爾无牛九十其犉毛傳云黃牛黑脣曰犉毛意以此
言黑脣明不與身同色亦牛之黃者衆故云黃牛也

其實不生為黃牛故郭氏云此宜通謂黑脣牛

牛屬

羊牡羒謂吳羊白羝○羒音墳牝牂詩曰牂羊墳首○牂音臧夏羊黑羖䍽牡羭黑羝也○䍽□兩壺兩羭○羭音俞牝羖今人便以牂羖為白黑羊名○羖音古角不齊觤一短一長○觤音黑角三觠羷觠角名三匝○觠音拳羷○羷音險羳羊黃腹腹下黃○羳音煩未成羊羜俗呼五月羔為羜○羜直呂切絕有力奮

疏此別羊屬也一云謂吳羊也其牡者名牂一云夏羊者黑羖䍽也其牡者名羭即助誠也其牝者名羖郭云今人便以牂羖為白黑羊名其實白羊牝者名牂黑羊牝者名羖羊角不齊一長一短者名觤觠者捲也羊角捲三匝者名觠羊之黃腹者名羳羊新生未成羊者名羜郭云俗呼五月羔為羜詩小雅伐木云既

有肥羜是也壯大絕有力者名奮 詩云牂羊墳首
者小雅苕之華篇文也 歸藏曰兩壺兩瑜者歸藏
者成湯之所作也言萬物歸藏之所藏也是三易之一
也云兩壺兩瑜瑜者齊用繐瞿有之文也案彼云瞿有
瞿有觚宵梁為酒尊於兩壺兩瑜飲之
三日然後蘇去有禮我取其魚是也

羊屬

犬生三猣二師一玂此與豬生子義同名亦同出入○猣音宗玂音祈 未成豪
狗狗子未生𢁒毛者 長喙獫短喙猲獢詩曰載獫猲獢○獫力驗切猲音歇獢許嬌切
絕有力狣尨狗也詩曰無使尨也吠○狣音兆 疏此別狗屬也云犬者說文
云狗之有縣蹏者也象形孔子曰視犬之字如畫狗
也犬生三子則猣二曰師三曰玂毫異𢁒毛子犬子
未生𢁒毛者名狗喙口也犬長口者名獫短口者名
猲獢壯大絕有力者名狣尨即狗也說文孔子曰狗

卬也卬亦吠以守也亦此與豬生子義同音案釋
畜注云豬生三子常多故別其少者之名犬生子亦常
多而此亦別其少者之名故云義同云義亦相出入
者謂此獫師獵與彼二師將字雖小異大意則同故
云亦相出入詩曰載獫猲獢秦風駟驖篇文也
毛傳云田犬也長喙曰獫短喙曰猲獢鄭箋云獫猲
也始田犬者謂達其搏噬始成之也詩曰無使尨
也吠者召南野有死麕篇文也毛傳云尨狗也非禮
相陵則狗
吠是也

狗屬

雞大者蜀今蜀雞蜀子維雛子名維音餘○未成雞僆江東呼雞少者
曰僆○僆音練絕有力奮諸物有氣力多者無不健自奮迅故皆以名云

疏此別雞屬也案春秋說題辭曰雞為積陽南方之
象火陽精物炎上故陽出雞鳴以類感也雞者知

時畜其大者名蜀郭云今蜀雞蜀之雛子名雞雛之稍長未成雞者名健郭云江東呼雞少者曰健壯大絕有力者名奮郭云諸物有氣力多者无不健自奮迅故皆以名云者謂上文雉也羊也并此雞皆云絕有力奮故此釋之也

雞屬

馬八尺爲駥周礼曰馬八尺已上爲龍○駥音戎牛七尺爲犉詩曰九十其犉亦見尸子○犉閏旬切羊六尺爲羬尸子曰大羊爲羬六尺○羬五咸切彘五尺爲豟尸子曰大豕爲豟五尺今漁陽呼豬大者爲豟○彘音滯豟音厄狗四尺爲獒公羊傳曰靈公有善狗謂之獒也尚書孔氏傳曰犬高四尺曰獒即此義○獒五刀切雞三尺爲鶤陽溝巨鶤古之名雞○鶤音昆疏此別六畜總六者名也馬高八者々牛高七尺名犉羊高六尺

名羬者山海經云錢[illegible]有獸其狀如羊而馬尾曰
羬注云今大月氏國有大羊如驢馬尾是也　豟猪
豬高五尺者爲豟狗高四尺者名獒雞高三尺者名
鶤　周礼者夏官㹧人職文　詩曰者小雅无羊篇
文也上云牛黑脣犉注引此詩傳云牛七尺爲犉又
引此詩文是犉有二義則牛黑脣者爲犉牛七尺者
亦爲犉義得兩通故並引之云亦見尸子者尸子說
六畜云大牛爲犉七尺故云亦見尸子下卷斑倣此
注公羊傳曰者案宣六年傳晉靈公將殺趙盾躇
階而走靈公有周狗謂之獒呼獒而屬之獒亦躇階
而從之祁彌明逆而踆之絶其頷趙盾顧曰君之獒
不若臣之獒也何休云周狗可以比周之狗所指如
意是也今此周作善蓋
傳寫誤或所見本異也

爾雅注疏卷第十一終